U0868648

“一带一路”沿线国法律精要

印度　日本　韩国卷

王贵国　李鋈麟　梁美芬　主编

ZHEJIANG UNIVERSITY PRESS
浙江大学出版社

图书在版编目(CIP)数据

“一带一路”沿线国法律精要:印度、日本、韩国卷/王贵国,李鋈麟,梁美芬主编.—杭州:浙江大学出版社,2019.7

ISBN 978-7-308-18985-9

Ⅰ.①一… Ⅱ.①王… ②李… ③梁… Ⅲ.①法律—研究—印度②法律—研究—日本③法律—研究—韩国 Ⅳ.①D910.4

中国版本图书馆CIP数据核字(2019)第036833号

“一带一路”沿线国法律精要:印度、日本、韩国卷

王贵国　李鋈麟　梁美芬　主编

出品人	鲁东明
总编辑	袁亚春
丛书策划	张　琛　陈佩钰
责任编辑	钱济平　陈佩钰
责任校对	黄梦瑶　杨利军
封面设计	项梦怡
出版发行	浙江大学出版社 (杭州市天目山路148号　邮政编码310007) (网址:http://www.zjupress.com)
排　　版	浙江时代出版服务有限公司
印　　刷	虎彩印艺股份有限公司
开　　本	710mm×1000mm　1/16
印　　张	16.5
字　　数	306千
版印次	2019年7月第1版　2019年7月第1次印刷
书　　号	ISBN 978-7-308-18985-9
定　　价	88.00元

版权所有　翻印必究　　印装差错　负责调换

浙江大学出版社市场运营中心联系方式　(0571)88925591;http://zjdxcbs.tmall.com

顾问

（按中文姓氏笔画排序）

万鄂湘

全国人民代表大会常务委员会副委员长

国家高端智库武汉大学国际法研究所首席专家、名誉所长

王利明

中国人民大学常务副校长、博士生导师

“长江学者”特聘教授、“新世纪百千万人才工程”国家级人选

王振民

清华大学法学院教授、博士生导师

清华大学国家治理研究院院长

甘藏春

中国法学会副会长

司法部党组前成员

吕忠梅

中国法学会副会长

清华大学法学院双聘教授、博士生导师

任少波

浙江大学党委书记

沈德咏

第十九届中央委员、第十三届全国政协社会和法制委员会主任

中国政法大学特聘讲座教授、博士生导师

张文显

中国法学会党组成员、学术委员会主任

浙江大学、吉林大学资深教授

周谷平

浙江大学发展委员会副主席

浙江大学区域协调发展研究中心执行主任兼首席专家、中国西部发展研究院院长

贺一诚

澳门特别行政区立法会主席

全国人大第九、十、十一、十二及十三届代表、常务委员会委员

陶凯元

中国最高人民法院副院长、二级大法官

民进中央副主席

主 编

王贵国

浙江大学文科资深教授、国际战略与法律研究院院长
“一带一路”国际研究院院长（香港）

耶鲁大学法哲学博士，哥伦比亚大学法学硕士，比较法国际（海牙）科学院名誉院士、香港世界贸易组织研究中心主席、中国国际经济法学会副会长、中国国际经济贸易仲裁委员会仲裁员、香港国际仲裁中心仲裁员。先后任教于北京大学法学院、香港城市大学法学院和浙江大学光华法学院。在《中国法学》、*American Journal of International Law* 等国际和国内期刊发表论文百余篇。出版专著 20 余部，包括《世界贸易组织法》、《国际货币金融法》、《国际投资法》、《“一带一路”争端解决机制》（合编）、《“一带一路”的国际法律视野》（合编）、*Radiating Impact of WTO on Its Members' Legal System*：*The Chinese Perspective in Collected Courses of the Hague Academy of International Law*、*International Investment Law*：*A Chinese Perspective*、*Wang's Business Law of China* 等。

李鋈麟

“一带一路”国际研究院副院长（香港）

2009 年担任香港历史悠久、规模最大的慈善团体东华三院总理，2013—2019 年先后担任东华三院副主席、主席、顾问。2011 年起任香港特区政府医疗辅助队长官联会副主席、中国人民政治协商会议北京市委员会委员、北京海外联谊会理事会理事、香港善导会副赞助人兼筹款委员会主席等。2012 年被香港特区政府委任为太平绅士（JP），2018 年获香港特区政府授勋铜紫荆星章（BBS）。代表作有《“一带一路”争端解决机制》（合编）、《“一带一路”的国际法律视野》（合编）等。

梁美芬

香港城市大学法学院副教授

“一带一路”国际研究院副院长(香港)

中国人民大学法学博士、法学硕士，全国人民代表大会常务委员会香港基本法委员会委员、香港立法会议员、香港立法会司法和法律委员会主席、国际经济贸易仲裁委员会仲裁员、香港执业大律师。2000 年当选“香港十大杰出青年”。2008 年起连续三届当选香港立法会议员。代表作有 China Law Reports (series)、*The Hong Kong Basic Law*：*Hybrid of Chinese Law and Common Law*、《法制改革》(编撰)、《“一带一路”争端解决机制》(合编)、《香港“基本法”的起草、理论与实践》(合编)、《“一带一路”的国际法律视野》(合编)等。

副主编

王　超

浙江大学国际战略与法律研究院副院长
浙江大学百人计划研究员、博士生导师

法学博士，浙江大学光华法学院副教授，博士生导师。耶鲁大学法学院访问学者。主要研究方向为国际法、国际经济法、国际争端解决等。近年主持国家社会科学基金、司法部、浙江省等国家和省部级课题若干项，在《法学》、《社会科学》、*Asia Pacific Law Review*、*Journal of East Asia and International Law* 等国内外刊物上发表中英文学术论文20余篇。兼任国际期刊 *Journal of International and Comparative Law* 编辑部主任及多个SSCI期刊审稿人。

程　乐

浙江大学外国语言文化与国际交流学院副院长、教授
浙江大学光华法学院双聘教授

哲学博士，浙江大学跨文化与区域研究所所长、当代中国话语研究中心主任、法律话语与翻译中心主任、网络空间国际治理研究基地副主任。主要研究方向为法学、法律话语与法律翻译、语言法律与规划、符号学。*International Journal of Legal Discourse*（ESCI）主编、*Semiotica*（SSCI/A&HCI）、*Social Semiotics*（SSCI）编委等。近年来在SSCI、A&HCI等国际权威期刊发表论文40余篇，在Routledge、De Gruyter、Springer、Cambridge University Press、浙江大学出版社等出版专著及译著40余部。

董雪兵

浙江大学中国西部发展研究院常务副院长
浙江大学区域协调发展研究中心副主任

经济学博士，法学硕士，工学学士，教授，博士生导师，曾在国家发展改革委挂职一年，美国芝加哥大学访问学者。主要研究方向为区域经济学、发展经

济学与法律经济学。在《经济研究》、*The Social Science Journal* 等国内外期刊上发表学术论文30余篇；获多项省部级奖励；独著或参编著作、译著等近10部；主持或参与服务国家重大战略需求与决策的研究项目、国家社科基金重大和重点项目、教育部基地重大项目以及省社科基金项目等30余项。

“一带一路”国际研究院简介

“一带一路”国际研究院(以下简称研究院)成立于2016年1月,是香港首个有关“一带一路”倡议的研究机构,目的在于搭建一个国际性的学术与专业交流平台。研究院通过邀请“一带一路”沿线国法律、经济、金融、投资、政治、国际关系等领域的知名专家,就“一带一路”执行过程中可能涉及的问题进行研究、分析并提供意见和建议。研究院举办了四届国际论坛,编纂出版了涵盖33个国家和国际组织的《“一带一路”沿线国法律精要》《“一带一路”的国际法律视野》《“一带一路”与青年机遇》和《“一带一路”争端解决机制》(蓝皮书)等。

研究院组织国际专家起草的《“一带一路”争端解决机制》获国际社会的广泛认可,得到国家领导人的肯定性批示。基于研究院在“一带一路”争端解决机制方面的贡献和特长,其获邀代表香港作为中国国际经济贸易促进委员会发起的国际商事争议预防与解决组织的发起人。

研究院注重与国际社会和中国内地的广泛合作,先后与浙江大学国际战略与法律研究院、清华大学国家治理研究院等合办“一带一路”国际青年论坛,来自于数十个国家的青年先后两次积极参与。研究院还先后与最高人民法院“一带一路”研究中心、清华大学国家治理研究院、中国法学会学术交流中心等签订了合作协议。

研究院由浙江大学文科资深教授和美国杜兰大学Eason-Weinmann国际法与比较法讲座教授王贵国担任院长,李鋈麟博士及梁美芬博士担任副院长。研究院的国际顾问委员会由来自世界各地的26位专家学者组成。研究院另聘请42位国际专家为研究员和7位国际专家为副研究员。研究院以研究“一带一路”的相关议题和培养人才为己任,努力发挥香港国际金融中心、运输中心和争端解决中心的优势,力争为“一带一路”的实施、全球经济发展与世界和平做出贡献。

浙江大学区域协调发展研究中心

浙江大学区域协调发展研究中心是国家高端智库建设培育单位和浙江省新型重点专业智库，主要依托中国西部发展研究院（以下简称西部院）并整合校内相关研究力量成立。西部院成立于2006年10月，由国家发展改革委与浙江大学共建，时任浙江省委书记习近平同志为西部院揭牌、奠基并作重要讲话。

经过十多年建设，中心凝练了“一核心两联动”“三大研究方向”“两大支撑平台”有机组合、开放交叉的研究格局。坚持以西部大开发研究为核心，通过浙江经验和长三角一体化提升促进东西互动，通过沿边开发开放联通“一带一路”沿线国家促进内外联动；围绕区域协调发展重大理论和实践问题，依托浙江大学多学科综合优势，以区域经济合作、社会民生改善、生态文明建设为三大研究方向，人才培养和数据资源库为两大支撑平台，形成以“经济”为主体、“法律”和“文化”为两翼的开放融通研究体系。

中心全力打造党和政府决策信得过、用得上的高端智库，先后参与一系列党中央、国务院重要文件的起草，一批咨询报告获党和国家领导人重要批示，承担20多项由国务院印发或批复的战略规划研究与编制，以及国家社科基金“一带一路”建设重大研究专项等一批重要课题，举办了二十国集团智库会议（T20）、国际展望大会（杭州·2018）等重要活动。

浙江大学国际战略与法律研究院简介

浙江大学国际战略与法律研究院成立于 2017 年 11 月，是浙江大学重点建设的校级科研单位和新型高校智库，聘请著名国际法学家、浙江大学文科资深教授王贵国担任创院院长。王超博士担任副院长。研究院座落于景色天成的百年老校园——浙江大学之江校区，以历史建筑白房作为永久驻地。

研究院依托浙大学科门类齐全、师资队伍精良且具有良好国际视野的优势，开展对当代国际政治、经济、外交、法律、科技等重大问题的跨学科交叉研究，当前研究重点包括"一带一路"、全球治理、网络安全等领域的国际战略与法律问题。研究院的目标是以一流科研成果服务国家战略、政府决策和经济与社会发展，同时以科研促教学，培养跨学科、复合型、具国际视野的一流专业人才和未来领导者。

自成立以来，研究院承担了国家社会科学基金重大项目、国家高端智库重点委托项目等一批重要课题的研究工作，推出了《"一带一路"争端解决机制》《"一带一路"沿线国法律精要》等研究成果，打造了"一带一路"国际青年论坛、纽黑文法理学派与国际法系列国际学术会议、国际战略与法律大讲堂等学术品牌活动，并与中国国际经济贸易促进委员会、国家法官学院、"一带一路"国际研究院（香港）等机构建立了良好的战略合作伙伴关系。

代　序

自2013年国家主席习近平正式提出“一带一路”倡议以来，该倡议得到国际上的广泛支持。“一带一路”的“一带”最初是指涵盖古丝绸之路沿线国的经济合作带，从中国到中亚，再到西欧。“一路”指21世纪海上丝绸之路，即以中国为出发点，经东南亚各国到印度、斯里兰卡、也门、埃及、希腊、意大利等沿线国家之间的经济合作。不难看出，“一带一路”倡议提出之初的主要目的是推动中国与欧亚、北非国家间的合作。

经国务院授权，国家发展和改革委员会、外交部和商务部于2015年3月发布了《推动共建丝绸之路经济带和21世纪海上丝绸之路的愿景与行动》，对“一带一路”倡议的发展方向和内容进行了宏观的阐述，然而文件并未明晰“一带一路”倡议到底包括哪些国家。随着“一带一路”倡议的不断推进，一些非洲和南美洲的国家提出希望加入此跨世纪的合作项目，中国政府其后明确表示“一带一路”倡议具有广泛的开放性，任何国家均可加入。到目前为止，与“一带一路”倡议相关的项目仍主要集中在前述沿线国。无论“一带一路”是限于初始的沿线国家还是向所有国家开放，相关国家的文化、历史、传统、宗教、政治和法律制度不尽相同是不争的事实。

从经贸合作的角度言，“一带一路”倡议的实施必然涉及人员、商品、服务、资本、技术等跨境流动，而这些活动、交易和交往都关乎沿线国家的法律和标准之适用。古人云：“入竟（境）而问禁，入国而问俗，入门而问讳。”（《礼记·曲礼上》）故此，明晰沿线国家的法律制度、规范、惯例和习惯等对于成功实施“一带一路”倡议至关重要。而这正是编纂本丛书——“‘一带一路’沿线国法律精要”的目的。

出版本丛书的设想源于“一带一路”国际研究院于2016年在香港举办的一次研讨会。与会者均认为，对“一带一路”沿线国家的法律制度、法律规范、传统，特别是与贸易、投资、金融、劳工、环境等相关的法律研究对成功推进“一带一路”倡议必不可少。只有切实了解沿线国家在法律制度、法律条文、法律的执行和不执行等方面之异同，才能顺利进行跨境贸易、投资、金融等商事活动。也只有在此基础上，相关国家才能共同制定一个法律架构，规范政府、企业和个人间的交易与交往。

基于前述，在筹备编辑本丛书之初，我们便确定了以国家为单位自成篇章，每一篇均涵盖与跨境商业活动、交易有关的法律制度、法律规范等方面的内国法，包括海关法、外贸法、外国投资法、货币与银行法、基础设施和建筑相关法律、劳工法、环境法，以及争端解决机制等。在写作方面，丛书的作者不仅关注法律法规的书面规定，而且更注重相关法律法规的实际执行情况，包括不执行的个案。遇有某项法律法规未获有效执行的情形，作者会从国内外的政治、经济、社会等维度分析其成因。

当今高度全球化世界的一个显著标志是多边和双边条约并存。这些多边和双边条约从国际层面规范了贸易、投资、金融等方面的交易与交往，同时亦直接影响到相关国家的内国法，包括立法和执法。基于此，对欧盟和东盟的研究被纳入本套丛书，目的在于了解这两个国际组织本身的制度及其成员间在法律及执行等方面的内在关联。我们希望通过对欧盟和东盟合作模式的研究，使“一带一路”倡议之实施受益。

如前所述，在“一带一路”倡议提出之初，美国和日本并不在沿线国之列。鉴于美日两国在国际经济中的重要地位及“一带一路”倡议的特质，我们亦将之纳入了本套丛书。幸运的是，中国政府其后也表明“一带一路”倡议对所有国家和地区开放。

对作者提交的文稿之编辑，我们坚持的原则是尽量保持作者的写作风格和专业判断。易言之，我们的编辑主要限于语言文字和格式等方面。在英文版出版之后，本丛书又以中文版的形式展现在世人面前。

我们相信，通过对沿线国家商事交易与交往的法律制度、规则及其执行之研析，《“一带一路”沿线国法律精要》将对“一带一路”倡议之推进与实施做出积极贡献。在此，我们向本套丛书的作者，参与本套丛书编辑、翻译的专家学者深表谢忱和敬意！

本套丛书的中文版翻译和编辑得到浙江大学国际战略与法律研究院、浙江大学区域协调发展研究中心、浙江大学中国西部发展研究院的大力支持。浙江大学出版社诸位同仁亦为出版此套丛书忘我工作、兢兢业业。在此我们向浙江大学的各位同仁表示衷心感谢！

香港旭日集团有限公司副董事长、香港制衣业总商会会长杨勋先生自本项目规划时起便鼎力支持，对杨勋先生的信任和支持我们深表谢意！

王贵国　李鋈麟　梁美芬

2018 年 3 月 18 日

目　录

印　度

日　本

韩　国

印　度

James J. Nedumpara 博士

作者介绍

James J. Nedumpara 博士是印度金达莱全球法学院的副教授，国际贸易和经济法中心(CITEL)执行主任。曾在印度的一些知名律师事务所工作，也曾参与联合国贸易和发展会议印度计划。

概　述

这项研究旨在探讨印度关于“一带一路”倡议的法律和监管框架。研究着重于梳理诸如海关、进出口管理、外商投资和双边投资条约、银行与金融、环境、劳动力、基础设施和争端解决等领域的关键立法和行政框架。

以下部分虽然足够详细，但并未涉及所有法律。在印度，法律由中央（联邦）和邦（省级）政府制定。除此之外，中央和邦政府均实行委托立法，发布行政命令。此类委托立法具有法律效力，对于了解印度的监管环境至关重要。

本研究由八章组成。第一章讨论海关、消费税和其他过境税收的框架；第二章讨论印度的外贸法律；第三章对印度的外商投资制度作了简要阐述，包括印度的双边投资条约；第四章探讨银行和金融业；第五章探讨基础设施建设的规范框架；第六章分析了劳动法和劳动管理问题的监管框架；第七章讨论环境问题；第八章考察印度的争端解决机制和争端解决的体制结构。

第一章　海关制度和消费税

一、引言

政府的所得税收入，构成了印度国民收入总量的10.8%。[①] 然而，这个数字在1950—1951年仅为6.7%，在1960—1961年为11%。[②] 印度税制结构建立在薄弱的纳税人口基础上，因为只有总人口的一小部分(3%)应缴纳所得税。[③] 企业所得税是印度最大的税收来源，其次是联邦消费税、个人所得税和关税。[④] 农业收入总体而言免于课税。[⑤] 由于税收收入难以满足支出，出现了对内部和外部债务的过度依赖[⑥](如图1-1)。

二、宪法框架

印度《宪法》第265条规定："任何税收非经法律允许不得征收。"[⑦]此外，《宪法》第246(1)条规定，议会有专属权力制定涉及《宪法》第七附录清单1所列举事项的相关法律；第246(3)条规定，国家政府有专属权力为各邦制定《宪法》第七附录清单2所列举事项的相关法律(参见表1-1)。

---

① The World Bank. World DataBank-World Development Indicators, http://databank. worldbank. orgdatareports. aspx? source=2&country=IND&series=&period=(last visited Apr. 10, 2016).

② Ibid.

③ Kavita Rao. Income Tax Policy: Critique of the Economic Survey 2015—2016, L1 EPW 14, 15 (2016), http://www. epw. in/system/files/pdf/2016_51/14/Income_Tax_Policy_0. pdf (last visited Apr. 10, 2016).

④ Department of Revenue. Details of Revenue Collection (Direct Taxes and Indirect Taxes) from 1995—1996 onwards, http://dor. gov. in/revenue_previous_ctc (last visited Apr. 10, 2015).

⑤ Sanjeev Sinha. Here are nine incomes you need not pay tax on. The Econ Times (2015), http://economictimes. indiatimes. com/wealth/tax/here-are-nine-incomes-you-need-not-pay-tax-on/articleshow/47538791. cms(last visited Apr. 10, 2016).

⑥ Ministry of Finance, Government of India. Report on Debt Management Strategy for India (2015), http://finmin. nic. in/reports/MTDS2015. pdf (last visited Apr. 10, 2016).

⑦ M. P. Jain. Indian Constitutional Law (LexisNexis 2014).

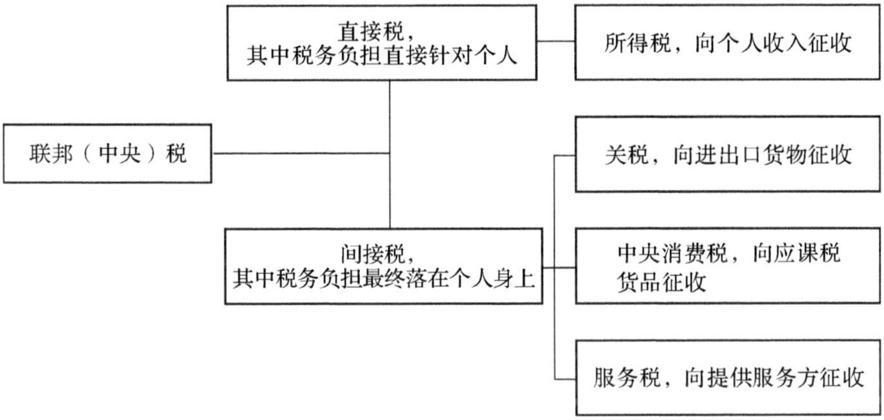

图 1-1　印度税收的分类

表 1-1　宪法下的征税权力

联邦清单
• 农业收入以外的收入 • 海关税收，包括出口关税 • 对印度烟草和其他制成品的消费税，供人消费的酒类除外 • 公司税 • 除报纸外的货物的出售或购买，且属于邦间贸易或商业行为 • 货物的托运，且属于邦间贸易或商业行为 • 服务税 • 任何未列入邦清单和并列清单的事项和税收
邦清单
• 农业收入 • 酒精饮料、鸦片和麻醉剂的消费税 • 进入当地消费、使用或销售的任何货物（货物入市税或进入税） • 除报纸外的货物的出售或购买，且不属于邦间贸易或商业行为 • 除报纸广告之外的广告 • 由公路或内河水道运载的货物和乘客 • 职业、贸易、招聘和就业 • 土地和建筑物 • 受有关法律约束的矿产权 • 电力 • 其他收费 • 人头税 • 奢侈品、表演、娱乐、投注和赌博 • 联邦清单以外的印度税

续表

并行清单
• 在税收和其他公共需求方面州的索偿，包括拖欠土地收入和邦以外产生的拖欠款的收回
• 除了通过司法印花税收取的税款或费用以外的印花税，但不包括印花税税率
• 本列表中任何事项的费用，但不包括法院收取的费用

三、机构框架

税务相关事项由财政部下辖的税务局监管。[①] 税务局通过印度的中央直接税收委员会、海关消费税和关税委员会来管理直接税和间接税。[②]

中央消费税和关税委员会(CBEC)处理相关政策的制定，包括征收关税、中央消费税和服务税，防止走私，以及关税、中央消费税、服务税和毒品的相关管理事宜。[③]

中央直接税收委员会是一个法定机构，根据 1963 年《中央税收委员会法案》运作。[④] 该委员会统筹考察政府履行法定职能的相关政策，包括评估处置、税费征收、对逃税避税的预防与侦查等。[⑤]

四、财政预算及其相关性

自 1991 年经济改革以来，基于适度的税率和私营部门对经济发展的参与，政策重点已经从以公共部门为导向转向自由宽松的财政政策。[⑥] 拟议的商品及服务税(GST)将动态地促成印度税收制度的一致性，其目的在于将所有中央和邦的间接税整合成单一的税收制度，从而减轻双重征税，为在印度建立"共同全

① Central Board of Excise and Customs. Who We Are, http://www.cbec.gov.in/htdocs-cbec/whoweare/whoweare?pageID=1-1 (last visited Apr. 10, 2016).

② Ibid.

③ Ibid.

④ Income Tax Department, Government of India. Functions and Organization, http://www.incometaxindia.gov.in/Pages/about-us/central-board-of-direct-taxation.aspx#cbdtl (last visited Apr. 10, 2016).

⑤ Ibid.

⑥ Rajeev Malhotra. India's Union Budget: Changing Scope and the Evolving Content, Research and Information System for Developing Countries (RIS) Discussion Paper 171 (2010), http://www.ris.org.in/sites/default/files/pdf/dp171_pap.pdf (last visited Apr. 10, 2016).

国市场”铺平了道路。[①]

每年2月递交议会的联邦财政预算案不仅反映出政府的收入和支出量，也提供了当前财年国家政策的实质内容和未来政策优化的方向。其目的在于整合公私经济活动，促进共同发展。

五、法律框架

（一）关税的种类

表1-2列举了印度的各类关税和其他边境税。

表1-2　印度关税和边境税的种类

基本关税
•《海关法》第12条规定，基本关税的税率为第14(1)条规定的产品价值的一定比例
基于第3(1)条的额外关税(CVD)
•《海关关税法》第3(1)条授权征收额外关税，其等同于对在印度制造的同类产品征收的消费税。该项税款的征收对象是货物价值加应付关税
基于第3(3)条的额外关税
•该税是在第3(1)条规定税收的基础上额外征收的税项，目的是平衡对生产中使用的原材料、零部件等征收的消费税，从而弥补国内制造商因负担内销税收而产生的损失
基于第3(5)条的额外关税(Special CVD-SAD)
•该税根据《海关关税法》第3(5)条征收，与《海关关税法》第3(1)和3(3)条的税项并存。所有与缺陷、退款和豁免有关的条款都可以适用。该项税率不能超过产品价值的4%
反补贴税
•该项税收是为了抵消由出口国直接或间接给其进口到印度的出口商提供的任何补贴。该税基于《海关关税法》第9条征收
反倾销税
•基于《海关关税法》第9A条征收，目的在于反制倾销措施
保护关税
•基于《海关关税法》第9A条征收，目的在于反制突然的进口增加
出口税
•《海关关税法》第二附表提供了征收出口关税的货物清单

① CBEC. GST-Concept & Status, http://www.cbec.gov.in/resources//htdocs-cbec/deptt offcr/status-gst-01122015.pdf (last visited Apr. 10, 2016).

续表

关税教育附加税
• 自 2004 年起，对产品征收 2%的关税。不适用于额外关税（special CVD-SAD）、反补贴税（基于《海关关税法》第 9 条征收）、反倾销税（基于《海关关税法》第 9A 条征收）
国家灾害附加关税
• 基于 2013 年《金融法》第 134 条，对烟草和卷烟征收国家灾害附加关税（NCCD 关税）。对聚酯纤纱、汽车、多用途车辆和两轮车征收 1%的税
杂费
• 杂费的征收是针对在印度制造的货物。杂费和税收的差异在于，前者是为特定目的征收的费用，而后者则是政府的一般收入

资料来源：V. S. Datey. Taxmann's Customs Law Practice & Procedures (Taxmann 2016)

（二）关税（印度的关税结构）

1962 年《海关法》第 12 条和《海关关税法》的其他条款规定了印度的进口关税征收。《海关关税法》附表 1 规定了标准税率，而年度财政预算案会宣布对该税率的修正。同样值得注意的是，印度的财政年度由每年的 4 月开始，到第二年 3 月结束。

为了平衡邦税或地方税，印度规定了在边境征收的标准税率以外的其他税收，如附加关税或反补贴税，代替了消费税（针对印度本土生产的特定种类货物征收的中央增值税或中央附加价值税）和特殊附加税（SAD）。需要强调的是，当印度实施拟议的商品及服务税时（GST）时，间接税结构将彻底改革。

印度已经（连续几年）将非农产品的关税保持在最高税率 10%，但连年预算都会宣布降低最高税率的政策。对农产品及其加工品征收的关税普遍高于半成品，这反映了政策对农业和加工业的保护。对于工业用途的产品，也提供广泛的终端用户税收豁免。

显著的“税收倒置”（即初级和中间产品的关税比最终产品更高）令人担忧，关税税则委员会在数个行业提出了多项建议，以纠正税收倒置的问题。海关当局注意到，这种纠正在近年来已经运用到了铝锭和背板等产品上。2015—2016 年年度预算宣布对某些进口产品进一步降低关税，以解决税收倒置的问题。

（三）约束关税

印度已经在 2005 年落实了在乌拉圭谈判中对关税的承诺，75%左右的关税受到 WTO 最高限额的约束。印度的约束税率已经覆盖了 100%的农产品和 71.1%的非农业产品。总体上，农产品的平均约束税率为 119.2%，非农产品为35.3%。

农业的约束税率范围相对较高(10%～300%),相比之下非农产品仅为0～150%,其中HS 1—4类的平均值最高。适用关税与约束税率之间的巨大差距使中央政府能在相当大的范围内提高适用关税。因此,政府可以根据国际市场价格变化和国内压力调整适用的关税。

(四)产品分类及分类原则

印度海关采用统一的命名系统(HS),这是世界海关组织制定的多用途国际产品命名法。[1] 中央消费税也采用了基于HS的分类。此外,关税和中央消费税使用8位数的命名法。由对外贸易总局(DGFT)发布的印度贸易说明(ITC)采用10位数的分类编码。进出口许可受到ITC(HS)的管制,而进出口货物的分类则由对外贸易总局发布。在这种命名方式中,货物按照HS编排,但为了实现更精确的进出口控制,采用10位数字代码进行编码。

(五)关税估值和估价方法

在印度,关税按货物"价值"的一定比例支付,这一价值也被《海关法》第14(1)条称为"计税价值"或"海关价值"。任何进出口货物的关税值由中央消费税和关税委员会(CBEC)确定。[2] 计税价值是指同类或类似商品在进口或出口所在地同一时间出售或提供的价格[参见《海关法》第14(1)条],其中卖方和买方彼此没有生意上的利害关系,价格是交易或要约的唯一考虑因素。这一要求是为了确保对交易价格征收关税。

根据《海关法》第14(1)条的规定,进口货物的"价值"是其"交易价值"。此时适用的价格是货物进口至印度的货物进口地或自印度出口的货物出口地的价格,且交易双方没有关联,价格是交易唯一对价,并受到上述规定其他条件的约束。

(六)出口货物的估值

出口货物的海关价值必须根据《海关法》第14条与2007年《海关估价(出口货物价值确定)规则》共同确定。此种估价方法的主要标准是"交易价值"[3]。这是货物在进口到印度时,在进口或出口的时间和地点购买该货物实际支付或应支付的价格。[4]

根据2007年《海关估价(出口货物价值确定)规则》第7条,出口商必须强制

---

① V. S. Datey. Taxmann's Customs Law Practice & Procedures (Taxmann 2016).

② Ibid., 193.

③ Ibid.

④ Ibid.

申报货物的全部价值,官员可以独立评估出口货物的价值。如果出口离岸价格为购买价格的150%之内,则不能拒绝申报。此外,如果申报价格被拒绝,海关通常不能扣押出口货物。货物扣押只适用于故意瞒报、企图出口未经授权的货物,以及伪造或变造文件。除非经过海关管辖处长的事先批准,海关不得因出口申报文件在估价方面不清晰而扣押货物。据《海关法》第113(i)条,出口商通过提高估价骗取退税属于违法行为,海关可没收货物。

(七)关税低估

进口中虚开发票逃税的行为屡禁不绝。[①] 当前,税收已经调低到合理水平。[②] 因此,进口货物低开发票的情形相对较少,而出口货物高开发票的情形更多一些。[③] 为了防止降低估价逃避关税的行为,海关总署留存了各产品制造商的定价目录,并经常进行更新。[④] 此外,所有海关都设立了估价部门,检查敏感货物的估价是否过低。[⑤]

(八)进口授权

当关税部门的估价高于发票显示价格时,仅实际支付的到岸价会从进口许可中扣除。

(九)报关的程序

由于货物通过海运、空运或陆运进出口,其进出口程序因运输方式不同而各不相同。本部分不涉及邮政包裹或行李的进口报关手续。

1. 报关程序

货物可通过海运、空运或陆运进入印度,也可通过邮寄或旅客携带的方式进入。进出口的一般程序根据进入方式不同而有所区别。

2. 进口程序

(1)承运人的进口程序

承运人和进口人必须遵循《海关法》第2(31)条的特定程序。承运人要负责提交进口舱单和出口舱单;确保运输路线和运输地得到许可;确保收到海关回执后在获许可的适当地点卸货。承运人在收到海关部门回执后方可离开,如虚假申报还应先接受处罚。

---

① V. S. Datey. Taxmann's Customs Law Practice & Procedures (Taxmann 2016).

② Ibid.

③ Ibid.

④ Ibid., 193.

⑤ Ibid.

(2)进口的大致程序

对进口货物的评估和许可流程要求进口商提交报关单,以便海关官员知晓清关货物的详情。以优惠税率清关可能需要执行担保。

3. 出口程序

(1)承运人的出口程序

承运人的出口程序如下:承运人需在海关系统中注册,提交电子发货单。同时,出口货物需经海关官员批准出关后才可以装船,且需在离港前按规定提交出口舱单的电子版。[1]

为了促进出口,任何出口行为都不会被中央政府或邦政府的任何机构以任何原因中断。同样,不得通过扣押扰乱出口货物的生产和日程安排。不过在特殊情况下海关可扣押库存,但应在七天内解除。

(2)出口商应遵循的程序

每个出口商须从对外贸易总局获得业务识别号,这是一个基于永久数字账号(PAN)的号码。[2] 此外,出口商也需要到指定银行开一个活期账户办理退税申请。同时,出口商参与印度政府出口促进计划的各类出口活动时,需在海关登记取得执照,以获得预授权或退税减税权利证书(DEPB)。

出口商需要向海关部门提交电子运单,并对关税进行自我评估。出口商还必须提交发票、装箱单、合同、出口授权和其他相关文件,以及必要的出口和价值申报声明。此外,出口商必须获得海关官员正式签署的 ARE-1 表格。最后,出口商必须从运输公司处取得提单,并向税收机关提交证明。

(3)海关的出口许可

海关当局需要处理各类文件才能发放出口许可。[3] 这些文件包括:办理退税单时货物在退税目录下的分类和价值,适用的出口税或清关税,预授权运输单据检查等。根据外贸政策和相关法律,对货物进行一般审查和测试后,还可能进行抽样检查。

(十)关税的减免和要求

1. 关税的减免

《中央消费税法》(CEA)第 5A(1)条授权中央政府基于特定条件免除应纳税商品的全部或部分税款。据规定,此项豁免应基于公共利益,并事先在官方公报中公布。《海关法》第 25(1)条就关税作出类似规定,根据第 25 条,关税豁免

---

① V. S. Datey. Taxmann's Customs Law Practice & Procedures (Taxmann 2016), 299.

② Ibid.

③ Ibid., 307.

适用于广泛种类的进口,包括政府进口,特权人士和组织的进口,培训研究和教育目的的进口,涉及石油勘探、展销、考察等的进口,残疾人用品、福利机构、捐赠、文体用品、奖品、奖牌和奖杯、商业样品和原型产品等的进口,涉及修理、翻修、医药和药物的进口,展览会中用于展示或使用的商品进口,南亚区域合作联盟国家会展的进口。豁免可以随时撤销,因为它只是一种让步。豁免通知必须提交议会。

2. 关税征收中的处罚和上诉

(1)部门裁决

海关当局有权确定分类、估价,以及确定退税和额外税收。[①] 海关还有权根据法规颁布各类许可、进行处罚及没收不符合要求的货物。该裁决权由法律和部门规章赋予。当事人可就此类行政命令提出上诉。

针对公共部门提起上诉的最高权力机构是中央消费税和服务税上诉法庭(CESTAT)。然而,也有相关规定准许向印度高等法院和最高法院上诉。还应该注意的是,高等法院和最高法院的司法管辖权独立于《中央消费税法》或《海关关税法》的任何规定而存在。高等法院和最高法院的管辖权在印度《宪法》中有具体规定。

根据《海关法》第 2(1)条,除了由中央消费税及关税委员会、专员(上诉)或中央消费税和服务税上诉法庭做出的命令或决定外,任何根据《海关法》做出的命令或决定都是判决令。《中央消费税法》第 35 条规定,对中央税务局或海关职员(低于主要专员职级)通过的任何决定或命令可以提出上诉。

(2)处罚

《海关法》针对违反其规定的行为规定了两种处罚措施:[②]

民事责任:此类违反法律规定的民事处罚包括罚款和没收货物,可以通过部门裁决作出。民事处罚的依据是《中央消费税法》及相关规则和《海关法》。

刑事责任:刑事处罚包括公诉后在刑事法院中判处的监禁和罚金。根据《中央消费税法》第 34A 条和《海关法》第 127 条规定,基于本法做出的没收或刑罚不能排除其他惩戒措施的适用。因此,对同一罪行可同时进行部门处罚和刑事公诉。

(十一)印度特别经济区

印度政府出台了经济特区(SEZ)的方案,在特区内用于生产的货物和生产

---

① V. S. Datey. Taxmann's Customs Law Practice & Procedures (Taxmann 2016), 548.

② Ibid., 561.

资料可免税进口，亦可在本土免税采购，最终产品可以免税出口。[①] 经济特区是国家内特定的独立关税区。在关税方面，特区被视为如同印度领土外的地区。向经济特区供应的货物被视为出口货物，有权获得出口福利；而经济特区单位向经济特区以外的任何人提供物资则被视为进口货物，应支付正常关税。

印度允许在经济特区中设立单位生产货物和提供服务。特区内也允许贸易单位的存在。经济特区和经济特区单位免征所有税种，如关税、中央消费税、国家增值税、所得税等。以下是印度经济特区的类型：面积为1000公顷或500公顷的多产品经济特区；特定部门经济特区；面积为40公顷及以上的自由贸易和仓储经济特区。

经济特区可由公共部门、私人部门或公私交叉部门设立，可由中央政府、邦政府共同或分别设立。

设立经济特区的立法框架是2005年《经济特区法》和2006年的《经济特区规定》。

经济特区有几类免税措施，用于特区单位发展、运营、维护的货物进口和国内采购可免税。1962年《所得税法(修订)》规定，经济特区在前5年的出口收入享受100%的豁免，其后5年为50%，再后5年为50%的出口利润再投资。根据《所得税法(修订)》第115JB条，可以豁免最低替代税。此外，通过认可的银行渠道，经济特区单位可获得不受期限限制的外部商业借款5亿美元。经济特区还可享受免征中央消费税和服务税。

此外，邦政府消费税和其他征税由相应各邦政府进行减免。[②] 关税和消费税的减免也是一大利好。根据《所得税法(修订)》第80-IAB条，特区商业业务的营收享受10～15年的免税。该法第115JB条和第115O条分别规定了最低替代税和股息分配税的豁免。

经济特区单位还享受额外的税收豁免。重要的豁免包括：豁免地方税和附加消费税；在出口导向单位和经济特区的进口中免征反倾销税；将资本资产转移到经济特区的资本收益免税。不过，股息分配税、最低替代税和印花税不享受减免。

---

① Hitender Mehta. Taxmann's Law & Practice Relating to Special Economic Zones (Taxmann 2007).

② Ministry of Commerce and Industry. Special Economic Zones: Tax Exemptions, http://www.sezindia.nic.in/about-fi.asp (last visited Apr. 10, 2016).

第二章　外贸制度和法律

一、引言

第二章阐述了印度关于对外贸易的制度框架和体制结构，简要描述印度2015—2020年的外贸政策，并对印度与其贸易伙伴签订的优惠贸易协定和其他安排作了综述。本章还提供了印度近几年的进出口统计信息，以及印度对WTO协定执行情况的摘要。

二、宪法框架

印度《宪法》第19(1)(g)条规定，所有印度公民有权“从事任何行业，或持续从事任何职业、交易或经营业务”。此外，根据该法第19(6)条，邦政府有权基于公共利益立法，对第19(1)(g)款规定的交易权利施加合理的限制。此外，印度《宪法》第13部分为“印度领土内的贸易、商业和交流”，其中第301条规定，印度全境的贸易、商业和交流“应当是自由的”。第302条规定，议会可以基于公共利益对邦之间或领土内任意地区的贸易、商业和交流自由通过法律手段作出限制。此外，印度《宪法》附录7中表1第44条授权中央政府从事与外国的贸易和商业行为。

三、机构框架

工商部下属的商务司(DoC)负责实施和监督印度的外贸政策(FTP)。[①] 外贸政策受到定期审查，以适应管理新兴经济所需的变化。商务司还负责多边和双边商业关系，包括经济特区、邦贸易、鼓励出口、贸易便利化、特定出口导向型产业的发展和监管等方面。[②] 在商务司下运作的主要机构及其职能的详情如下：

---

① Department of Commerce, Ministry of Commerce & Industry. Annual Report 2015—2016, http://commerce.nic.in/MOC/pdf_download/annual_report_15_16_eng.pdf (last visited May 2, 2016), p. 17.

② Ibid.

对外贸易总局(DGFT):对外贸易总局通过制定相关规则监管和促进对外贸易。该机构负责外贸政策的落实,其主要目标是促进印度的出口。通过在印多尔的扩展机构和37个地区办事处网络,对外贸易总局还向出口商颁发许可证并监督其落实相应的义务。

供应和处置总局(DGSD):供应和处置总局的总部设在新德里,由对外贸易总局领导。该机构是商务司的附属部门,主要负责签署一般的政府采购合同。其运行机构包括功能部门和支持服务部门。

反倾销和反补贴总局(DGAD):反倾销和反补贴总局由印度政府首脑指定机构领导。该机构负责进行反倾销税和反补贴税调查。

商业情报和统计总局(DGCI&S):商业情报和统计总局是印度政府收集、汇编和传播印度贸易统计和商业信息的主要组织。它的工作是负责收集、汇编、出版和传播贸易统计数据和各种商业信息。

经济特区(SEZs)发展专员办公室:每个特区由一名发展专员领导,根据2005年《经济特区法》和2006年《经济特区规定》进行管理。可以在经济特区内设立单位,从事制造、贸易或服务活动。经济特区单位必须是净外汇收入者,但它们(宝石和珠宝单位除外)不适用任何预设附加值限制或最低出口业绩要求。向经济特区供应的货物被视为出口货物,有权获得出口优惠;而经济特区单位向经济特区以外的任何人提供物资则被视为进口货物,应支付正常关税。

(资料来源:收集自工商部)

除上述机构外,还有一些法定机构受工商部商务司的管辖。以下是工商部商务司下辖的一些重要机构:

海产品出口发展局(MPEDA):海产品出口发展局是一个在工商部商务司下设立的法定机构,负责发展印度的海产品出口。

农产品和加工食品出口发展局(APEDA):该局根据《农产品和加工食品出口发展机构法》设立。它同时被授权监管糖的进口。

出口检查委员会(EIC):出口检查委员会由印度政府根据1963年《出口质量控制和检验法》设立,旨在履行质量控制、预售检查及其相关事务等职能,推动印度出口贸易的有序发展。

印度外贸学院(IIFT):该学院致力于外贸相关研究和培训。

印度包装学院(IIP):该学院是包装技术领域的自治机构。该学院的主要目标包括通过创新和发展包装设计来开拓出口市场,以及提升国家包装标准。

(资料来源:工商部《2015—2016年度报告》)

四、经济视角

印度贸易额最高的七个主要贸易伙伴是中国、美国、阿联酋、沙特阿拉伯、瑞士、德国和中国香港。中国和瑞士对印度为贸易顺差。

印度的主要出口货物为矿石、贵金属、铁路运输以外的交通工具、机械或机械器具,以及其他金属和石化产品(图 2-1)。

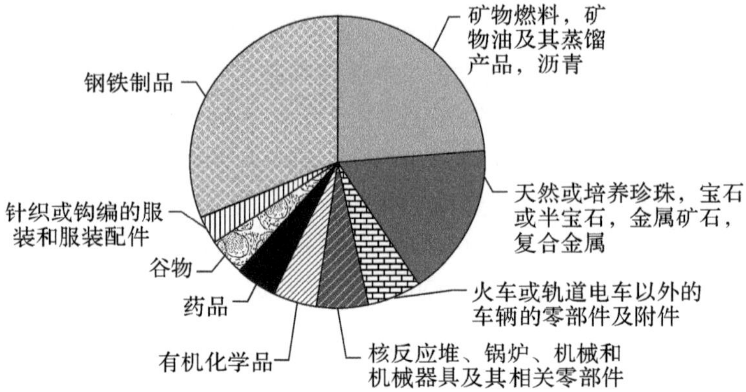

图 2-1　印度九大出口商品

资料来源:印度进出口银行。

印度主要进口货物包括矿石、宝石、电气机械和器材、有机化工原料、石油和矿产品等(参见图 2-2)。

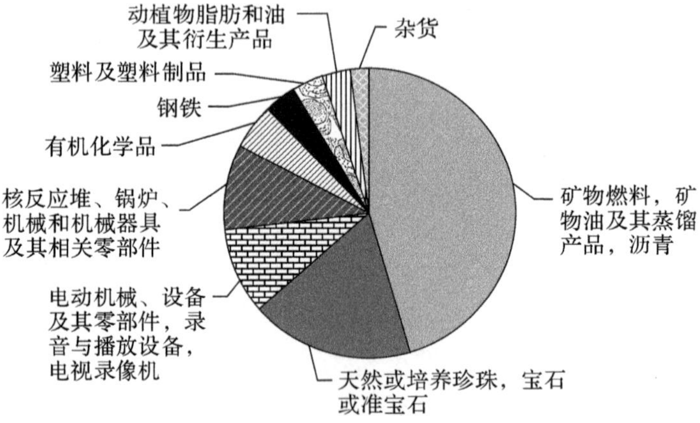

图 2-2　印度进口商品分类

资料来源:印度进出口银行。

五、监管框架

(一)2015—2020五年外贸计划

为期五年的“2015—2020外贸计划”强调建立增加商品和服务出口，创造就业机会的贸易政策框架。这一策略与“印度制造”计划是一致的。① 外贸政策提供的政策框架支持产品和服务的对外贸易，实现了出口和进口的规则、程序和财政激励措施与其他计划对接，如“印度制造”“数码印度”“技能印度”等等。

外贸政策中规定了一系列措施，鼓励出口商根据《鼓励货物出口计划》(EPCG)向本土制造商采购货物。制造商还能够对其产品进行分阶段的自我认证，证明其源自印度，以符合各种双边和区域贸易协定的优惠待遇。根据该政策，一些具体措施获得执行以鼓励100%的EOU/ EHTP/ STP/ BTP计划下的产品制造和出口。贸易便利和“营商环境改善”是另一大重点工作。②

“2015—2016外贸计划”引入两个新的政策：

1. 印度商品出口计划(MEIS)——目的是增加向特定市场投放的特定产品的出口。印度商品出口计划下的奖励按MEIS关税信用券的方式，以出口产品的实际FOB值(离岸价)的比例(2.3%或5%)支付。③

2. 印度服务出口计划(SEIS)——致力于提高特定服务的出口。奖励比例基于所赚取的净外汇，范围为3%～5%。作为激励的关税信用凭证可以自由转让，并可用于抵扣采购所有类型货物和服务的税款。根据该计划还可获得中央增值税减免或退税。适用此计划的服务提供者必须满足上一财年外汇收入达15000美元的标准，个人服务提供者的标准则降低到上一财年10000美元。④

根据上述计划发放的奖励无附加条件。印度商品出口计划和印度服务出口计划下提供的关税信用凭证及对应的进口货物可自由转让。

(二)印度的优惠贸易协定

印度在接受优惠贸易协定方面进展缓慢，于2000年才与其邻国斯里兰卡签署了第一个自由贸易协定(FTA)。印度已经与18个国家或集团(尤其是其南亚和东南亚伙伴)达成了双边贸易协议，形式包括：全面经济伙伴关系协议(CEPAs)、综合经济合作协议(CECAs)、自由贸易协定、优惠贸易协定

① Foreign Trade Policy 2015—2020, http://dgft.gov.inexim2000/Updated_FT-P_2015-2020.pdf (last visited May 2, 2016).

② Ibid., 132.

③ Ibid., 59—60.

④ Ibid., 61—64.

(PTAs)。CEPAs 和 CECAs 比自由贸易区在实质上更为全面，覆盖面更广。CEPAs 和 CECAs 包括互认协议(MRAs)和其他协调方案。印度认可其贸易伙伴使用不同的监管制度，并推动这些制度实现同样的目标。

1. 全面经济伙伴协议(深层合作)：

印度—新加坡 CECA

印度—日本 CEPA

印度—韩国 CEPA

印度—马来西亚 CECA

印度—南方共同市场框架协议

印度—东南亚国家联盟框架协议

印度—海湾合作委员会成员国框架协议

印度—东南亚国家联盟全面经济合作的框架协议

印度—泰国 CECA

印度—新西兰 CECA

印度—加拿大 CEPA

印度—澳大利亚 CECA

印度—印度尼西亚 CECA

印度—东南亚国家联盟＋区域全面经济伙伴关系(RCEP)

2. 优惠贸易协定(浅层合作)

印度—南部非洲关税同盟 PTA

印度—智利 PTA

印度—南方共同市场 PTA

(南亚区域合作联盟)南亚优惠贸易安排(协议)

印度—阿富汗 PTA

印度—东南非共同市场 PTA

3. 自由贸易协定(货物自由贸易)

南亚自由贸易协定达成一致 FTA

印度—斯里兰卡 FTA

印度—孟加拉国贸易协定

印度—马尔代夫贸易协定

印度—蒙古贸易协定

环孟加拉湾多领域经济技术合作组织(BIMSTEC)

4. 磋商中的自由贸易协定
印度—海湾合作委员会 FTA
印度—以色列 FTA
印度—澳大利亚 FTA

（资料来源：工商部）

尽管印度主张多边自由贸易，但它也商谈了一些区域贸易协定（RTAs）。印度目前已通知 WTO 的有效区域贸易协定为 16 个。① 这些协定主要是与邻国和其他南亚或东南亚国家达成。印度已与阿富汗、泰国、新加坡、不丹、尼泊尔、日本和马来西亚等国签署了优惠贸易协定。此外，它还与拉丁美洲国家如智利、南美共同市场等，有一些区域贸易协定。印度也是贸易普惠制（GSP）的参与方，但仅在局部范围内参与，涵盖极少数税目。印度与日本、马来西亚、新西兰、印度尼西亚、澳大利亚、新加坡、泰国、韩国、其他东盟国家，以及区域全面经济合作伙伴签订了全面经济伙伴关系协议（CEPAs）。

（三）进口禁止、限制和许可

印度政府根据 1992 年《外贸开发和管制法》第 3 节和 1962 年《海关法》第 11 节维持进口限制。进口政策进度表提供了受限制项目和附条件受限制项目的清单。进口禁止也可以基于国家安全、自给自足、收支平衡、健康、道德等原因维持。

（四）进口禁止

进口禁令主要是出于健康和安全考虑，包括一系列产品，如大多数野生动物的肉和内脏、动物脂肪，以及象牙和象牙粉。根据联合国决议，禁止从朝鲜、伊朗、伊拉克和索马里进口特定产品。② 禁止从委内瑞拉进口钻石原石。

（五）反倾销

在印度，反倾销和反补贴总局负责对反倾销和反补贴进行调查。③ 反倾销的救济仅适用于如下情况：目标货物的倾销已经造成实质损害；倾销有造成损害

① WTO Regional Trade Agreements Information System (RTA-IS), http://rtais. wto. org/UI/PublicSearchByMemberResult. aspx? MemberCode = 356&lang = 1&redirect = 1 (last visited Apr 2, 2016).

② 参见 https://www. un. org/sc/suborg/en/sanctions/1718/prohibited-items 和 https://unsos. unmissions. org/sites/default/files/s-res-2036-2012. pdf.

③ Lakshmikumaran and Sridharan. Indian Anti-Dumping Law and Practice: A Handbook, http://www. lakshmisri. com/Uploads/MediaTypes/Documents/L&S_Indian%20Anti-Dumping%20Law_2013. pdf (last visited Apr. 11, 2016).

的威胁；倾销阻碍了国内产业的发展。反倾销和反补贴总局是一个准司法机构，有权建议征收反倾销税；然而，具体税收由财政部负责征收。

需要指出的是，此种税收只能针对进入印度海关领域的产品征收。它不适用于由100%出口导向的企业或自由贸易区、特别经济区单位进口的物品，除非法律另有规定。①

1. 反倾销税的征收

1975年《海关关税法》第9A(1)条授权中央政府征收反倾销税，税收额度不得超过反倾销调查确定的倾销幅度。印度实行“较低税率”规则，其实质上选择适用倾销幅度和足以消除对国内工业的损害之幅度这两者中的较低者进行征收。反倾销税基于特定来源或特定国家进行征收，可采用固定税额、从价计征或参考价格法征收。

根据参考价格法，参考价格是固定的，税收为抵岸价值和有关当局确定的参考价格之间的差价。如果抵岸价值超过参考价格，则进口商不需支付反倾销税。一般认为，基于参考价格确定税收适用于涉及诸多类型的产品。此外，从价计征是按进口货物价值的百分比征税。

即便倾销、损害和因果关系已经成立，只要出口人的倾销额度小于2%，就可免征反倾销税。此外，如果特定国家倾销的货物低于总进口量的3%，针对该国的反倾销调查也应当停止。不过，若特定国家货物的单次进口量低于3%，但是累计进口量高于7%，则在认定损害时可以累加。

印度没有在反倾销法中纳入强制的公共利益条款。然而，在对太阳能电池和组件的反倾销调查等少数情况下，财政部选择不执行反倾销和反补贴总局的建议。当然，绝大多数该局的建议都得到了执行。然而，这一总体趋势中已经有一些例外。由 Bridge Stone Tire Manufacturing (Thailand) vs. DA 案可以看出，在没有损害的情况下，反倾销税只会增加进口商品的价格，进而可能损害下游行业的利益。

2. 反倾销税的执行期

反倾销税的执行期为5年，除非在中期审查中提前撤销反倾销税。如在5年期满前开始审查且尚未得出结论，反倾销税可以继续生效等待审查结果，期限不得超过1年。

3. 调查流程

《反倾销规则》第17条规定，反倾销调查应在调查开始之日起12个月内完成。但第17条还规定，在某些特殊情况下，中央政府可将期限延长至多6个月。

---

① Section 9A (2A) as Amended vide Finance Bill 2001 (Annexure-I).

因此，印度反倾销调查的最长期限为18个月，这符合WTO规定的义务。财政部在征收反倾销税之前考虑的时间不计入12或18个月的期限内(参见图2-3)。

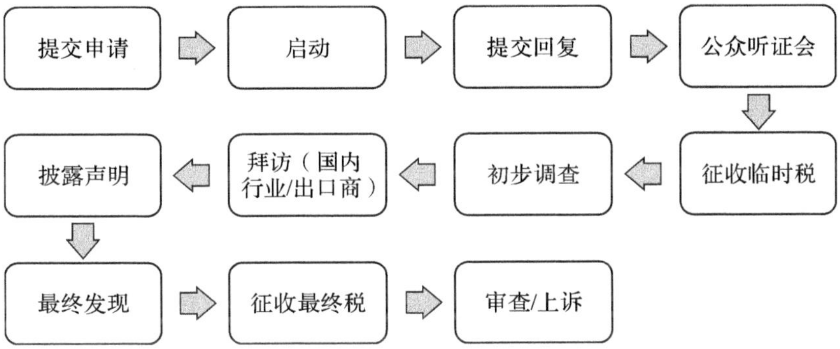

图2-3　印度反倾销程序的流程图

4. 非市场经济(NME)状态

《海关关税法》规定，非市场经济下的货物正常价值需根据“市场经济中的价格或建造价值”确定。印度的法律总体上遵循美国和欧盟的做法，规定了一个推定适用NME的国家名单。对这些国家的调查将推定适用NME方法，除非这些国家的公司或相关行业证明其遵循市场经济规则。在后一种情况下，可以在特定反倾销案件的框架内，向有关企业或行业授予市场经济待遇(即在每次调查中都必须对企业或行业的状况进行验证)。在这种情况下，反倾销和反补贴总局将检查各种数据，如生产中的投入和原材料的成本、生产过程、技术和劳动力成本、产出、销售和投资、国家干预程度和对市场信号的反应，以决定是否向单个公司提供市场经济待遇。

5. 反倾销措施的审查

反倾销税的目的是抵消倾销的有害影响。《海关关税法》第9A(5)条规定，任何反倾销税自从征收之日起5年后停止生效，除非期限进一步延长。然而，这种税收在实践中仅应维持在达到抵消倾销有害影响所必需的时间和限度以内。印度反倾销法规定了三类审查机制。

日落复审：反倾销和反补贴总局需要在5年期结束时进行审查，以确定是否需要在下一个5年继续征收反倾销税。

中期审查：反倾销和反补贴总局有权不时进行临时审查，以检查是否需要继续实施反倾销税。此种审查可主动启动，也可基于利益相关方提供的信息视情况变化启动。

新出口商复审：这种审查适用于在开启反倾销调查时或调查后暂未生产或向印度出口产品的出口商。如果该类出口商此后希望适用单独的反倾销税率，那么反倾销和反补贴总局将审查确定此出口商的倾销幅度，前提是该出口商（生产商）在调查期间未出口商品，且与已适用反倾销税的产品出口商或生产商没有联系。

反倾销和反补贴总局曾发起过一项仅针对特定产品的调查，而没有进行全面调查。[①]

6. 上诉机制

根据 1975 年《海关关税法》第 9C 条，进口商可向中央消费税和服务税上诉法庭（CESTAT）依法提起上诉，反对反倾销和反补贴总局建议实施反倾销税的命令。进口商对中央消费税和服务税上诉法庭的命令，可根据印度《宪法》第 136 条向印度最高法院提出申诉。在某些特殊的情况下，例如违反自然正义原则或违反正当程序，可以通过适当的令状向高等法院提出诉讼。[②]

虽然完成反倾销调查有固定的时间限制，但事件一旦到达上诉阶段，时限将不再适用。从中央消费税和服务税上诉法庭获得决定所需的时间很容易超过 18 个月——这是完成一次原始调查的时限。在申请令状上诉或针对高等法院决定提出上诉的情况下，程序所需的时间可能有所不同。

7. 反倾销措施的规避

2011 年，印度颁布了基于反倾销调查的反规避条款，使印度成为少数拥有反规避条款的 WTO 成员方之一。[③] 然而，印度迄今尚未启动任何反规避调查。根据新规则，以下三种情况可能招致反规避调查：

> 进口物品是未组装、未完成或不完整的形式，或者在印度采用这样的形式，或者这些物品被进口到第三国，并在进口到印度之前进行组装。在这两种情况下，印度或相关第三国的增值额不得低于 35%。
>
> 当从上述公告国家进口货物时，已出于避税目的对该物品的形式或外观进行了细微改动。
>
> 由于某些贸易惯例或模式，货物会通过第三方进口，从而降低了反倾销措施的救济效果。

反规避调查的调查程序载于《反倾销规则》第 26 条。反规避调查的程序大体上类似于反倾销调查，尤其是在程序启动、期限、保密等方面。

反倾销和反补贴总局在过去 20 年里已经启动了 700 多项调查，主要目标包括中国、欧盟、韩国、日本、美国、新加坡和俄罗斯等。主要的目标产品包括化学

---

① 对来自欧盟、南非、泰国、美国等 4 毫米以下冷轧钢产品的调查。

② See Committee of Management & Anr v. Vice Chancellor (2009) 2 SCC 630.

③ Ministry of Commerce and Industry. Customs Notification No. 6/2012, January 6, 2012.

品和石化产品、织物或纱线、钢铁和其他金属，以及消费品。图 2-4 列举了对主要出口来源已采取的反倾销调查的数量。

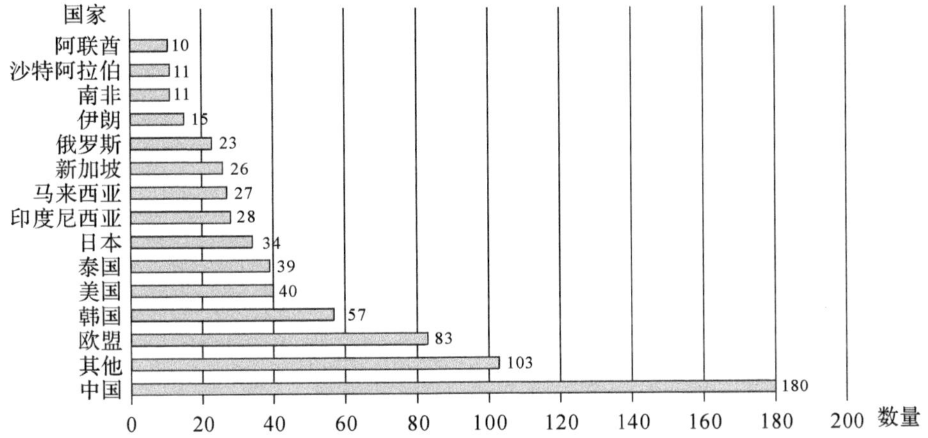

图 2-4　印度的反倾销调查对象统计

资料来源：工商部《2015—2016 年度报告》。

（六）保护关税措施

1. *机构层面*

印度的保护关税措施调查由财政部税收司下设的总干事发起。

2. *法律层面*

保护关税的征收由 1975 年《海关关税法》第 8B 和 8C 条作出规定，1997 年的《海关关税（保护关税鉴定和评估）规则》亦有所涉及。后者与 2002 年《海关关税（过渡产品个别保护关税）管理规则》共同规制了税收的程序方面。第 8B 条规定，如果中央政府在进行调查后认为当任何物品增加一定数量、在特定条件下进口到印度，将对国内工业造成或可能造成严重伤害，则可以对该物品征收保护关税。

保护关税的征收时限最长为 4 年。中央政府可以在初步确定增加的进口物品对国内工业造成或可能造成严重损害的情况下，实施临时保护关税。但是，临时保护关税从实施之日起不能持续超过 200 天。这些规定与 WTO 关于保护关税的规定一致。

反倾销税和反补贴税只适用于被认定出口倾销或补贴的特定货物。而与反倾销和反补贴税不同，保护关税通常针对进口印度的所有特定货物种类，无论其来源如何。印度一度根据《海关关税法》第 8C 条对从中国进口的产品征收了特殊过渡产品保护关税。不过，根据 WTO《中国加入议定书》的要求，第

8C条已经失效。

总干事在收到某物品的同类品或直接竞品的国内生产者递交或以其名义递交的书面申请后，可以启动调查程序，确定此种物品进口量的增加（绝对增量或相对于国内产量的增量）是否对国内产业造成或可能造成严重损害。如果信息资料来源于任何关税专员，总干事可自行启动调查。总干事须就征税期限提出建议，并就促进国内产业积极调整提出逐步自由化过程的建议。对总干事的决定不能提出上诉。然而，这并不影响当事人诉诸高等法院和印度最高法院的权利。

根据《保障责任规则》，对于总干事的调查结果不能上诉。

（七）反补贴措施

在1975年《海关关税法》第9条的基础上，印度1995年颁布的《海关关税（反补贴税的鉴定、评估和征收以及损害赔偿的确定）规则》建立了相关制度框架，对造成或可能造成印度本土工业实质损害的被补贴商品征收进口关税。

印度迄今只进行了两次反补贴税调查。第一次反补贴调查是对中国硝酸钠进口的调查，在启动后立即终止。第二次是在2015年11月，反倾销和反补贴总局建议对来自中国或从中国出口的风力发电机铸件的进口征收反补贴税。

1995年《海关关税（反补贴税的鉴定、评估和征收以及损害赔偿的确定）规则》包含了与1995年《海关关税（反倾销税的鉴定、评估和征收以及损害赔偿的确定）规则》类似的规定。但是，当局只能在收到申请之后启动调查，且必须已经有初步证据证明补贴的存在、对国内产业的损害，以及补贴和损害之间的因果联系。[①] 与反倾销条款一样，针对反补贴措施，可以向海关提起上诉，也可向中央消费税和服务税上诉法庭提起上诉。截至2016年3月1日，在该法庭审理的98228件上诉案中，有116件涉及反补贴措施。[②]

（八）标准和其他技术性规范

印度一直是国际贸易标准制定的积极参与者。仅在2015年，印度已经发出了25份通知，并对其他WTO成员的117项请求中的85项作了回应，相关事项涉及质量保证、防止欺诈和消费者保护。所有贸易的要求和限制由对外贸易总局根据1992年《外贸法》作出规制。技术规范方面，印度有关部门有义务将WTO的规定纳入国家立法。目前，印度产品标准和技术要求主要有：印度标准

---

① Rule 6, Customs Tariff (Identification, Assessment and Collection of Anti-Dumping Duty on Dumped Articles and for Determination of Injury) Rules, 1995.

② Monthly Disposal/Pendency Report, http://cestat.gov.in/PENDENCY%20REPORT%20FEB%2020160001.pdf (last visited Apr. 12, 2016).

局(BIS)制定的规范;AGMARK[①];《牛奶和奶制品指令》(MMPO);度量衡标准;国家测试和校准实验室认证委员会规范。

1884 年《印度爆炸物法》:该法第 3 章第 6 节规定了爆炸物的说明、性质和组成;第 59 节规定了联合国的分类,每个分类详细说明了试验程序。第 2 章规定了爆炸物的分级、归类和授权。

1954 年《防止食物掺假法和规则》:该法旨在防止食品掺假。第三部分第(5)节规定了在 B、C 和 D 附录中列举的各种食品应遵守的标准。第八部分规定了食品的包装和标签,第(32)节确立了所有食品包装必须有标签的要求。

1973 年《肉类和食品产品指令》:由农业部根据 1955 年《基本商品法》第 3 节颁布,由市场营销和检查局落实。第 9(4)条的附表 4 确立了肉类和食品容器的包装、标记和标签应遵守的要求,以及经"AGMARK"确认的标准。

1976 年《重量和测量标准法》:2009 年《法律计量法》和 2011 年《法律计量规定》取代了 1976 年《重量和测量标准法》。该法规范了全国范围内的标签。该法案的目的是制定重量和测量标准,并规范重量相关的贸易、商业活动或基于重量出售、分配之货物的交易。该法第(8)节规定了需遵从的物理特性、结构和其他重量相关的细节和测量标准。

1984 年《出口(质量控制和检验修正)法》:该法体现了印度出口贸易的良好发展。第 7 节规定了质量控制,第 8 节涉及一致性和标准规范。

1992 年《牛奶和奶制品指令》:该法旨在增加牛奶供应,并规范牛奶和奶制品的生产、加工和流转。第(26)节规定了涉及牛奶和奶制品的认证、包装、标记和标签的相关程序。

2001 年《节能法》:该法旨在为能源提供有效的利用和保护,目前由能源效率局落实。

2003 年《植物检疫(进口监管)令》:第 21 节规定了包装的条件,并要求经过相关国际标准认可。第 22 节规定了海关程序。根据第 2 章的规定,标签必须符合生物安全的相关规定。

印度标准局是监管机构,负责产品认证和为国内及进口产品制定相关标准。印度标准局也是基于 WTO 协议发布标准、技术规范和认证的 WTO 贸易技术

---

① 译者注:AGMARK 是印度向农产品提供的一种认证标志,名称由 Ag 和 Mark 拼接而成,前者是农业(Agriculture)的缩写,后者意为标志。

壁垒(TBT)查询点。需要指出的是,在外贸进口方面,如果印度标准局和某一成员尚未签订谅解备忘录(MOU),那么该成员就必须取得执照,且需要在印度设立办公室,便于验证该国进口商品。该产品还需要在印度标准局的实验室进行测试,确定其符合相关国际标准。

2009年《法律计量法》和2011年《法律计量规定》代替了1976年《重量和测量标准法》。目前,标签的要求全国统一,必须使用印地语和英语,但是目前对转基因(GM)产品没有强制标签要求。农产品需取得AGMARK认证,由市场营销和检验局根据1937年《AGMARK法》进行规范。

根据上述规范,农产品认证旨在维护生产商、制造商和顾客的利益。对于诸如黄油、酥油、植物油、混合植物油等容易掺假的食品,认证尤为必要。国家测试和校准实验室认证委员会(NABL)是唯一运作的实验室,且无论是何种法律状态、规模,以及何种独立程度的主体均可在印度国内外与国家测试和校准实验室认证委员会沟通。印度曾于2011年和2014年分别向WTO贸易技术壁垒委员会处发出通知,涉及玩具、电子垃圾、电子和信息技术产品、危险废料以及菜籽油的标签要求。①

(九)卫生与动植物检疫措施(SPS)

卫生与动植物检疫措施一般涉及食品安全、动植物安全和阻止入侵物种等其他措施。总的来说,印度的卫生与动植物检疫事项由1898年《畜牧进口法》规制。印度食品安全和标准局(FSSAI)②负责对食品、食品添加剂和防腐剂相关事宜进行抽样、分析和提取其他参数,并监管食品的包装和标签。印度长期对苹果、梨、鳄梨、蓝莓和猪肉制品限制进口。执行卫生与动植物检疫措施的其他主要规范和主体包括:1914年《破坏性昆虫和有害生物法》;2003年《植物检疫(进口监管)令》;1977年《(包装商品)重量和测量标准规则》;国际标准局。③

根据印度食品安全和标准局的规定④,科学小组需提供科学意见的草案,送交立法部门进行法律审查,并将文本翻译成英语和印地语。科学分析须符合国际标准化机构食品法典委员会的要求。⑤ 印度定期参与食品法典委员会的会议,且据官方称,印度正努力使其立法与其交易伙伴保持一致。转基因食品的进口受1986年《环境保护法》和1989年《环境保护规则》的规制。2006年《食品安

---

① WTO. Notification: Addendum, G/TBT/IND/44/Add. 3 (last visited on Nov. 5, 2013).

② Food Safety and Standards Act, 2006.

③ Bureau of International Standards, http://www.bis.org.in/ (last visited on Apr. 12, 2016).

④ Section 16 and 18, Food Safety and Standards Act 2006.

⑤ WHO. Codex Alimentarius Commission, http://www.fao.org/fao-who-codexalimentarius/en/ (last visited on Apr. 12, 2016).

全和标准法》设立了相关标准和程序，并随后送至 WTO 委员会审批。

动物农业、奶业和渔业部，以及农业、合作和农民福利部门受到 WTO 技术性贸易壁垒协定的专门规制，关注植物安全和保障措施。植物进口受《植物检疫条例》(PQR)①规制，动物和动物产品的进口则要求取得进口卫生许可证(SIP)。出口检疫相关事项由粮农组织(FAO)的《国际植物保护公约》(IPPC)覆盖。根据该公约，如果存在有害生物或任何其他疾病传播成分，则进口商必须承担熏蒸②费用。

1898 年《畜牧进口法》：该法于 2001 年颁布修正案。其立法目的是规范牲畜产品进口，目前通过"AGMARK"标识加以落实。本法第 3.3(a)条规定，必须从动物农业、奶业和渔业部获取进口卫生许可证(SIP)。第 7.3 条规定，相关文件需经过检疫或地区官员的认证。

1914 年《破坏性昆虫和有害生物法》：本法由农业和农村发展部根据 1878 年《海关法》第 10 条颁布。本法第 1(i)条确立了中央政府有权规范或禁止可能携带昆虫的物品的进口。第 4A 条则确立了中央政府规范或禁止上述物体运输的权力。

1973 年《肉类和食品产品令》：本法由农业部根据 1955 年《基本商品法》第 3 条颁布，并由市场营销和检验局监管。该法第 2 附表规定了需遵守的卫生要求和其他要求，如灭菌、工厂环境清洁和无尘区域。

1992 年《牛奶和奶制品指令》：本法根据 1955 年《基本商品法》第 3 条颁布。该法令的目标是增加牛奶供应量，并规范牛奶和奶制品的生产、加工和分销。第 23 条规定了抽取样品、进行分析和发布禁止令的程序。第 5 附表规定的需要遵守的安全措施、卫生条件和其他标准在第 25 条规定的卫生要求中有所体现。

2003 年《植物检疫(进口监管)令》：本法由农业部颁布，旨在规范和禁止进口到印度的农产品。第 2(3)章规定了可以签发进口许可证的一般性条件。第 4 章涉及进口的入境后检疫要求。

2006 年《食品安全和标准法》：本法由健康和家庭福利部颁布，旨在确立科学的食品标准。本法目前由印度食品安全和标准局负责落实。第 2.4.2 条规定，食品样本应由分析师检验；第 2.4 条规定了检验分析食品的程序。

---

① 指定了 39 个海港、15 个机场、11 个邮局、14 个陆地边境站和 63 个内陆集装箱聚集地。

② 熏蒸是一种害虫控制方法，通过在特定区域充满气体农药或使用熏蒸消毒器杀灭其中的害虫。

（十）国有企业（SOEs）

中央公共部门企业（CPSE）在印度发挥着积极作用，因为它们在几个领域都有巨大的市场份额，如石油和矿业、输配电、核能、重型工程、航空工业、仓储和公共递送系统、航运、保险和电信。印度的撤资政策总体上旨在鼓励人们投资此类企业，同时确保政府的股权不低于51％，从而维持对企业的控制。

政府在上市的中央公共部门企业中的撤资计划受2009年11月的“撤资政策”管制，该政策旨在为公共部门单位的运作带来透明度和问责制，并引入市场纪律。2014年8月22日到2017年8月底前，中央公共部门企业的最低公众持股比例从10％提高到25％。此外，撤资方案设想推动所有未上市的营利性中央公共部门企业在证券交易所上市；政府再通过在股票市场的运作降低其持股份额。要实现降低持股的目标，政府需通过结合撤资方案和发售新股的方式，经过一段时间的持续撤资来实现。

（十一）知识产权

保护知识产权对于任何寻求保护其知识、文化和传统遗产的国家都很重要。人们普遍认为，知识产权保护有利于促进科学技术的进步。国家应从法律上保障创造者基于创造物获得经济利益的权利，也要保障公众从这些创造中受益的权利。①

印度的知识产权立法：

1957年《著作权法》；

1970年《专利法》；

1999年《商标法》；

1999年《商品地理标志（注册和保护）法》；

2000年《半导体、集成电路和布局设计法》；

2001年《保护植物品种和农民权利法》；

2002年《生物多样性法》。

知识产权的三个主要领域，即专利、商标和版权受到1970年《专利法》、1999年《商标法》和1957年《版权法》等独立部门法的管辖。这些立法在印度于1994年签署WTO条约后修订。

1. 机构框架

印度知识产权管理的组织结构如图2-5所示。

---

① V. K. Ahuja. Law Relating to Intellectual Property Rights, Lexisnexis Butterworths, 2015.

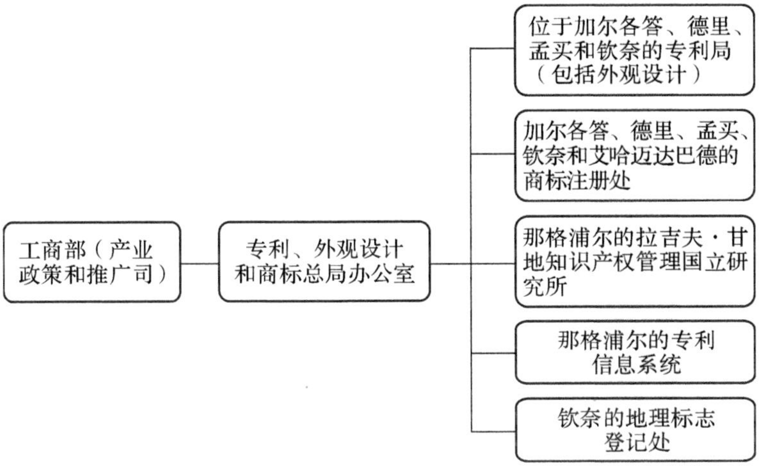

图 2-5　印度知识产权管理结构

资料来源：专利、外观设计、商标和地理标志总局办公室《2013—2014 年度报告》。

专利、外观设计和商标总局（CGPDTM）负责监督专利、外观设计、商标，以及地理标志的相关法律运作。该局由工商部下辖的产业政策和推广司管理。

根据《版权法》第 9 条设立的版权局在中央政府任命的版权局局长的直接控制下运作。

此外，知识产权上诉委员会（IPAB）已在钦奈（印度泰米尔纳德邦）成立，在艾哈迈达巴德、德里、孟买和加尔各答都设有办公部门。该委员会由产业政策和推广司管辖，自 2003 年 9 月 15 日起生效。

知识产权上诉委员会有权审议有关专利、商标和地理标志的决定提起的上诉，并考虑商标和地理标志的取消和纠正。自 2003 年 10 月 6 日起，各高等法院正在审理的关于上述事项的案件已移交给该委员会。此外，根据印度《宪法》第 136 条规定，对于印度境内任何法院或法庭通过或作出的，基于任何理由或事项的判决、法令、裁定、量刑或命令，可以提出特别上诉。该条款保证法院能够就法律上的实质性问题作出裁决，帮助受害方诉诸法律（参见图 2-6）。

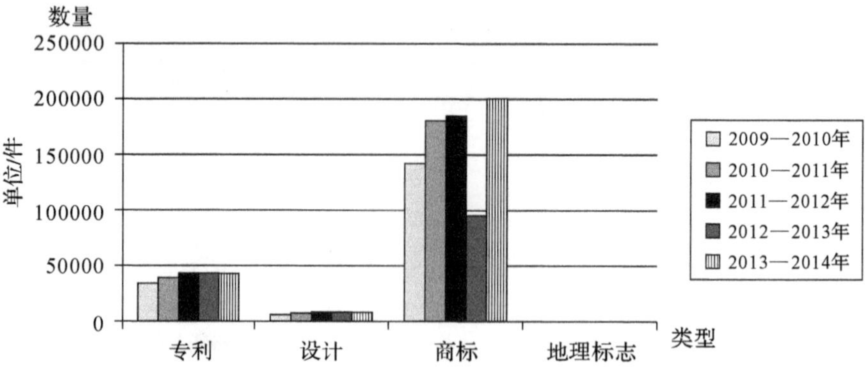

图 2-6　印度的知识产权申请趋势

资料来源:专利、外观设计、商标和地理标志总局办公室《2013—2014 年度报告》。

2. 专利

1970 年《专利法》进行了多次修订,以确保其遵守 TRIPS 协定。① 1970 年《专利法》将“专利”定义为该法许可的任何发明。“发明”被定义为涉及创造性步骤并且能够投入工业应用的新产品或方法。② 该法规定了“产品”和“程序”专利。对于产品专利权,专利权人有权阻止他人在印度制造、使用、销售或进口相关专利产品。对于程序专利权,专利权人有权阻止他人在印度使用该程序、直接使用该程序获得的产品、销售或进口直接使用该程序获得的产品。该法定义了专利的标准③,并提供了不可申请专利的对象列表。不可申请专利的对象包括:琐碎的、显而易见的、违反公认自然规律的、违反法律或道德的、损害公共卫生的发明,科学原理的发现或抽象理论的提出。1970 年《专利法》第 3 条和第 4 条提供了详尽清单。④

无论是临时申请还是完整申请,印度的专利有效期是自提交专利申请之日起 20 年。该法第 83、84、92 条分别规定了专利转让、专利侵权和强制许可的重要内容。2009—2012 年专利申请情况,参见图 2-7。

① The 2005 Amendment Act introduced the “Product Patent” in the Indian Patents Law.

② Section 2(I)(m), Patents Act, 1970.

③ Ibid.

④ Section 3—4, Patents Act, 1970.

单位：件

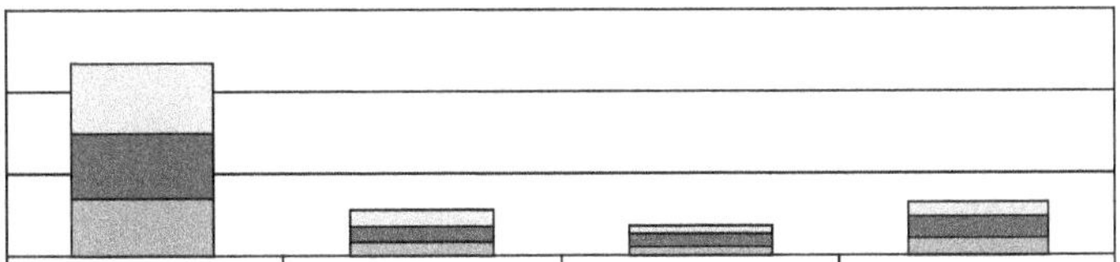

	申请	审查	批准	处理审查请求（批准+拒绝+放弃）
□ 2011—2012年	43197	11031	4381	8488
■ 2010—2011年	39400	11208	7509	12851
▨ 2009—2010年	34287	6069	6168	11339

图 2-7 印度专利申请统计

资料来源：专利、外观设计、商标和地理标志总局办公室《2013—2014 年度报告》。

3. 商标

根据印度法律，"商标"被定义为包括装置、品牌、标题、标签、票据、名称、签名、单词、字母、数字、商品形状、包装、颜色组合或上述任意组合。[1] 商标是指能够以图形方式表示并能够将一种商品或服务与其他商品或服务区分开来的商标，可能包括商品的形状、包装和颜色组合。[2]

在印度，商标受到成文法和普通法的双重保护。1940 年《商标法》是印度在该领域的首部立法，随后被 1958 年《商标法》取代。1999 年《商标法》取代了 1958 年《商标法》，于 2003 年 9 月 15 日生效。商标注册处由商标注册长官领导。商标注册处总部设在孟买，其分支机构位于加尔各答、德里、钦奈和艾哈迈达巴德。

1999 年《商标法》保障了商品和服务的识别，并保护附随于商标的商业和商誉。该法还就其他标记作出规定。

在"域名"方面，印度法院已主动发出命令，反对使用侵权域名。例如，在 Yahoo Inc. v Akash Arora& Anr 案[3]中，法院认为："域名具有与商标相同的功能，并不仅仅是类似于互联网上的地址或代码。因此，它有权作为商标获得平等保护。"[4]

《商标法》不仅为在印度商标注册部门注册的商标提供法律保护，也通过普

[1] Section 2 cl, M. Trade Marks Act, 1999.

[2] Ibid., Section 2 cl. ZB.

[3] Justice Dr. M. K. Sharma. Yahoo Inc. v. Akash Arora & Anr. MANU/DE/0120/1999 Delhi High Court 1999.

[4] Ibid., para 10.

通法中的"冒用"侵权制度保护未在印度注册的商标。如果不是涉商品或所服务的商标所有人,却使用未注册的商标,则产生冒用行为。

图 2-8 统计了印度近年来的商标申请情况。

单位:件

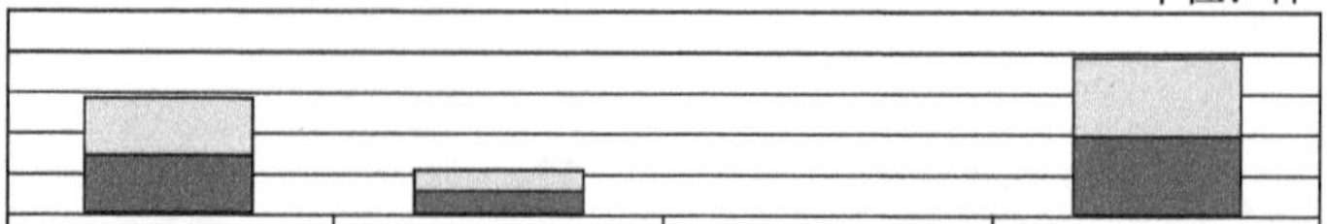

	图形商标	文字商标	数字商标	总计
□ 2013—2014年	144239	55744	9	199992
■ 2012—2013年	141301	52865	20	194186

图 2-8　印度的商标申请统计

资料来源:专利、外观设计、商标和地理标志总局办公室《2013—2014 年度报告》。

4. 著作权

著作权是根据法律创建的专有权,授予原创作品的创作者在有限时间内使用和分发该作品的专有权。印度法律规定,在原创的文学、戏剧、音乐或艺术作品、电影影像和录音中存在版权。印度最高法院在 Eastern Book Company&Others v. D. B. Modak&Another 案[①]中认为:"要建立著作权,适用的创造性标准不是某事必须是新颖的或非显而易见的,而是要求创作的工作中有一定量的创造力。"根据印度法律,计算机程序被视为"文学作品",并受到相应保护[②](参见图 2-9)。

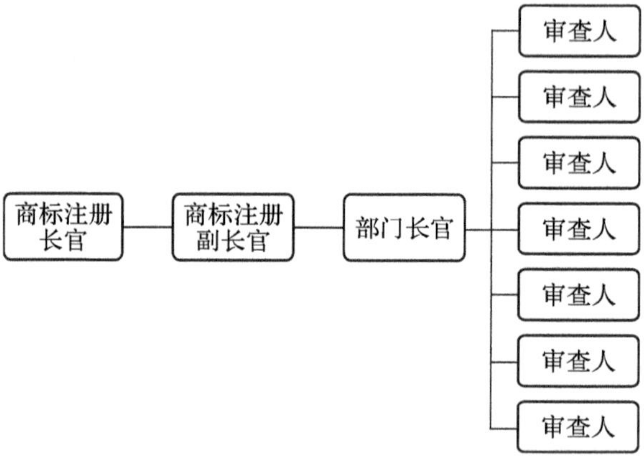

图 2-9　印度著作权的制度结构

① P. Naolekar. Eastern Book Company & Ors vs D. B. Modak & Anr, AIR 2008 SC 809.

② Section 2 cl. FFC., Copyright Act 1957.

1957年《著作权法》和1958年《著作权规则》是印度著作权保护的主要法律。2012年初，《著作权法(修正案)》得到了实质性修订。

注册著作权并非获得相关法律保护的必要前提。然而，法律建议申请著作权注册，因为著作权证书及其中所作的记载在著作权所有权的相关诉讼中可作为初步证据。印度也是著作权相关国际公约的缔约国。[①]

5. 外观设计

印度法律规定，“外观设计”是指形状、配置、图案、装饰或上述任意组合的特征，该特征适用于线条、颜色或两者构成的任何物品，无论该物品是二维还是三维的，也无论该物品通过何种工业过程完成，完成的物品通过视觉享受并且仅由视觉评判。[②]

外观设计在印度受2000年《外观设计法》保护，该法案取代了1911年《外观设计法》。《外观设计法》自2001年5月11日起生效。2001年根据《外观设计法》制定《外观设计规则》。《外观设计法》纳入了外观设计保护的最低标准，符合TRIPS的规定。该法规定了一套国际分类制度，依据的是1968年《洛迦诺协定》下的洛迦诺分类(LOC)。[③]

《外观设计法》规定，外观设计的保护期为登记之日起十年，还可以再延长五年。

6. 2001年《保护植物品种和农民权利法》

该法的颁布是为了落实TRIPS第27.3(b)条，该条款涉及植物和动物发明的可专利性或不可专利性，以及对植物多样性的保护。印度选择建立特殊制度保护植物，进而通过了该法。

该法的颁布，旨在建立有效的保护植物品种的系统，保障农民和植物育种者的权利，并鼓励开发新的植物品种。该法有助于刺激研发投资，以生产新的植物品种。这种保护也可能促进种子产业的发展，确保向农民提供高质量的种子和种植材料。

注册的植物品种仅在印度得到保护。通过注册，权利持有人、其继承人、代理人或被许可人获得生产、销售、营销、分销、进口或出口该品种的专有权。

---

① 印度是1886年《伯尔尼公约》(1971年在巴黎修订)和1951年《世界版权公约》的签署国。印度制订了1958年《国际版权法令》，以落实上述公约。根据该法令，任何首次在任何国家(即上述公约的成员)发表的作品，均享有与在印度首次出版相同的待遇。虽然印度不是《世界知识产权组织著作权条约》(WCT)和《世界知识产权组织表演和录音制品条约》(WPPT)的签署国，但2012年的修正案使印度《著作权法》符合上述要求。

② Section 2 cl. D., Designs Act 2000.

③ World Intellectual Property Organisation. Locarno Classification, http://www.wipo.int/classifications/locarno/en/ (last visited on Apr. 10, 2016).

该法授权设立了保护植物多样性和农民权利局[①]对新品种进行注册,并针对这些品种的利益分享要求作出决定。该法还规定,在公众的合理要求未得到满足的情况下颁发强制许可,前提是注册满 3 年。[②]

印度还是《粮食和农业植物基因资源条约》[③]的签署国。该条约旨在通过保护、交流和可持续利用世界粮食和农业植物的基因资源来保证食品安全。

7. 地理标志

作为 TRIPS 的缔约国,印度根据 TRIPS 第 22 条颁布了 1999 年《货物地理标志(注册和保护)法》,自 2003 年 9 月 15 日起施行。

根据该法注册的地理标志在印度境内受到法律保护,免受他人未经授权的使用,并能够在其他 WTO 成员方寻求法律保护(参见图 2-10)。

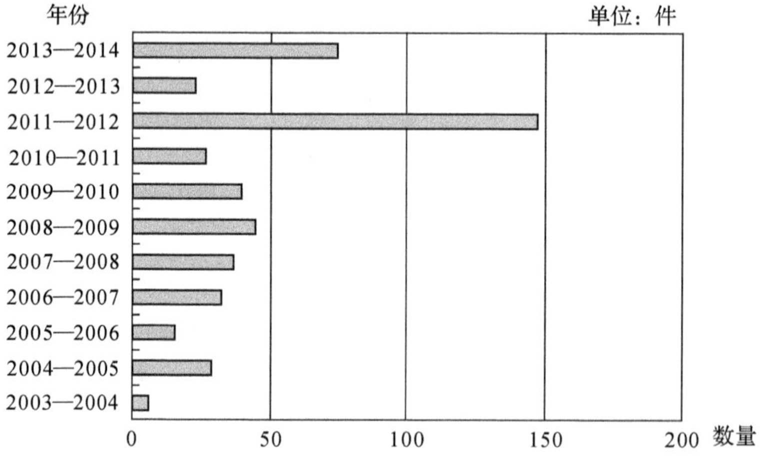

图 2-10　印度地理标志的申请统计

资料来源:专利、外观设计、商标和地理标志总局办公室《2013—2014 年度报告》。

印度政府在钦奈设立了管辖全印度的地理标志(GIs)登记处,可在该处登记地理标志。根据该法,一旦注册地理标志,任何注册地理标志指定商品的生产者可以提交注册申请,成为授权用户。地理标志的注册期限为十年,可续期十

① Office of the Patent Information, http://ipindia.gov.in/ipr/pis/pis.htm. Protection of Plant Varieties & Farmers' Rights Authority, India, Plant Authority of India (Jun. 15, 2015), http://plantauthority.gov.in (last visited on Apr. 12, 2016).

② The Protection of Plant Varieties and Farmers' Rights Act, 2001.

③ List of Countries | the International Treaty, The International Treaty on Plant Genetic Resources for Food and Agriculture (Feb. 24, 2016), http://www.planttreaty.org/list_of_countries (last visited on Apr. 12, 2016).

年。如果注册的地理标志未续期，则须从注册簿中删除。

8. 传统知识

传统知识指的是世界各地土著和本地社区的知识、创新和实践。根据几个世纪以来的经验和适应当地文化和环境的经验，传统知识以口述的方式代代相传。①

印度在 2001 年建立了传统知识数字图书馆（TKDL），这是印度现有的传统知识数字库。传统知识数字图书馆以国际专利局（IPO）的专利审查员可理解的语言和格式提供该国现有的传统知识信息，以防止专利的错误授予。因此，传统知识数字图书馆成了本土语言中的传统知识信息与国际专利局的专利审查员之间的桥梁。

传统知识数字图书馆与包括欧洲专利局（EPO）、英国商标和专利局（UKPTO）和美国专利商标局（USPTO）在内的顶尖国际专利局签订了协议，以保护传统知识免受“生物剽窃”②。这种合作帮助专利审查员访问传统知识数字图书馆数据库进行专利检索和审查。

9. 机密信息和商业秘密

机密信息和商业秘密受普通法保护，但是没有专门规制上述内容保护的法规。为了保护商业秘密和机密信息，可以商定具体的协议（禁止披露协议、离职面谈）。不过，新的国家知识产权政策提出了制定保护商业秘密的具体立法路线图。

10. 印度和国际知识产权条约

印度是数个国际知识产权条约的签署国。印度于 2013 年 7 月 8 日签订《马德里议定书》。《马德里议定书》规定，商标所有人在一个国家提交的商标申请，对议定书的其他签署国有效。

印度也是 1886 年《伯尔尼公约》（经 1971 年《巴黎公约》修订）和 1951 年《世界版权公约》的成员。《伯尔尼公约》涉及对作品及其作者的权利的保护。《巴黎公约》致力于保护工业产权，并保证其在每个成员国享有国民待遇。印度也是《日内瓦保护唱片制作者权利公约》的缔约国。《日内瓦公约》要求缔约国保护录

---

① Introduction, Convention on Biological Development, https://www.cbd.int/traditional/intro.shtml (last visited on Apr. 12, 2016).

② 生物剽窃指的是个人或机构独占农业和本土社区的知识和基因资源，寻求对这些资源和知识的垄断控制。包括商业开发天然存在的生物化学或遗传材料，特别是申请专利限制其未来使用的行为，同时没有对其所在社区给予公平的补偿。See Also WIPO and VK Gupta. Protecting Indian Traditional Knowledge from Biopiracy (2011), http://www.wipo.int/export/sites/www/meetings/en/2011/wipo_tkdl_del_11/pdf/tkdl_gupta.pdf (last visited Apr. 12, 2016).

音制品制作者免受非法复制行为的影响，避免进口或发行这种复制品。

印度尚未批准 1996 年《世界知识产权组织版权条约》（WCT）和《世界知识产权组织表演和录音制品条约》（WPPT）。然而，同样的条款已经于 2012 年通过修正案纳入了印度《著作权法》，规定涉及表演者权利、商业租赁规则、强制许可、数字版权管理信息和其他此类问题。印度于 1977 年 4 月 28 日签署并批准了《布达佩斯条约》。

目前，印度已遵守 TRIPS 中所有实质性条款。

第三章　外商直接投资制度和法律

一、引言

直到1991年，印度一直遵循一项限制性投资政策，并依赖于长期双边和多边贷款。外来直接投资被视为一种手段，使印度获得通过许可协议和资本货物进口无法获得的工业技术。然而，外汇的稀缺因货币汇率波动和其他国内外事件不断加剧，使得印度的国际收支在20世纪80年代和20世纪90年代脆弱不堪。

到1991年初，印度处于严重的财政和贸易不平衡状态，有高达两位数的通货膨胀率（近14%），并处于拖欠外债的边缘。有鉴于此，印度在1991年启动了经济政策改革。随着新政策的出台，政府对外商投资的态度发生了变化。外商直接投资（FDI）为贸易融资和通过商业借贷改善经常账户赤字提供了新的模式。

自1991年以来，印度进行的结构改革导致经常账户和资本账户交易大大放松。① 1991年后的经济自由化也使得大量资本流入印度。印度国际收支（BoP）的经常账户在过去23年中持续出现赤字，但在2001—2004年期间出现盈余。自那时起，入境投资流量稳步上升。从2000年到2015年9月，累积外商投资流入总额为3922.62亿美元。根据2001—2015年金融交易计划，印度成为国际货币基金组织（IMF）的净债权国，并向该基金提供约9350万美元的财政援助。

目前，在印度的外商投资主要受制于：产业政策，《外汇管理法》（FEMA）及其实施细则，印度储备银行（RBI）颁发的条例和公告，以及由产业政策和推广司（该部门在工商部旗下运作）发布的综合外商直接投资政策。上述文件的详细说明如下。

印度议会于1973年通过了《外汇管制法》（FERA），对涉及外币和货币进出口的交易施加了严格的限制条件。在一定程度上，《外汇管制法》的苛刻条款代表了印度长期以来所采取的限制性经济政策。然而，印度议会于1999年废除了《外汇管制法》，以《外汇管理法》取而代之。《外汇管理法》的目的是巩固和修订

① Ila Patnaik and Ajay Shah. Did the Indian Capital Controls Work as a Tool of Macroeconomic Policy? IMF Econ. Rev., 2012.

与外汇有关的法律,并促进对外贸易和支付。

《外汇管理法》定义了资本账户和经常账户交易,并将管理资本账户交易的权力委托给印度储备银行行使。换句话说,除非中央政府禁止,否则经常账户交易是不受限制的;而除非印度储备银行允许,一般禁止资本账户交易。《外汇管理法》的引入使得对外贸易的资金往来更加便捷,这在涉及经常账户对外贸易的交易中尤为明显。尽管印度根据《货币基金组织协定》第8条的要求引入了经常账户可兑换制度,但印度仍然基于宏观经济和金融稳定保留了资本账户管制。《外汇管理法》第6(3)条与第2(e)条共同定义了资本账户交易,包括借入、借出、证券投资、提供担保等。《外汇管理法》第47条授权印度储备银行发布公告。截至2015年底,印度储备银行发布了300多份通知,并对数个经济部门的外商直接投资进行了规制。

《外汇管理法》授权印度储备银行禁止、限制、规范、转让或发行非印度居民的证券。《外汇管理法》有6个附表,用于控制外商直接投资:

附表1:印度境外居民的外商直接投资。附表1第9(1)(A)和9(1)(B)条处理申报要求。

附表2:外国机构投资者的组合投资在印度证券交易委员会注册。

附表3:非居民印度人在投资组合计划下的印度证券交易投资。

附表4:非居民印度人非汇回的投资。

附表5:外国机构投资者和非居民印度人的其他投资(G-Sec,NCD等)。

附表6:在IVCF / IVCU的外国风险投资(印度证券交易委员会注册);印度储备银行对在指定银行开设特别账户的许可;关于价格的让步;2005年Press Note 1的遵守;通过托管银行向中央办公室报告。

二、总体制度框架

(一)产业政策与推广司

在印度的中央政府内,产业政策与推广司是负责制定、推动和促进外商直接投资的相关责任机构。产业政策与推广司通过综合新闻公告定期发布外商直接投资政策的修订。政府最近引入的主要变化包括:若干部门的投资限额增加,以及在自动渠道内纳入若干类别的服务。此外,几个新部门已经开始允许外商投资进入。

(二)外商投资促进委员会(FIPB)

在印度,处理外商直接投资相关问题的三个主要机构是:外商投资促进委员会、外商投资实施局(FIIA)和产业援助秘书处(SIA)。外商投资促进委员会是一个部级机构,负责处理外商直接投资提案,并提出建议供政府批准。产业政策与推广司下辖的产业援助秘书处是外商投资实施局的秘书处。[①] 秘书处是投资者唯一的窗口。它处理所有需要政府批准的申请,协助企业家和投资者建立项目(包括与其他组织和国家层面的联络),并监督其实施。[②]

(三)印度储备银行

印度储备银行是印度的中央银行。如前所述,印度储备银行也是《外汇管理法》的主要监管机构。在包括外汇管理在内的金融系统中,印度储备银行还担任货币政策的决策者、监管者和经理人。基于《外汇管理法》,印度储备银行定期发布有关外商直接投资和投资组合的通知。

(四)印度证券交易委员会(SEBI)

印度证券交易委员会成立于1988年4月12日,是财政部下辖的一个临时行政机构。1992年,政府颁发了授予印度证券交易委员会法定权力的公告。该委员会目前是一个准立法、准司法和准执行机构。印度证券交易委员会控制了印度的证券交易所、资本市场和资本流动。在资本市场上所有的证券交易、中间人、规则和工具都由印度证券交易委员会与上述其他监管机构联合管理。它可以起草规章、开展调查、通过裁决和施行处罚。

证券上诉审裁庭(SAT)已经成立,以保护任何因印度证券交易委员会的决定而受损的实体的利益。证券上诉审裁庭由主审官和其他两名成员组成,具有与民事法庭相同的权力。此外,证券上诉审裁庭的命令也可以在最高法院上诉。

(五)内阁经济事务委员会(CCEA)

内阁经济事务委员会受总理领导,由其内阁成员组成。所有价值超过500亿卢比、须经政府批准的外商直接投资会被提交给内阁经济事务委员会。

三、印度的外商直接投资监管制度

印度遵循部门化的外商直接投资监管方法。目前,大多数部门允许外商直接投资进入,但有一些例外情况,并受某些限额和具体条件限制。在具有投资限额的部门,可以在外商直接投资政策中规定的居民实体总资本的占比范围内进

---

① A. Thothathri Raman and Parag Diwan. Free Trade Zones(FTZs) to Special Economic Zones(SEZs): The Indian Dream, Pentagon Press, 2002.

② Department of Industrial Policy and Promotion online Information. What is SIA? http://siadipp.nic.in/sia/default.htm (last visited Mar. 31, 2016).

行投资。允许外商直接投资通过两种渠道进入:自动渠道和外商投资促进委员会的政府渠道。在自动渠道下,外商直接投资可直接获得许可,无须印度政府或印度储备银行的事先许可。唯一的要求是在国外投资者落实投资后 30 日内通知印度储备银行的区域办事处,并根据外商直接投资政策的时间表提交相关表格或转让股份。在 100%允许外商直接投资的行业中,可采用自动渠道,但须遵守其他部门法规和条件。在设定外资上限的部门中,则需要政府或外商投资促进委员会批准,具体情况包括:与外商投资共同建立一家印度公司,并由非印度居民的实体拥有或控制;印度公司目前由印度居民实体拥有或控制,且这些实体也由印度居民实体拥有或控制,但通过转让或新发行股份正在或将要转为非印度居民实体拥有或控制。①

外商投资促进委员会为在印度的处于批准渠道的外商直接投资的相关申请提供一站式许可。然而,如前所述,自动渠道下的投资不需要外商投资促进委员会的任何批准。在对外商直接投资设定上限的部门中,则建议使用批准渠道。对于 300 亿卢比以下的外商投资促进委员会建议提案需要由财政部批准,而超过 500 亿卢比的提案则需要经过内阁经济事务委员会审批。②

印度政府经常发布"外商投资政策公告"。一般来说,"综合外商直接投资政策总表"可能每年更新一次,与国家法律方面的变化保持一致。外商直接投资政策的改变可由任何部委提出,经部际会议讨论,由内阁批准,并通过产业政策和推广司的新闻稿发布。③ 新闻稿向印度储备银行报告,作为对 2000 年《外汇管理(印度境外居民转让或发行股票)条例》(2000 年 5 月 3 日的《外汇管理法》20/2000-RB 公告)的修订。因此,在一段时间内,监管框架包括法律、法规、新闻稿、媒体发布、澄清等。

(一)外商投资的一般条件

1. 谁有资格在印度投资?

印度政府允许在印度的不同外国实体通过不同渠道投资。外商投资是指另一个国家的公司或个人对其他特定机构所进行的直接或间接投资。

---

① Foreign Exchange Management (Transfer or Issue of Security by a Person Resident outside India) (Second Amendment) Regulations, 2016, https://rbi. org. in/scripts/BS_FemaNotifications. aspx? Id=10289.

② Foreign Investment Promotion Board (FIPB). About Us, http://fipb. gov. in/AboutUs. aspx (last visited Apr. 15, 2016) or further details on procedures for Investment under Automatic or Governmental Routes, see Reserve Bank of India online information.

③ OECD Investment Policy Reviews: India (2009), http://www. oecd. org/india/india-investmentpolicyreview-oecd. htm (last visited Apr. 5, 2016).

2. 特定案件中的具体投资条件(发行权利股票或红利股票)

2000年《外汇管理(印度境外居民转让或发行股票)条例》允许印度公司在不超过部门限额的前提下,面向现有非居民股东自由发行权利股票或红利股票。然而,此类发行必须符合其他法律(例如《公司法》)和印度证券交易委员会的规定。此外,向海外公司主体(OCBs)发行权利股票需要印度储备银行的事先许可。同样,在印度法院批准了一项安排计划后,受让人或新公司可在某些条件下向出让公司的非居民股东提供股份。

《外汇管理法》的规则还允许向非居民股东[包括作为美国存托凭证(ADRs)或全球存托凭证(GDRs)受托人的存托机构]发行不可兑换或可兑换的优先股或债券权证。同样,上市的印度公司可以根据《员工——证券交易所计划》(ESOP)向其非本地居民的员工、其合资企业的员工或境外全资子公司的员工发行股票。《员工——证券交易所计划》规定还可以向外商投资促进委员会批准的孟加拉国和巴基斯坦公民发放股票,但受到其他一些条件的限制。

国外投资者类别如下:

投资者:补充规定。

巴基斯坦公民:巴基斯坦公民只能通过政府渠道投资。他们不能投资于国防、太空和原子能部门。根据《外商直接投资主要通函》(2015年5月)第3.5.5节,作为印度公司、其合营企业、全资外国子公司雇员的巴基斯坦公民不能根据任何员工认股权计划获得股份。

孟加拉国公民:孟加拉国公民只能通过政府渠道投资。根据《外商直接投资主要通函》(2015年5月)第3.5.5节,作为印度公司、其合营企业、全资外国子公司雇员的孟加拉国公民仅能在获得外商投资促进委员会许可的情况下根据员工认股权计划获得股份。

不丹和尼泊尔的非居民印度人:他们被允许在汇回的基础上投资印度公司,条件是这种投资的对价只能通过正常银行渠道的自由外汇汇款方式支付。

海外公司机构(OCBs):自2003年9月16日起,海外公司机构被终止确认为一类投资者。根据《外商直接投资主要通函》(2015年5月)第3.5.2节,海外公司机构无法在未获得印度储备银行事先批准的情况下使用权利股。以前拥有印度公司股份的海外公司机构不能通过销售或赠送方式将这些股票转让给另一个非居民实体(包括非居民印度人)。

外国机构投资者(FIIs)或外国证券投资者(FPIs):根据证券投资计划,FII或FPI的股份必须少于印度公司资本的10%。FIIs/FPIs/QFIIs的占比最高为24%。在适用的部门,该限额可以提高,但需要经过印度公司董事会的决议,报备印度储备银行,再由全体股东特别决议通过。对于在印度储备银行注册的资产重组公司，FII 或 FPI 可以投资它们发行的证券凭证(SRs)。如果投资是在部门限额和法规范围内，那么 FII 或 FPI 在每一批 SR 计划中的投资可高达 74%。就交易而言，FII 或 FPI 只能在二级市场购买，最高限额为 23%。对于信用信息公司，只有该公司在注册证券交易所上市时，FII 或 FPI 才能投资最多 24%的资本。

在印度证券交易委员会注册的外国资本投资者(FVCIs)：如果他们要在受认可的证券交易所投资证券，那么必须遵守 2000 年的《印度证券交易委员会条例》。

合格的国外投资者(QFIIs)：合格的国外投资者只能投资于印度上市公司的股份，且必须通过受认可的证券交易所经纪人或面向公众的投资渠道进行投资。投资过程必须通过印度证券交易委员会注册的存托代理机构完成。股本的获得方式包括公司行为(合并、拆分等)、股权分割或公司并购等方式。合格的国外投资者只能持有印度公司实收资本的 5%(单独)或 10%(合计)，或者当前部门限额以内规定的金额，以较少者为准。

所有投资均受通函附件 A 规定的部门限制。非居民印度人自有和控制的公司、信托和合伙企业，在印度以外注册，遵守与非居民印度人个人相同的法规。

(资料来源：综合《外商直接投资主要通函》)

对印度实体的投资如下：

印度公司

谁可以投资：所有外国实体。

规则和限制：印度公司只能对外商直接投资发行股本。有关投资回报的更多信息，请查看报告的第 X 和 Y 部分(“机制类型”部分)。

例外：无。

合伙公司或专有公司

谁可以投资：非居民印度人或居住在印度的外国人(PIOs)。

规则和限制：合作投资公司不得从事与农业、种植业、房地产或印刷媒体部门有关的任何活动，包括根据通函附件 A 批准的一般外商直接投资。

例外：非居民印度人或国内的印度人之外的人员可以投资事先获得印度储备银行批准的合伙公司，但必须遵守上述部门限制。

风险投资公司

谁可以投资：所有外国实体，包括外国风险投资机构。

规则和限制：无。

例外：如国内风险投资公司设立为信托，则国外投资者在投资前都需要外商投资促进委员会批准。

信托

谁可以投资：所有外国实体。

规则和条例：唯一允许的信托类型是风险投资公司（参考前一条）。

例外：无。

有限责任公司(LLPs)

谁可以投资：所有外国实体。

规则和条例：投资可以通过自动路径，条件是该有限责任公司属于自动渠道下允许100%外商直接投资的行业，没有外商直接投资相关的绩效限制。

例外：无。

所有投资均受通函附件A规定的部门限制。非居民印度人自有和控制的公司、信托和合伙企业，在印度以外注册，遵守与非居民印度人个人相同的法规。

（资料来源：综合《外商直接投资主要通函》）

3.印度外商直接投资的机制种类

外商直接投资可以通过各种机制进入印度，如股票，完全强制和强制性可转换债券，完全强制和强制性可转换优先股，以及其他类型的优先股，包括不可兑换、可选择转换或部分可转换的股票，只要它们符合外部商业借款的规范指引。

价格和转换公式应在发行时确定，价格不应低于发行时的公允价值（公允价值按照《外汇管理法》规定确定）。

以下规则适用于外币可兑换债券（FCCBs）和存托凭证（DRs）：

印度公司收到的用于发行存托凭证和可换股债券的款项属于债务性质，不会算作外商直接投资。然而，任何非居民从任何债务转换中持有的股权将被视为外商投资。

外币可兑换债券和存托凭证可根据它们相应的计划颁发。

存托凭证是由外国存托处在许可范围内针对许可证券池发行的外币计价工具，存放于国内托管机构上市或交易。

可以转移到国外存托机构的有效证券总额，以及已经由印度境外居民持有的有效证券，不得超过法律规定的外国持有该类证券的限额。

为发行存托凭证而发行的有效证券的价格不得低于《外汇管理法》规定的适用于向国内投资者发行该类证券的相应发行模式的价格。

印度公司被允许发行美国存托凭证(ADRs)和全球存托凭证(GDRs)。这些类别的投资者随后可以将其收入转换为相关股份,而无须外商投资促进委员会或印度储备银行的批准。政府已经为美国存托凭证和全球存托凭证制定了受限的双向可变计划,股东可以根据某些条件将股本股份转换为美国存托凭证和全球存托凭证,公司也可以通过发行基于股东抛售股票的存托凭证来支持美国存托凭证和全球存托凭证计划。

4. 发行和转让股票

资本票据应在收到非居民投资者的汇款之日起 180 日内发出。如果违约,收到的款项应立即通过正常银行渠道或信用证退还给 NRE / FCNR(B)账户。不遵守上述规定将被视为违反《外汇管理法》,并将遭到刑事处罚。印度储备银行可根据案情规定例外情形。

股票的发行价格受印度证券交易委员会或印度储备银行的规范指引的规制。股份及可转换债券的转让须遵守以下指引。

5. 股份及可转换债券的转让

非印度居民或非居民印度人可以从现有的印度或非印度居民股东手中购买股票,但须遵守限额、进入渠道和下面列出的其他限制:

> 在从一个非居民到另一个非居民的转让期间,在自动渠道下的部门不需要政府批准。对于政府渠道下的部门,需要批准。
>
> 非居民印度人可以自由地向其他非居民印度人转让股份和可转换债券。
>
> 非居民可通过赠予方式将任何证券转移给印度居民。
>
> 非居民可以通过注册的股票经纪或印度证券交易委员会注册的商业银行人员,在认可的证券交易所出售印度公司的证券。
>
> 居民可在一定条件下通过私人安排将印度公司的证券转让给非居民。此项规则亦适用于以下情况:居民正在转让股份之公司从事的活动过去属于政府渠道,但现在属于自动渠道;印度公司从非居民股东手中回购股份。

在其他情况下,资本转移机制需要取得印度储备银行的预先授权。《外汇管理法》的规则、指引和通知中有详细信息。

6. 外部商业借款、一次性票据、著作权等与股权的转换

印度公司可以通过几种形式的债务机制获得债务资金。这些通常被称为外部商业借款、外币可兑换债券、外币可交换债券,以及未纳入外商直接投资指南的优先股和债券。

印度公司已获得一般性许可,能够将可转换外币的外部商业借款转换为股本,但须符合以下条件:

公司的活动必须属于自动渠道，否则需经过政府批准；

外国股权转换低于部门限额；

在适用的情况下，根据印度储备银行或 SEBI 指南定价（参考关于股票发行价格的部分）；

遵守其他所有相关法规；

此机制适用于自动渠道和政府渠道下的外部商业借款（无论是否付款），以及从非居民处获得的担保或无担保贷款。

根据外商直接投资指南和税法相关规定，发行的股票或优先股、一次性专有技术费、特许权使用费也可获得许可。

7. 内阁经济事务委员会或外商投资促进委员会的批准

政府渠道的个案核准等级如下：负责外商投资促进委员会的财政部长有权就总值为 200 亿卢比及以下的外国股本流入代表该委员会作出建议。对于流入高于 500 亿卢比的议案，内阁经济事务委员会必须独立审核外商投资促进委员会的建议。此外，内阁经济事务委员会还负责审议外商投资促进委员会向其提交的建议。

禁止外商直接投资印度的行业：

彩票业务，包括政府或私人彩票、在线彩票等；

Chit 基金，Nidhi 公司；

赌博和投注，包括赌场等；

可转让发展权交易（TDR）；

公司房地产业务或农场房屋建设；

制造雪茄、方头雪茄、小雪茄和香烟、烟草或烟草替代品；

不向私营部门开放的投资领域：原子能、铁路运营（《外商投资促进 2015》第 6.2 段中提及的允许活动除外）

（资料来源：《外商直接投资主要通函》）

它还包括任何形式的外国技术合作，包括特许经营、商标、品牌名称的许可，彩票业和博彩活动中的管理合同也被禁止。

8. 印度的双边投资条约

在 1991 年经济改革之后，政府认为双边投资促进协议（BIPAs）或双边投资条约（BITs）[①]是增加投资者信心的有效机制。印度于 1994 年与英国签署了第一份双边投资协定。随后，印度与法国、德国、荷兰和瑞士等资本出口国签署了

① 请注意，本章中的 BIPA 和 BITS 是可以互换使用的。

双边投资条约。有趣的是,在十大外商直接投资来源国中,印度也与其中大多数国家签署,避免双重征税协议。印度也与上述大多数国家签署了避免双重征税协议(DTAA)。虽然双边投资条约在鼓励投资流动的效力方面仍然颇具争议,但人们普遍认为,避免双重征税协议鼓励投资者在诸如毛里求斯之类的地方进行投资,从而从优惠条款中获得豁免资产增值税等利益。①

截至2015年12月,印度签署了86项双边投资促进协议,其中73项生效。②大多数印度的双边投资促进协议或双边投资协定签署于1996—2003年之间,这与20世纪90年代中期的全球趋势一致。③ 正如古兹曼(Guzman)指出的,绝大多数此类条约的签署,目的在于在投资竞争中获得优势。④

印度大多数现有的双边投资协定基于1993年和2003年的示范投资条约。⑤ 1967年《经合组织公约草案》为1993年保护外国财产的双边投资促进协议模式提供了指引。⑥ 经合组织在《投资政策评论》中指出,印度的双边投资促进协议或双边投资协定在印度独立后强有力地保障了公平和衡平待遇、国民待遇、征用和自由转让,以及与国际仲裁的对接的权利。⑦

2010年,来自澳大利亚的白色工业公司起诉到《印度—澳大利亚双边投资条约》下根据贸易法委员会规则成立的特设仲裁庭。仲裁庭作出裁决,认为印度执行仲裁裁决的“过分拖延”违反了《印度—澳大利亚双边投资条约》的最惠国条款所纳入的“有效手段”标准。澳大利亚投资者白色工业在2002年就设备供应和煤矿开发问题战胜了印度煤炭有限公司,超过400万澳元的仲裁请求得到支持。然而,这一仲裁结果难以长期执行,白色工业因此又对印度提起仲裁。仲裁庭裁定,印度违反了《印度—澳大利亚双边投资条约》,因为印度的司法系统在近九年的时间里无法处理白色工业的索赔。仲裁庭认为,印度法院的拖延违反了向白色工业提供“主张索赔和执行权利的有效手段”的义务。而事实上《印度—

---

① World Trade Organisation. Trade Policy Review: Report of the Secretariat, India, 2015.

② Ministry of Finance Official Portal. Bilateral Investment Promotion and Protection Agreements (BIPA), http://finmin. nic. inbipabipa_index. asp (last visited Apr. 6, 2016).

③ Anthea Roberts. State-to-State Investment Treaty Arbitration: A Hybrid Theory of Interdependent Rights and Shared Interpretive Authority, 55 Harvard J. Int'l Law 1, 2014.

④ Andrew Guzman. Why LDCs Sign Treaties That Hurt Them: Explaining the Popularity of Bilateral Investment Treaties, 38 Virginia. J. Int'l L. 639, 1997.

⑤ Indian Model Text of BIPA (2003), http://www. italaw. com/sites/default/files/archive/ita1026. pdf (last visited Mar. 30, 2016).

⑥ Ministry of Finance, Department of Economic Affairs, http://finmin. nic. in/the_ministry/dept_eco_affairs/icsection/Indian%20Model%20Text%20BIPA. asp? pageid=1 (last visited Dec. 28, 2015).

⑦ Organization of Economic Cooperation and Development. Investment Policy Review: India, 1999.

澳大利亚双边投资条约》并没有条款提及东道国有此种责任。仲裁庭允许白色工业基于从《印度—科威特双边投资条约》引入的“有效手段”条款提出索赔。

在考虑到各种意见后，印度政府于 2015 年 12 月发布了一份经修订的双边投资协定模型。该模型是两年多以来部际磋商的结果，充分考虑了印度在执行条约过程中积累的经验，以及国际投资条约仲裁领域的其他发展。

新的双边投资条约模型是独一无二的，因为政府权衡了各种考虑以限制风险和弱化投资者—国家仲裁的不利后果；同时，政府必须提供关于投资者保护的正确信号。与其现有的一些双边投资促进协议不同，政府已决定在双边投资条约模型中放弃标准双边投资条约的某些关键组成部分，如最惠国待遇，并认真限制了“投资者”和“投资”的定义范围。双边投资条约模型下的“投资者”的定义是已经作出、拥有或控制对东道国的投资的自然人和法律实体。然而，要成为符合资格的法律实体，在印度的投资需满足两大重要标准，即投资者必须按照国内法律组建、组织和运营，或者由自然人“拥有”或“控制”。①

通过双边投资协定模型，印度政府也在寻求政策空间，将投资者保护延伸到投资的后期阶段。双边投资条约模型明确提到，条约不适用于地方政府（如市政公司或村级政府）采取的措施、税务事项、与知识产权有关的强制许可发放、政府采购、邦补贴、政府发行的债券，以及政府或国有企业的贷款。② 值得一提的是，排除税收措施具有特殊的意义，因为对企业收入的回溯税经过 Vodafone 案已经成为一个有争议的问题。③ 公平和衡平标准已经被一个降低的“待遇标准”条款所取代，只有投资发生“对价值的实质性剥夺”时，政府才应该实行征收。双边投资条约模型还包括了关于经济、环境和社会措施的详尽清单，这些在 1993 年或 2003 年的“双边投资促进协议模式”中一般未作规定。在审查“征收”要求时，法庭无权适用“正当程序”标准，但必须遵循“法律规定的程序”——这一概念是印度《宪法》第 21 条的组成部分。与“正当程序”条款相比，“法律规定的程序”这一表述范围更窄。④

此外，虽然投资者—国家争端解决机制（ISDS）得以保留，但在开始仲裁程

---

① Art. 1.9 of the Model BIT.

② Kavaljit Singh. An Analysis of India's Model Bilateral Investment Treaty, in Rethinking Bilateral Investment Treaties: Critical Issues and Policy Choices 82, 88 (Madhyam 2016), http://www.bothends.org/uploaded_files/document/4Rethinking_Bilateral_Investment_Treaties_online_ver.pdf (last visited Apr. 6, 2016).

③ Vodafone v. India, United Nations Commission on International Trade Law [UNCITRAL, Notice of Arbitration (not public)], http://www.italaw.com/cases/2544 (last visited Apr. 6, 2016).

④ Grant Hannesian and Kabir Duggal. The 2015 Indian Model BIT: Is this Change the World Wishes to See? ICSID Rev. 1-12, 2015.

序之前需要满足几个先决条件。该机制的准入条件是穷尽国内法律制度下可获得的救济。[①] 值得注意的是,新的《双边投资条约模型》在其序言中表明,决策者注重国家主权的重要性,享有根据本国(国内)法律在其管辖范围内管理投资的自由。最后,双边投资协定旨在促进与可持续发展原则相一致的投资。这一规定的纳入源自双边投资条约的南非模式。根据该双边投资条约,促进投资必须与可持续发展相协调,即实现嵌入概念内的经济、社会和环境支柱。[②]

除了白色工业案判决,印度已收到许多来自各种投资者在双边投资条约下的 ITA 通知。国外投资者对印度的起诉包括了对各种监管措施的挑战,例如取消电信许可证和征收追溯税,至今已有 14 项已知的针对印度提出的诉讼。

2015 年双边投资条约模型预计对现有双边投资促进协议的影响很小。对现有双边投资促进协议的重新谈判有几个现实制约和法律限制。大多数印度的双边投资促进协议有幸存者条款,可拓展至 10~15 年内区域投资者的保护。[③] 因此,2015 年双边投资协定模式预计将为未来的条约制定提供一些指引。

9. 双边投资协定和印度国内法律制度

国际条约无法直接在印度国内生效。除非明确规定,否则双边投资条约的规定不能在印度直接适用。例如,印度的国内法院只受国内法律法规的约束。

在印度,政府征收私人土地最常见的做法是通过征地法案获得土地。国家可以基于公共目的在没有获得土地所有者同意的情况下获得私人土地。然而,此处涉及两条关键的《宪法》规定:《宪法》第 30A 条规定,未经法律授权不得剥夺任何人的财产;《宪法》第 31A 条允许政府在支付合理对价的前提下征收私人财产。印度最高法院在数个案件中裁定,赔偿应始终是"公平和充分"的。[④] 然而,法院不会具体考察赔偿的充分性[⑤],除非赔偿是虚假的或者数额太低[⑥]。任

① Model BIT Treaty Article 14.3: Exhaustion of Local Remedies, Notice and Consultation, https://mygov.in/sites/default/files/master_image/Model%20Text%20for%20the%20Indian%20Bilateral%20Investment%20Treaty.pdf (last visited Apr. 15, 2016).

② SADC Model Bilateral Investment Treaty Template with Commentary, Southern African Development Community (2012), http://www.iisd.org/itn/wp-content/uploads/2012/10/sadc-model-bit-template-final.pdf (last visited Apr. 15, 2016).

③ Kavaljit Singh. An Analysis of India's Model Bilateral Investment Treaty, in Rethinking Bilateral Investment Treaties: Critical Issues and Policy Choices, 99 (Madhyam 2016). http://www.bothends.org/uploaded_files/document/4Rethinking_Bilateral_Investment_Treaties_online_ver.pdf (last visited on Apr. 15, 2016).

④ Nuney Tayang v. Kodelum Tayang, 2015(13) SCALE 36.

⑤ State of Gujarat v. Shantilal Mangaldas, AIR 1969 SC 634.

⑥ R.C Cooper v. Union of India, AIR 1970 SC 564.

何剥夺个人财产的法律均可接受司法审查[1]。

2013年《土地征用、修复和安置法》(《土地征用和安置法》)规定,对农村和半农村地区的补偿应设定在市场价值的2～4倍之间,而在城市地区,则不应超过市场价值的2倍。根据该法第28节:地区的土地征收者必须遵循某些标准对土地的市场价值进行认定;邦政府有权决定最终的赔偿金额,因为通常是邦政府进行土地征收。

① K. T Plantations & Anr v. State of Karnataka, AIR 2011 SC 3430.

第四章　货币银行制度和法律

一、引言

第四章旨在概述印度五个金融监管领域的重要调控政策，即银行业、外汇、支付系统、保险及养老金制度。本章首先介绍了历史背景，尤其是(印度)后独立时代的改变。本章还基于印度储备银行最新的分支机构授权指南，进一步简要分析了印度外国银行的某些关键监管限制和条件。

二、历史视角

印度银行业建立于18世纪末。东印度公司分别在孟加拉、孟买和马德拉斯成立了三家支配性银行。1920年，这三家银行合并，成立了私人控股的印度帝国银行，股东主要是欧洲人。印度帝国银行，即现在的印度国家银行(SBI)，随即成为印度最庞大、最古老的银行。1935年，印度储备银行成立。

印度的独立标志着印度银行业自由放任管理模式的终结。政府先后通过了1948年和1956年《工业政策决议》，试图让国家积极参与到各种发展活动中。印度政府于1949年颁布了《银行业监管法》，授权印度储备银行调节、控制、审查印度各大银行。该法同时规定，未经印度储备银行许可，任何新成立银行或者既存银行分支均不得运营，并且，任何两家银行不得有共同的董事。政府还推动了印度帝国银行的国有化，使其在更大范围内，特别是在农村和城乡接合部地区，拥有进一步拓展的金融功能。印度国家银行是印度储备银行的主要代理人，承担印度联邦和邦政府的银行往来业务。在这一时期，80%的银行业务受到政府控制。到了20世纪60年代，印度银行业已成为经济发展的重要工具。

在20世纪90年代初期，纳拉辛哈·拉奥政府鼓励少数私人银行进入金融市场。这一时期，主要的私营银行开始涌现，包括艾克塞斯银行、印度工业信贷投资银行(ICICI)和HDFC银行。

三、宪法框架

印度《宪法》附件7联邦清单规定了联邦政府对于涉及印度储备银行问题的

专属管辖权。[①] 它包括银行业务、保险业务、货币流通、造币和法定货币、外汇，以及外国贷款。它还包括了交易公司的成立、监管和清算(包括银行保险和金融公司，但不包括合作社)。此外，它还涉及公共债务、证券交易和期货市场的专属管辖。

四、制度框架

金融部门的体制框架包括六个主要机构，其任务明确，权力分配各不相同(参见图 4-1)。

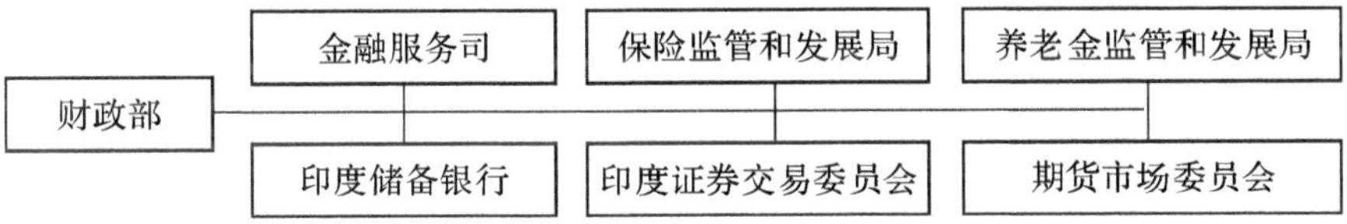

图 4-1 印度金融部门的机构框架

(一)印度储备银行(RBI)

印度储备银行履行传统中央银行职能，包括实施货币政策、监管和监督吸收存款的机构，以及监管金融市场。吸收存款的机构包括：商业银行、合作银行、区域农村银行、非银行金融机构、发展金融机构、主要(授权)经销商、支付系统。[②] 它还充当最后贷款人，并负有保护金融稳定的隐性任务。在 1949 年国有化之前，印度储备银行是私有的。然而，目前它是一个完全由印度政府控制的实体。

(二)财政部金融服务司

金融服务司的主要任务包括银行、金融机构、保险公司和国家养老金制度的监管和运作。[③] 该司由司长领导，并辅以一位司长助理、四名联席秘书和两名经济顾问。

(三)保险监管和发展局(IRDA)

保险监管和发展局是提供保险服务和产品的公司的审慎管理者和监督者。它是印度政府的国家机构，总部设在海得拉巴。[④] 保险监管和发展局根据 1999

① The Constitution of India, 1950.

② Reserve Bank of India, https://www.rbi.org.in/ (last visited Apr. 7, 2016).

③ Department of Financial Services, Ministry of Finance, Government of India. About Us, http://financialservices.gov.in/about.asp (last visited Apr. 12, 2016).

④ Insurance Regulatory and Development Authority of India, https://www.irda.gov.in/Defaulthome.aspx?page=H1 (last visited Apr. 13, 2015).

年《保险监管和发展机构法》成立，该法于2002年修订，旨在保护决策者的利益并规范印度的保险业。

（四）印度证券交易委员会（SEBI）

印度证券交易委员会的监管对象包括证券市场，以及提供证券相关交易、清算或结算服务的证券交易所和清算公司。[①] 印度证券交易委员会成立于1988年，是一个非法定机构。但在1992年该委员会成为自治机构，经由一项条例获得更大的权力。这项条例旨在规定设立一个委员会，以保护证券投资者的利益并规范证券市场。

（五）养老金监管和发展局（PFRDA）

养老金监管和发展局规定了印度的养老金制度，由印度政府于2003年设立。[②] 养老金监管和发展局还负责组织系统中的各种中介机构，如中央档案保管机构（CRA）、养老基金管理机构、国家养老金制度受托银行等。印度议会于2013年颁布了建立养老金监管和发展局的授权立法。

（六）期货市场委员会（FMC）

期货市场委员会规定了印度商品的期货交易形式。期货市场委员会的总部设在孟买，是受到印度政府消费者事务、食品和公共分配部监督的法定机构。[③] 它根据1952年《期货合同（监管）法》设立，允许印度22家交易所进行大宗商品交易，其中三家为国有性质。

五、法律框架

（一）作为中央银行的印度储备银行

1934年《印度储备银行法》规定了印度储备银行作为印度中央银行的作用和责任。它规定，印度储备银行的主要目标是管理纸币的发行，维持储备金，以确保印度的货币稳定，并在一般层面上运作本国的信贷制度。印度储备银行还负责监管和监督印度的银行业务，以及国外银行在印度的分支机构。

印度储备银行负责在印度实施最优货币政策。印度制定货币政策的主要目

① Securities and Exchange Board of India, http://www.sebi.gov.in/index.html (last visited Apr. 13, 2016).

② Pension Fund Regulatory and Development Authority of India, http://www.pfrda.org.in/ (last visited Apr. 13, 2016).

③ Forwards Market Corporation, http://www.fmc.gov.in/index.aspx (last visited Apr. 8, 2016).

的是维持价格稳定，确保充足的信贷流动以维持增长势头，并确保金融稳定。印度央行享有广泛的权力，监管和监督印度的金融体系及其组成部分，如印度金融市场的货币、债务和外汇部分，以及付款和结算系统。①

印度储备银行的核心职能是货币发行和货币管理。此外，它履行部分代理职能，如政府银行和公共债务管理人，是银行的银行、银行储备管理者、最后贷款人。印度储备银行管理货币政策的关键机制如下：

1. 直接机制

现金储备比率(CRR)：商业银行按其净需求和负债比例持有的限额

法定流动比率(SLR)：商业银行和金融机构必须投资于印度储备银行发行证券的金额

2. 间接机制

公开市场操作(OMO)：印度储备银行出售和购买政府证券(如 T-Bills)以影响经济中的货币供应。

流动性调整设施(LAF)：允许印度储备银行控制和管理整体流动性条件，并确保流动性的容量在允许范围内使市场稳定地按计划运作，印度储备银行发行证券和政府票据以减少头寸。

其他审慎工具：印度储备银行鼓励或限制对特定经济部门的信贷，确保金融稳定。

(二)印度的银行业规范

1934 年《银行业监管法》旨在完善银行业法规，规范印度银行业金融交易许可。

印度金融体系包括商业银行、合作银行、金融机构和非银行金融机构(参见图 4-2)。商业银行可按所有制作进一步划分，但是，印度国家银行及其分支机构和地区农村银行依议会法令成立。合作信贷机构可进一步划分为城市信用合

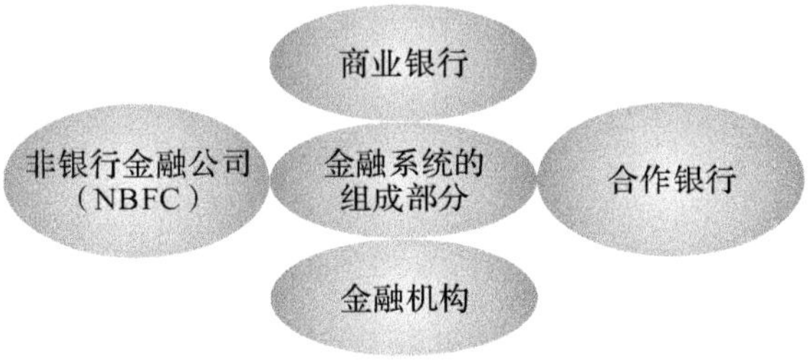

图 4-2　印度金融系统的组成

① https://rbi.org.in/Scripts/AboutusDisplay.aspx#MF.

作社和农村信用合作社。

《银行业监管法》的现有监管框架可分为以下几类:

银行公司的业务:《银行业监管法》第6节详细规定了银行在印度可能从事的各种业务。这是一份长清单,银行可以从事一项或多项该条款允许的活动。

银行公司的许可(授权):该法第22条规定,除非得到印度储备银行的许可或授权,否则任何公司不得在印度开展银行业务。印度储备银行授予许可需要满足一定条件,如金融信用、银行管理、资本结构、盈利前景、发展空间等。而对于私营企业和外资银行的许可事项的政策框架,由该法第23条规定。如果公司停止在印度经营银行业务或者不符合该法令第22(1)和(2)条,印度储备银行有权取消许可证。在撤销许可之前,印度储备银行需要给予银行弥补的机会。受影响的银行可在收到通知后30天内向中央政府提出上诉。

管理控制:《银行业监管法》第36AA条规定,印度储备银行有权开除银行的管理人员和其他人员。第36AB条赋予印度储备银行委任额外董事的权力。

银行的收购业务:第36AE条授权中央政府在某些情况下对银行进行收购,例如银行未能根据第21条和第35A条履行合同,或以对存款人有害的方式进行管理。

包括清盘操作在内的重组和拆分:《银行业监管法》第38条规定,若银行不能偿还债务,或者印度储备银行已就其清盘提出申请,对银行经营有管辖权的高等法院应责令银行清盘。该法第4条规定,除非印度储备银行以书面形式证明该公司可就其全部债务向其债权人清偿,否则任何银行公司不得自行清盘。该法还包括迅速处理清盘程序的特别规定。第44A条规定,经2/3股东同意,银行可与其他银行合并。

1. 印度储备银行的分支机构授权政策

印度储备银行的"一般分支机构授权政策"在每个财政年度的7月份公布,有关当局按需要进行更新或更改。该政策规定了银行(特别是外资银行)在印度设立分支机构的条件。新银行的开设和现有银行分行的变更由《银行业监管法》第23条规定。没有印度储备银行的事先批准,任何银行都不能在印度开展新业务。根据该法第23(2)条,印度储备银行需要对设立银行进行审查,需要审查的方面有:银行的财务状况及历史背景、管理的一般性质、资本结构的充分性、盈利前景和公共利益。在这方面,商业银行应与银行业务和发展部门联系。

根据"一般分支机构授权政策",分支机构"包括一个完整的结构,内含专用部门、附属或移动办公室、综合业务柜台、ATM、管理办公室、控制办公室、服务部门和信用卡中心"。

印度储备银行的分行授权政策旨在使分支机构的授权自由化和合理化,这与分支机构中期经营战略和公众利益是一致的。除了银行财务状况及历史背景，印度储备银行同样注重资本充足性和盈利前景。至于利益考虑方面，印度储备银行采取加权方式，包括：金融机构服务普通民众，特别是针对吸储地区普通民众；优先领域实际信贷的流向；商品定价；为促进金融融合，包括适当引入新产品和提升技术所做的总体努力。评估还包括银行关于最低余额要求的政策，以及存款人是否可以获得最低限度的银行服务。

不定期批准授权的制度已被每年批准总额的制度所取代。新的分行授权政策不要求银行通过印度储备银行的区域办事处获得开设分行的许可证。过去为了获得分支机构授权，申请银行需要提交年度分支机构扩展计划，其中包括所有类别分支机构的合并细节，并需要印度储备银行的事先许可。银行可在一年内的任何时间自由提交年度分行扩展计划。年度分行扩展计划需要获得银行董事会或董事会授权对象的批准。

授权自签发之日起一年内有效。但是如果有正当理由，银行可以在有效的授权期限到期之前联系有关的区域办事处、银行监管部门、印度储备银行或印度储备银行（中央办公室）的银行业务和发展部门，要求延长时间。一年期限过后，许可将自动失效，银行需要在下一个年度分行扩展计划中递交新的提案。

商业银行可以在未经印度储备银行事先许可的情况下在其确定的地方安装移动 ATM。但是，该行为必须遵循印度储备银行的指示。此外，银行采取此类行为时需遵循一定的申报要求。

对国内商业银行的一般许可不适用于外国银行。“分行授权政策”（印度储备银行的最新总指引）[①]适用于外国银行。外国银行须遵守以下要求：

（1）外国银行需要在开设印度第一家分行时预先注资 2500 万美元；

（2）只有一个分行的现有外国银行在其开设第二个分行的请求获批之前，必须遵守上述要求；

（3）外国银行需要每年提交其分行扩展计划。

除了针对印度银行规定的指标外，还需要考虑以下指标：

（1）将考虑外国银行及其集团在全球市场的履约和运作记录，如有必要，将寻求其母国主管部门的报告；

（2）将对外国银行在本国的均匀分布给予重视；

（3）印度储备银行将考虑外国银行的母国给印度银行的待遇；

---

① Master Circular on Branch Authorization, RBI/2014-15/77, DBOD. No. BAPD. BC. 7/22.01.001/2014-15 (July 2014), https://www.rbi.org.in/scripts/FS_Notification.aspx?Id=9014&fn=2&Mode=0 (last visited Apr. 12, 2016).

(4)适当考虑印度和其母国之间的双边和外交关系;

(5)外国银行的分行扩张的审批将与印度的 WTO 承诺保持一致,ATM 不计入分支数量。

因此,外国银行须向印度储备银行提交年度分行扩展计划。

2. 银行部门的外国参与

在私人银行部门,股票或外商直接投资的上限为 74%,其中包括境外投资机构或境外投资证券机构的投资。49%的此类投资通过自动渠道获准,超过 49%的投资和高达 74%的投资通过政府渠道批准。[①] 74%的限额包括证券投资组合方案,以及 2003 年 9 月 15 日之前的股份收购。该限制还包括:首次公开募股、私募融资、全球存托凭证(GDR)、美国存托凭证(ADR),以及向既有股东收购的股份份额。

所有私人银行的外商投资总额限于银行实收资本的 74%,并且在任何时候至少有 26%的实收资本必须由居民持有,除非是外国银行的全资子公司。这些规定也适用于现有私营银行的所有投资者。同时,境外投资机构、境外投资证券机构和非居民印度人通过证券交易所的产品投资方案受准入限制。印度储备银行和其他机构,如印度证券交易委员会、公司事务部、印度保险监管和发展局在这些事项上的政策和程序将继续适用。

外资银行可拥有分公司或者子公司,但不可两者兼具。根据印度储备银行许可标准,外资银行被允许持有 100%的实收资本,以便在印度设立全资子公司。与此同时,它也受到原籍国银行监管部门的调控。

通过购买或以其他方式获得超过 5%私人银行股份的实缴资本的相关印度储备银行条款,同样适用于非居民投资者。在印度,外资银行可以通过三种渠道运营:分支机构;全资子公司(WOSs);外商投资总额不超过 74%的私人银行的子公司。外资银行建立全资子公司的方式包括将现存公司转换为子公司,或申请新的银行执照。

允许外国银行通过收购现有私人银行的股份设立子公司,条件是私人银行至少有 26%的实缴资本一直由居民持有。外国银行的子公司须遵守与私人银行大致相同的发牌规定及条件。任何关于设立外国银行的全资子公司的规范都由印度储备银行独立发布。所有外资银行现存分支机构若要转化为印度子公司,都必须向印度储备银行提出申请。目前,银行公司有 10%的投票权限制。只有作出最后的政策决定并经过议会批准,才能改变这一上限。

---

① Department of Industrial Policy and Promotion. Consolidated FDI Policy 2015, http://dipp.nic.in/English/Investor/FDI_Policies/FDI_policy.aspx (last visited March 13, 2016).

3. 公共部门投资

外商直接投资政策对公共银行的外商直接投资和组合投资，设置20%的股权及外商直接投资的上限。公共银行受《银行公司(收购和转让经营)法》监管。20%的上限同样适用于印度国家银行及其附属银行。投资只允许通过政府渠道进行。截至2014年1月31日，印度有314家外国银行分行。

(三)外汇管理主要监管政策

自1947年独立以来，印度政府对所有对外交易实施了控制。其中一种管控手段是在1947年颁布的《外汇管制法》。① 1973年通过的《外汇管制法》在更苛刻的框架内引入了严格控制。本部分审查了印度外汇管理的监管框架。

在20世纪90年代，经济改革之后，发生了一个关键的变化。委员会建议：在限度内采用市场确定的汇率制度；实现经常账户可兑换的交易自由化；资本流动实现从债务到非债务创造性流动的架构转变；严格规范外部商业借款，特别是短期债务；减少非居民印度人资本流动的易变因素；实现流入(即本金、利息、股息、利润和销售收入)及其流出的完全自由和其他流出的逐步自由化；政府从20世纪80年代中期以来的外部援助资金流中脱钩，资本账户收款和外部融资仅限于来源于多边和双边的外部援助。

1993年，卢比的汇率由市场因素决定。印度于1994年8月接受国际货币基金组织协议条款第8条，并通过了经常账户的可兑换。2000年6月，随着《外汇管理法》的生效，其法律框架也付诸实施，以确保经常账户的可兑换。根据国际收支平衡委员会(BoP Committee)的建议，在《外汇管理法》生效后，系统还建立了某些保障措施，以确保经常账户交易不会被当作资本流出的幌子。

自20世纪90年代初以来，印度的汇率政策通过宏观经济改革和自由化稳步发展。外汇市场目前配备了几种衍生机制。作为产品多样性改革的一部分，上述衍生机制被谨慎引入，并发挥了风险管理工具的作用。国际收支平衡委员会的报告概述了可靠的宏观经济结构和稳定计划的框架，还涉及贸易行业、外商投资、汇率和外汇储备。② 关于汇率政策，委员会重视汇率的实际意义，强调避免使用汇率机制进行补贴，保障充足的短期波动准备金，继续实行经常账户的流动自由化，并加强对资本交易的有效控制。现实和稳定的汇率的背后目标是通

---

① Shyamala Gopinath. RBI Deputy Governor, Foreign Exchange Regulatory Regimes in India: From Control to Management, Address to the Forum for Free Entrprise, https://www.rbi.org.in/Scripts/BS_SpeechesView.aspx? Id=182 (last visited Apr. 13, 2016).

② Reserve Bank of India. Exchange Rate Policy and Modelling in India (2010), https://www.rbi.org.in/scripts/Publications View.aspx? id=12252 (last visited Apr. 13,2016).

过宏观经济政策控制通货膨胀,同时确保该规模的净资本收入不超出预期。根据委员会的建议,印度政府自 1992 年起采用自由化汇率管理制度,包括在过渡期内采用双重汇率制度,以及在 1993 年 3 月实行统一的汇率制度。

1999 年《外汇管理法》的目的是规范印度的外汇。该法旨在巩固和修订有关外汇的法律,从而加强对外贸易和支付,促进印度外汇市场的有序发展和维持。《外汇管理法》第 3 条禁止通过授权人进行外汇交易。

根据《外汇管理法》第 5 条和第 6 条,在经常账户交易和资本账户交易的情况下,任何人不得在被授权人以外的对象那里出售或提取外汇。根据《外汇管理法》第 10 条,印度储备银行可以根据申请授权任何人作为授权经销商、货币兑换商,或离岸银行机构,以其认为必要的任何方式,交易外汇或证券。

(四)银行支付系统

1. 机构

作为中央银行的印度储备银行是促进国家支付系统发展的关键机构。[①] 作为印度储备银行中央委员会的分支委员会,支付和结算系统监督管理委员会(BPSS)是国家支付系统的最高决策机构。根据授权,该机构有权制定政策和设立标准。印度储备银行支付和结算系统部是该委员会的秘书处,负责执行指示。

2. 外国参与的规则

2007 年的《支付系统和结算法》规定了印度支付系统的规则和监管。该法规定,除印度储备银行授权外,任何人均不得在印度开设或运营支付系统。该法对印度储备银行指定授权,以组成支付和结算系统监督委员会,履行该法规定的职责。该法还规定了净额结算是“终局结算”的法律依据。在印度,除了实时总结算(RTGS)之外,净额结算发挥了非常重要的作用。根据本法,印度储备银行制定了两项具体的规定,即 2008 年《支付结算系统和监管委员会条例》和 2008 年《支付结算系统条例》。

2008 年《支付结算系统条例》规定了诸多事项,例如申请授权的形式、支付系统的运营、权限授予、支付指令,以及系统供应商标准确立。该法规定,任何想要在印度经营支付系统的个人或实体都需要申请授权。该法第 4 条和第 18 条规定,外国实体可在印度经营支付系统,但需要事先获得许可证。至于外国实体可以提供的支付系统的类型和服务,该法未加以限制。诸如万事达(新加坡)、Visa(新加坡)等外国实体即可根据该法获得印度储备银行的授权,在印度从事银行卡业务。其他汇款服务商,例如西联汇款服务公司(美国)、速汇金支付系统

① Reserve Bank of India. Payment and Settlement Systems., https://www.rbi.org.in/scripts/paymentsystems.aspx (last visited Apr. 13, 2016).

公司(美国)等,也已经获得了提供汇款服务的授权。[①] 印度储备银行在授权支付系统运营时考虑各种因素,包括所申请支付系统的必要性、技术标准、系统设计、安全程序、所申请系统的运营条款和条件、风险管理流程、申请人财产状况、消费者利益、申请人的管理和完整性等。印度储备银行尽可能在收到申请的6个月内处理申请。

3. 印度目前的情况

涉及支付系统的关键机构如下:

金融市场基础设施:印度清算有限公司;

零售支付组织:印度国家支付公司;

卡支付网络:美国运通银行,大来卡(Diners Club)国际有限公司(美国),万事达卡亚洲及太平洋私人有限公司(新加坡),Visa全球有限公司(新加坡);

跨境汇款(仅限于境内):巴哈林融资公司,大陆交易解决方案公司(美国),全球外汇公司(加拿大);

ATM网络:Euronet服务印度私人有限公司,联邦银行有限公司;

白标ATM运营商:塔塔通信支付解决方案有限公司;

即时汇款:Empays支付系统印度有限公司;

预付工具:Aircel Smart Money有限公司。

(资料来源:印度储备银行)

(五)印度保险业

1938年的《保险法》(2015年修订)对印度的保险部门作出规制。该法规定,“印度保险公司”必须是根据1956年《公司法》成立的公司,其中外国公司持有的股权总额不超过实收资本的26%。公司的唯一目的应是开展人寿保险业务、一般保险业务或再保险业务。

目前,保险业允许外商通过外商直接投资、境外投资证券机构(境外投资机构、QFII)、非居民印度人、外国风险投资者或存托凭证的方式获得49%的股权。占股26%的外商直接投资适用自主批准渠道;占股26%~49%的外商投资,适用政府批准渠道。1999年的《保险监管和发展机构法》是相关部门的监管者。根据当前的外商直接投资规范,任何印度保险公司不得允许国外投资者(包括证券投资者在内)的股权总额超过公司已缴股本资本的49%。

该部门的外商直接投资需要基于《保险监管和发展机构法》获得必要的许可证,并遵守1938年《保险法》(2015年修订)的规定。对印度保险公司的外国组

---

① Reserve Bank of India. Frequently Asked Questions-Payment and Settlement Systems Act, 2007, https://rbi.org.in/Scripts/FAQView.aspx? Id=73 (last visited Apr, 13, 2016).

合投资须遵守2000年《外汇管理法》和印度证券交易委员会《外国证券投资组合条例》的规定。印度保险公司获得外商直接投资的增长都需要符合印度储备银行根据《外汇管理法》制定的定价指引。如果银行这类主营业务非保险的实体得到《保险监管和发展机构法》的授权成为保险中介，则上述外国股本上限也同样适用，前提是这些实体的主要业务收入必须高于总收入的50%。

（六）印度养老金

根据2013年《养老金监管和发展机构法》第24条的规定，外国公司及其附属公司合计持有的股份总额不得超过养老金实缴资本的26%，或按照印度保险公司根据1938年《保险法》批准的比例，两者取高者。[①] 此外，根据该法第25条，养老金应直接或间接在印度境外投资其获得的资金。

鉴于保险业的外商直接投资限额提升，印度政府发布了2015年4号媒体通告，将养老金的外商投资限额从26%增加到49%。媒体通告自发布之日起生效，即2015年4月24日。像保险部门一样，投资不足26%的不需要政府批准，占比26%～49%的需要得到外商投资促进委员会(FIPB)的批准。

外商投资49%的限额应累加计算，包括所有形式的外商投资，如外商直接投资、对外证券投资、非居民印度人投资、外国风险投资和存托凭证。养老金允许外商投资，但投资须遵守2013年《养老金监管和发展机构法》。根据该法第24条的规定，投资养老金的外国实体必须在养老金监管和发展局注册，并遵守该局的其他要求和相关规则、条例，以参与印度的养老金管理活动。

涉及国外投资者控制或所有的外国股权投资，或通过投资（包括转让股份或发行股份）将现有养老金的控制权或所有权以收购、合并、兼并等方式转移给非居民实体，都需要外商投资促进委员会的批准。外商投资促进委员会将咨询财务部、养老金监管和发展局及其他有关实体，同时批准申请。审查条件合规的责任由被投资人即印度养老基金承担。

（七）Pradhan Mantri Jan Dhan Yojana计划（PMJDY计划）

PMJDY计划旨在保障各种金融服务，例如设立基本储蓄银行账户、获得基于需求的信贷、汇款服务、保险和养老金等部门，这些都是较弱的部门，服务于低收入群体。[②] 它囊括了普及的银行服务，每个家庭至少有一个基本银行账户，能

---

① Department of Industrial Policy and Promotion. Press Note No. 4 (2015 Series): Policy on Foreign Investment in Pension Sector, http://dipp. nic. in/English/acts_rules/Press_Notes/pn4_2015. pdf (last visited Apr. 11, 2016).

② Pradhan Mantri Jan-Dhan Yojana. A National Mission on Financial Inclusion, http://www. pmjdy. gov. in/files/financial-Literacy/Mission-Document/PDF/English. pdf (last visited Apr. 10, 2016).

获得必要的金融知识、信贷渠道、保险和养老金服务。该计划还旨在通过直接福利转移计划提供政府福利。任何技术问题，如连接不良、在线交易等，也将在本计划下解决。该计划还规划通过电信运营商设立诸如提款点等中心，以促进移动银行业务的发展。

第五章　基础设施建设与公私合营制度

一、引言

公私合营(PPP)正越来越多地被用于管理传统上由公共部门承担的服务和采购任务。这种日益增长的趋势可归因于多种因素，包括提升投资价值、利用私人企业的专业知识、收紧政府预算。① 这些对于基础设施建设非常重要，因为基础设施建设是经济增长的先决条件。目前，印度基础设施领域处于财政赤字状态，正在寻求通过PPP解决资金缺口。本书第五部分旨在实现双重目的：评估印度基础设施项目中的公私伙伴关系的法律和监管框架，并确认和突出私人企业的潜在机会。相关政策涉及的部门包括道路和高速公路、港口、机场、铁路和电力部门。

二、基础设施发展的宪法框架

印度《宪法》将关键基础设施部门的管辖权分配给中央和邦政府。更具体地说，《宪法》第11部分第1章与附表7为管辖权的分配提供了立法依据。通过《宪法》规范，行政、财政和立法过程中的特定行政权力被授予邦政府或中央政府。除此之外，《宪法》还包括了一个称为“并行清单”的特殊类别。该清单囊括了邦政府和中央政府都有权立法的部门，参见表5-1。如果两者之间发生冲突，一般规则是遵从中央政府的立法权力。

表5-1　印度基础设施建设管辖权

联邦清单
铁路； 高速公路； 航运和导航； 机场； 港口和电报； 油田和矿物油资源调控与发展； 国家河流与河谷的发展。

① Sabol Puentes. Brookings Institute, Public Private Partnerships in Infrastructure (2014), http://www. brookings. edu/research/reports2/2014/12/17-infrastructure-public-private-partnerships-sabol-puentes (last visited Apr. 15, 2015).

续表

邦清单
道路、桥梁、渡轮和通信； 水供应、灌溉、运河、排水； 土地、土地使用权； 矿井监管和矿产开发； 天然气和天然气工程。
并行清单
主要港口以外的港口； 内河航道航运和航行； 电力； 农业用地以外的财产转让； 物业合同的收购和申购。

资料来源：印度《宪法》

由于管辖权重叠，各政府当局（中央和邦）均涉及基础设施项目（参见图 5-1）。然而，财政部下辖之经济事务部下的基础设施和能源司（DIE）在促进印度的基础设施项目实施方面发挥了重要作用。[①] 基础设施和能源司为道路、港口、铁路、内陆水运、能源、可再生能源和铁路部门的基础设施项目提供政策指引，它还处理融资相关问题。最重要的是，它是政府部门制定公私合营相关政策的节点机构。

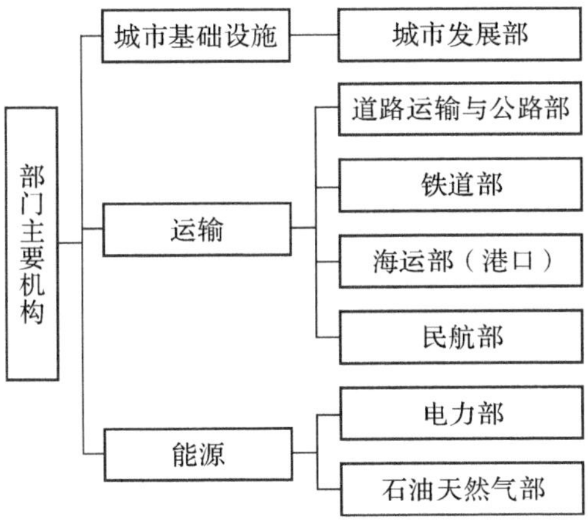

图 5-1　印度基础设施监管结构

① Ministry of Finance. Infrastructure and Energy Division, http://finmin.nic.in/the_ministry/dept_eco_affairs/infrastructure_div/I&I_index.asp (last visited Apr. 16, 2015).

三、基础设施中的公私合营促进计划

(一)建立公私合营评估委员会(PPPAC)简化 PPP 项目的评估机制

印度政府设立了公私合营评估委员会,以简化 PPP 项目的评估机制。该委员会由经济事务部、预算部、法律事务部的部长组成,在某些情况下还包括了负责具体项目的部门。① 公私合营评估委员会试图通过可行的机制和指引确保项目的快速评估。

(二)规范投标和合同文件

印度政府已经对投标和合同文件实行了标准化,内容包括:申请资格;征求建议书(RFP);技术顾问的征求意见书,包括高速公路、港口、城市交通(如地铁)、电力部门在内的模式特许协议;标准和规格手册。② 这促进了公开竞争招标过程的透明化。

(三)建立可行性缺口资金(VGF)计划使资本补助覆盖 PPP 项目的 20%

基础设施项目通常不具有商业可行性,因为利率或投资回报率较低。基于这一事实,印度政府制定了可行性缺口资金计划。该计划通过 PPP 为基础设施项目以补助形式提供财政支持,使其在商业上可行。可行性缺口资金计划提供了高达项目估价总额 20%的资金。③ 拥有项目的政府或法定实体可以从其预算中拨出额外的补助,最多达到项目成本的 20%。

(四)建立长期债务融资的印度基础设施融资有限公司(IIFCL)

印度政府成立了印度基础设施融资有限公司。印度基础设施融资有限公司的具体任务是通过为基础设施项目提供长期融资,以促进基础设施部门建设。印度基础设施融资有限公司通过长期债务模式和金融机构授予贷款的模式为可行的基础设施项目提供资金。④

---

① Ministry of Finance. Public Private Partnerships in India, http://www.pppinindia.com/Institutional-&-Governance-Mechanism.php (last visited Apr. 16, 2016).

② Ministry of Finance. Public Private Partnerships in India: Overview, http://www.pppinindia.com/overview.php (last visited Apr. 16, 2016).

③ Ministry of Finance. Guidelines for forwarding proposals under VGF scheme, http://finmin.nic.in/the_ministry/dept_eco_affairs/ppp/GuidelinesPPPapp250106.pdf (last visited Apr. 16, 2016).

④ India Infrastructure Finance Company Limited. Schemes for financing viable infrastructure project, http://www.iifcl.org/WriteReadData/userfilesfileSIFTI-%20Revised%201(1).pdf (last visited Apr. 16, 2016).

(五)PPP 工具包的可用性

这些工具包旨在帮助公共部门和私人企业的参与者就印度基础设施的PPP项目作出决策。经济事务部还在线提供了一个基础设施项目数据库。该数据库是一个跨部门的基础设施项目的存储库①,它提供了印度正在执行的基础设施项目状况的关键信息。

四、道路和高速公路

印度是世界上第二大道路网国家,约有486万千米公路。这些公路网络在国内经济运行中发挥着重要作用,因为其承担着60%以上的国内货运和90%的国内客运任务。② 印度政府已经启动了一项重大举措,对国家道路和高速公路系统进行升级和强化。

考虑到道路基础设施公私合营提供的广泛机会,私人企业预计将成为该计划的关键参与者。通过对潜在效益的量化计算,道路和桥梁基础设施的价值预计将在2012—2017年间以17.4%的年复合增长率增长。③ 在2015—2020年间,通过PPP—车辆模式在道路基建上的投资约为310亿美元。私人企业也将从现有的大量项目中受益。政府在2014—2015年和2012—2016年分别批准了3161千米和2337千米的公路基础设施公私合营项目,而考虑国内基础设施需求的增长,这一趋势很有可能继续保持。④

除了市场规模,政府实施的各种国家政策得到自动渠道的100%的外商直接投资的支持,并通过公路基础设施部门的公私合营进一步增强了增长潜力。这些政策形成了很多重要的项目概念,包括国家公路开发项目(NHDP)、东北特别快速道路开发计划(SARDP-NE)和国家高速公路互联性改善项目(NHIIP)。通过上述及其他类似项目,印度政府致力于发展、维护和翻新总共6.4万多千米的道路。此外,2015—2016年的联邦预算设立了国家基础设施基金,该基金将获得政府2000亿卢比的初步资助。⑤

总之,有利的国家政策和投资渠道,加上两轮和四轮车市场的发展以及对货运交通越来越多的依赖,都表明私人企业在道路基础设施PPP市场上的投资是

---

① Department of Economic Affairs. Database of Infrastructure Projects in India, https://infrastructureindia.gov.in/faqs (last visited Apr. 14, 2016).

② Make in India, Road and Highway Sector, http://www.makeinindia.com/sector/roads-and-highways (last visited Apr. 1, 2016).

③ Ibid.

④ Ibid.

⑤ Ibid.

有潜力的。包括中国在内的许多国家的投资者已经被吸引到印度 PPP 项目的投资中。[①]

(一)道路的分类

在印度,道路大致分为五类:国家公路、邦公路、主要地区道路、其他地区道路和乡村道路。每个类别都有不同的特征:国家公路旨在促进中长途城际客运和货运;邦公路在邦的主要地点之间进行客运和货运;地区和乡村道路试图在最基本的层级上实现道路交通互联,例如将农产品从村庄运输到附近的市场。所有这些类别都为私人实体提供了投资机会。[②]

(二)监管和支持的有关机构

道路运输和公路部(MRTH)是中央政府的相关部门,负责制定有关道路运输、国家公路和运输研究的规则、法规和法律。根据 1988 年《国家公路法》[③]成立的印度国家公路管理局(NHAI)是道路运输和公路部的核心机构,负责国家公路的开发、维护和管理。最初,其任务仅限于几个已开展的项目和外部援助计划。这种情况在 1998 年发生了变化,印度引入了雄心勃勃的 NHDP 计划。[④]

印度国家公路管理局在执行其监管职能时得到了印度道路委员会(IRC)和中央道路研究所(CRRI)的支持。印度道路委员会是印度公路工程师的国家平台[⑤],而中央道路研究所是一个国家实验室,研究道路和公路的设计、建造和维护[⑥]。

近年来,印度政府有意建立一个新的道路部门监管机构。[⑦] 预计该监管机

---

① Make in India, Road and Highway Sector, http://www.makeinindia.com/sector/roads-and-highways (last visited Apr. 1, 2016).

② International Transport Forum. Discussion Paper of Road PPP in India, http://www.internationaltransportforum.orgjtrcDiscussionPapers/DP201311.pdf(last visited Apr. 16, 2016).

③ National Highway Authority of India. About NHAI, http://www.nhai.org/ (last visited Apr. 16, 2016).

④ International Transport Forum. Discussion Paper of road PPP in India, http://www.internationaltransportforum.orgjtrcDiscussionPapers/DP201311.pdf (last visited Apr. 16, 2016).

⑤ For more information: Indian Roads Congress, http://www.irc.nic.in/ (last visited Apr. 10, 2016).

⑥ For more information: Central Road Research Institute, http://crridom.gov.in/ (last visited Apr. 10, 2016).

⑦ Make in India, Roads and Highways Sector, http://www.makeinindia.com/sector/roads-and-highways (last visited Apr. 10, 2016).

构将承担一部分印度国家公路管理局的关键职能①,如关税设定、服务质量的监管、特许经营索赔的评估、部门信息的收集和传播,以及服务水平的评价②。

邦政府负责国家公路和地区道路的开发和维护。③ 这些政府得到中央道路基金的支持,该基金于 2000 年根据《中央道路基金法》而创建。世界银行将中央道路基金确定为"第一代"基金,因为政府通过税收等财政措施为该基金注入资本。④ 这个基金和农村道路建设项目共同支持乡村道路的建设,这也可能是邦政府乡村发展部的职责范围。

(三)监管框架

1956 年《国家公路法》规定由中央政府对国家公路进行监管。该法第 8(a)条允许私人企业开发和维护全部或部分的国家公路。该条还规定,私人企业有权向中央政府收取费用。此外,私人企业还被允许管制国家公路上的交通。然而,这些授权取决于 PPP 合同的约定,并且须遵守 1988 年《机动车法》第 8 章。

除国家公路以外的道路通常由多部法律和管理当局根据各种因素管辖。例如,对项目申报的道路路线必须进行审查,以确定该道路是否属于邦或市政当局的管辖范围。对道路监管框架的评估最好根据具体情况进行。

除了与道路相关的立法外,可能影响 PPP 项目的附属法律也涉及私人企业。政府已经表明有意为这些项目进行准备工作。这包括土地征用,以使私人企业不会在以下方面面临任何障碍:道路权利;将环境审批与森林审批脱钩;提出引入"公共合同(争议解决)法案"的建议,以迅速解决争端。⑤

(四)常见的 PPP 模型

建设—运营—移交模型(BOT)是印度道路基础设施公私合营中最常见的模式。该模型可进一步划分为两个子模型:通行费模式和年金模式。BOT 的通行费模式有助于特许公司通过向使用道路设施的用户收取通行费来收回其投

---

① The Economic Times, Road Regulatory only after New Government Takes Charge (April 10, 2014), http://articles. economictimes. indiatimes. com/2014-04-06/news/48908538 _ 1 _ road-ministry-road-regulator-law-ministry (last visited Apr. 10, 2016).

② Ibid.

③ State governments include Union Territories.

④ World Bank. Roads and Rural Transport Thematic Group, Transport Note No. TRN-37 (December 2008), http://siteresources. worldbank. org/INTTRANSPORT/Resources/336291-1227561426235/5611053-1231943010251/TRN-37-RFsSAR. pdf (last visited Apr. 16, 2016).

⑤ Make in India, Roads and Highways Sector, http://www.makeinindia.com/sector/roads-and-highways (last visited Apr. 16, 2016).

资。这种模式减少了政府的财政负担,并且通常被视为公路项目的默认模型。[①]另一个 BOT 子模型是年金模式。在年金模式中,特许公司通过年度支付的固定金额确保最低的投资回报。此类模式中主要的风险由政府承担,特许公司不承担交通通行量产生的风险。

特殊目的公司(SPV)模式由传统的 BOT 通行费模式和年金模式发展而来,并越来越多地在印度使用。特殊目的公司是根据 1956 年《公司法》成立的独立法律实体。他们通过股权或债务模式从印度国家公路管理局获得小笔资金支持,并从金融机构和信托组织筹集大部分投资。运营—管理—移交(OMT)模式是由印度国家公路管理局在 2009 年制定的。[②] 根据这一模式,可向特许公司交付已经建成的道路,由该公司进行运营和管理。私人企业不需要对道路进行进一步建设,并由政府按年度支付费用以维护和运营道路。

五、港口

印度有 7516.6 千米的海岸线,是世界上最大的半岛之一。其海岸线上分布了 12 个主要港口,64 个处理进出口(EXIM)货物的非主要港口和 200 个已知的中小型港口。[③] 这些港口承载了 15.21 亿吨货物运力(2014—2015 年),并在过去 3 年里收到了 1750 亿卢比的投资。在未来 6～7 年内,预计货物处理量将增加 901 吨,印度港口为公私合营的投资提供了巨大的机会。

为了进一步鼓励投资,印度政府提出了在数个港口周边发展特别经济区(SEZ)的规划。此外,政府根据 1961 年《所得税法》第 80(I)(A)条的规定,以基础设施建设的所得税减免的形式提供税收优惠。此类计划囊括了自动渠道的 100%的直接外商投资,政府据此计划开发两个主要的港口和码头枢纽,并在港口实施货物装卸的全面机械化。

(一)监管框架

印度的主要港口属于中央政府的管辖范围,受 1963 年《主要港口信托法》管辖。印度泰米尔纳德的 Kamarajar 港(过去被称为 Ennore 港)是一个明显的例外,因为它受到 2013 年《公司法》规制。

---

① International Transport Forum. Discussion Paper of road PPP in India, http://www.internationaltransportforum.orgjtrcDiscussionPapers/DP201311.pdf (last visited Apr. 16, 2016).

② Abhaya Krishna Agarwal. New Model of Indian Road PPP projects (21 January 2015), http://www.unescap.org/sites/default/files/2.1%20New%20Model%20for%20Indian%20Road%20PPP.pdf (last visited Apr. 16, 2016).

③ Government of India. Port services, http://business.gov.in/Industry_services/ports.php (last visited Apr. 16, 2016).

邦政府有权通过其海运委员会制定非主要港口的法律。非主要港口的管辖法律是1908年的《印第安港法》。但是，各邦海事当局可就他们认为合适的立法提出建议，经邦政府批准通过即可。

海运部(MoS)是制定和管理航运和港口相关法律法规的主要政府机构。海运部得到了其他几个机构的支持，包括海运总局(DGS)、印度港务协会(IPA)、印度内陆水道局(IWAI)[①]、灯塔和船舶总局(DGLL)。

海运总局是落实1958年《商船法》的主要部门。印度港务协会是海运部下属的评估印度主要港口的运作和发展的机构。鉴于印度有广泛的内河航道网络，印度内陆水道局负责内河航道的开发和监管，促进运输和航行。灯塔和船舶总局是海运部下属的办公室，负责灯塔、轻型船舶、浮标和信标。[②]

(二)鼓励私人参与

1963年《主要港口信托法》于1997年修订，以使私人参与主要港口的开发、运营和维护。经修订的立法允许私人企业通过公私合营、合资企业(JV)和类似的合作伙伴模式介入，以履行《主要港口信托法》规定的职能。这包括发展基础设施和为船舶提供服务。更具体地说，《主要港口信托法》第46(1)条和第34条共同规定了私人可在港口限制范围内建造码头、船坞、船埠，架设桥墩和泊船设施，以及填海。

私人企业的关税设置权归属于PPP伙伴关系协议的合同条款。合同一旦通过，该关税不能超过主要港口关税局(另一个海运部下属机构)指定的最高限额。

重要的是，国外投资者只有在获得外商投资促进委员会或任何其他主管当局的许可时，才能参与PPP项目。同时，投资者必须根据《公司法》注册为公司。

此外，印度港务协会为正在考虑建立合资企业的私人企业制定了相关准则。这些准则允许私人企业参与：在现有港口内建设新港口设施，升级或改进管理机制以提高现有港口设施的生产力(完全服务于特定商品的港口可作为公共用户设施运营)或开发新港口。该准则还指出，双方的参与程度将在招标文件中明确，以加强私人企业的信心。

(三)常见的PPP模型

印度港务协会指南规定，合作的形式采用BOT模式，特许期限最长为30年。

---

① 印度内陆水道局指出，正式宣布内河水道基础设施使用PPP模式还为时过早。然而，有人建议对此类项目都根据特许权协议进行逐案审查，这类似于最近的NTPC Farraka项目协议。

② 对PPP项目的投资需要灯塔和船舶总局批准，原则上不直接与港口和港口枢纽相关。然而，2015年10月31日，灯塔和船舶总局确定了78个适用PPP模式的作为旅游目的地的灯塔。

(四)港口部门的投资机会

港口的投资机会可分为三个方面:港口开发、港口支援服务(包括疏浚和泊船等维护服务)和船舶维修设施。[①] 港口开发包括建造额外资产,例如集装箱码头、多用途和专门货物泊位、集装箱货运站、仓储设施和油库等的建造和运营。[②]

Sagarmala计划旨在降低国内货物的运输成本,手段包括:优化组合模式,优化EXIM集装箱运输的时间和成本,通过预测工业负载降低散装商品的物流成本,清理海岸,以及通过开发毗邻离散制造集群的港口以提高出口竞争力。[③] 其目的在于动员4万亿卢比基础设施投资,每年节省3500亿~4000亿卢比的物流成本,在组合模式中提升目前内陆和沿海水路的份额(目前为6%),增加1100亿美元的出口额、400万的直接就业机会,以及600万的间接就业机会。

六、机场

机场连接地区、国内和国际市场,对现有或新机场的基础设施进行投资对经济发展至关重要。这在印度尤为如此,因为印度目前是第九大民用航空市场,预计到2020年将成为第三大民用航空市场。此外,印度年度货运总量增长率增长了5.2%(2013—2016年的复合年增长率),预计未来几年将会持续增长。[④] 这种潜力,结合日益增多的偏好航空旅行的中等收入人口和印度自由开放的领空政策,使得机场基础设施投资成为私人企业一个有利可图的机会。

(一)机场的类型

2002年,印度一个专门的基础设施工作组制定了机场基础设施政策。这项新政策将机场分为国际中心、区域中心和其他可运营机场。正如上述术语所示,国际和区域中心将接纳国际和区域航线,前者被归类为"国际机场",而后者将提供印度内陆地区间的空中通道。其他可运营机场将根据个人需要和交通需求定制。PPP适用于全部三种类型的机场。

(二)制度框架

民航部(MCA)是负责所有公共机场的开发、融资、运行和维护的政府部门。

---

① Make in India, Ports and Shipping, http://www.makeinindia.com/sector/ports (last visited Apr. 16, 2016).

② Ibid.

③ Sagarmala National Perspective Plan: Executive Summary, Ministry of Shipping, April 2016, http://pibphoto.nic.in/documents/rlink || apr/p201641402.pdf (last visited Apr. 12, 2016).

④ Make in India, Aviation, http://www.makeinindia.com/sector/aviation (last visited Apr. 16, 2016).

印度机场管理局(AAI)是民航部的节点机构,负责落实相关职责。截至 2003 年,印度机场管理局负责维护印度所有国际机场。除了印度机场管理局和民航部,民航总局(DGCA)、印度机场经济监管局(AERAI)和民航安全局(BCAS)也是与机场有关的重要政府机构。民航总局负责控制和监督适航性和安全操作,而印度机场经济监管局负责确定航空服务的关税,并确保主要机场的经济效益。

(三)监管和融资框架

印度《宪法》赋予中央政府航空管理的权力。① 1934 年《飞行器法》及其规则规范了所有机场的开发、维护和运行。1994 年《印度机场管理机构法》规定了建立印度机场管理局的框架。

根据《印度机场管理机构法》,印度机场管理局可向私营实体授予特许权,进行机场的融资、开发、运营和维护。② 2003 年《印度机场管理机构法》(修正案)对该法进行了修订。印度机场管理局管理的机场必须遵循 2003 年《印度机场管理机构法》(修正案)和 1934 年《飞行器法》及其规则的规定运作。

法律框架还允许设立私人机场。私人机场必须由印度机场管理局、邦政府的下属机构或与之合作的机构拥有、开发和管理,但私人可以拥有超过 50%的资产。

Greenfield 机场项目允许通过自动渠道引入 100%的外商直接投资;Brownfield 机场项目允许通过自动渠道引入 74%的外商直接投资,并可在政府批准路径下进一步扩展到 100%,此种批准须向外商投资促进委员会申请③。政府还对机场项目实施了 10 年的全面免税。④ 此外,民航政策还囊括了一系列鼓励措施,例如政府提供建设机场的土地。

Greenfield 投资的许可程序包括从国防部(MoD)获得防御许可,从空中交通服务部门获得批准,从民航部获得安全许可,在财政部税务局(MoF)办理清关许可,从内政部(MoHA)获得认证和移民许可,并将与印度气象部(IMD)签

---

① The Constitution of India, vide Entry 29, List I, Seventh Schedule read with Article 246 vests the Union Parliament with the exclusive jurisdiction in relation to airways, aircraft and air navigation; provision of aerodomes, regulation and organization of air traffic and of aerodomes.

② Government of India. Greenfield Investment Policy, http://attaindia. com/Greenfield%20Airports%20Policy. pdf (last visited Apr. 16, 2016).

③ Make in India, Aviation, http://www. makeinindia. com/sector/aviation (last visited Apr. 16, 2016).

④ Government of India, Public Private Partnerships in Airports, http://www. pppinindia. com/sector-airports. php (last visited Apr. 16, 2016).

署合同服务协议(CSA)。[①] Brownfield 投资更具有特定性,其程序根据具体情况而有所不同。

(四)常见的 PPP 模型

用于机场基础设施的 PPP 模型类型根据项目规格和投资性质而有所不同。最常用的模型包括:建设—持有—运营—转交模式(BOOT),设计—建设—持有—运营模式(DBOO);合资企业模式(JVs);管理合同模式。[②] 海得拉巴的国际机场是 BOOT 模式的一个实例,班加罗尔国际机场则采用了 DBOO 模型,而孟买 Chhatrapati Shivaji 国际机场是合资公司。[③] 特许期的期限取决于具体项目。

(五)机场基础设施投资机会

印度政府已宣布在果阿和孟买的 Greenfield 机场寻求公私合作。此外,印度机场管理局的目标是到 2020 年将 250 个机场置于其管理下运作,并寻求与私人企业的伙伴关系。印度机场管理局还计划将古瓦哈提发展为一个地区间枢纽,并发展印度东北部其他地区的机场。[④]

七、铁路

印度的铁路系统是世界上最大的客运承运商,包括跨越 6.7 万千米的第三大铁路网络和第四大铁路货运承运人车队。2012—2014 年,印度铁路系统运载乘客 83.97 亿人次,比全国乘客总数还多 14.3 亿人次。这一显著的市场潜力预计还将进一步增长,这是由于在 2009—2013 年间客运量以复合年增长率 5.2% 的速度增长,同时货运量同比增长 4.9%。除此之外,印度铁路系统的总轨道长度为 116765 千米,目前提供就业岗位 130 万。[⑤]

印度政府一直在寻求私人企业的支持,以实现铁路部门的跨越式发展。其

---

① Government of India. Public Private Partnerships in Airports, http://www.pppinindia.com/sector-airports.php (last visited Apr. 16, 2016).

② International Civil Aviation Organization. Case Study: India (July 2015), http://www.icao.int/sustainability/PPP%20Case%20Studies/PPP_Airport_India.pdf (last visited Apr. 16, 2016).

③ Ibid.

④ Make in India, Aviation, http://www.makeinindia.com/sector/aviation (last visited Apr. 16, 2016).

⑤ Make in India, Railways, http://www.makeinindia.com/sector/railways (last visited Apr. 16, 2016); See also, The Economic Times, Indian Railways, Army among world's biggest employers: Study (28 June 2015), http://articles.economictimes.indiatimes.com/2015-06-28news63907486_1_indian-railways-biggest-employers-asda (last visited Apr. 16, 2016).

中一些主要举措包括：专用货运走廊项目、高铁、新一代电子票务(NGeT)、煤炭运输项目和其他计划(如改善铁路连接的汽车货运列车运营商计划)。除此之外，印度政府热衷于建设世界级火车站和增加土地的商业利用。[①]

(一)机构框架

铁道部(MoR)是负责印度铁路系统的政府机构。铁道部在以下机构的支持下履行其职能：印度铁路公司(国有企业)、印度专用货运走廊公司(DFCCI)、印度集装箱公司(CCI)、Vikas Nigam 铁路有限公司(RVNL)、印度 Railtech 有限公司(RCI)、印度铁路技术经济服务有限公司(RITES)、铁路土地开发局(RLDA)和孟买 Vikas 铁路有限公司(MRVC)。所有这些机构都是政府机构或公私合营企业，并且具有与印度铁路管理有关的专门职能。

(二)监管框架

铁路基础设施及其行政管理受到 1989 年《铁路法》规制。铁路基础设施中的公私合营是多种多样的，其监管框架通常包括：获取与项目建设(包括环境许可)有关的证书、许可和同意书，确认 PPP 的土地权，通过债权人协议和债权人间协议处理贷款结构的融资文件。如果 PPP 项目是通过特殊目的公司开展的，那么还必须满足附带的《公司法》条件，如股东协议和股权认购等。[②] 政府和私营实体之间的特许协议同样重要，这项协议将澄清资产所有权、项目期限和项目结束时向政府转移的方式。

(三)外商直接投资政策

以下活动允许通过自动渠道引入 100% 的外商直接投资：郊区走廊项目的公私合营，通过 PPP 实现郊区走廊项目建设、运营和维护；高速列车项目、专用货运线，包括列车组和火车头、车厢制造和维护设施在内的铁道车辆；铁路电气化、信号系统、货运站、客运站，涉及铁路的工业园区基础设施(包括电气化铁路线和与主要铁路线的连接)；大宗货物运输系统。[③]

值得注意的是，私营部门也可以在上述活动以外的领域进行投资。在敏感

---

① Make in India, Railways, http://www.makeinindia.com/sector/railways (last visited Apr. 16, 2016); See also, The Economic Times, Indian Railways, Army among world's biggest employers: Study (28 June 2015), http://articles.economictimes.indiatimes.com/2015-06-28news63907486_1_indian-railways-biggest-employers-asda (last visited Apr. 16, 2016).

② Ran Chakrobatri, Mondaq. PPP in the Rail Sector-Challenges for Modernizing India's Rail Network, (1 May 2015), http://www.mondaq.com/india/x/394284/cycling+rail+road/PPP+In+The+Rail+Sector (last visited Apr. 16, 2016).

③ Make in India, Aviation, http://www.makeinindia.com/sector/aviation (last visited Apr. 16, 2016).

领域涉外直接投资超过49%的提案将由内阁安全委员会（CCS）审查，并将根据具体情况作出考虑。[①]

（四）常见的PPP模型

铁路基础设施中使用三种主要类型的PPP模型，包括合资企业模型（JV模型），BOT模型和BOT年金模型。[②]

合资企业模式能够促进感兴趣的投资者对铁路项目的投入或融资。根据铁道部（MoR）发布的2012年参与政策，合资企业的成立需符合支出部（DoE）发布的指导方针。[③] 然而，对于铁路基础设施中的合资企业，允许与支出部发布的标准有两项偏差。其一，私人股权合作伙伴的选择将通过表达合作兴趣的方式实现，需要满足预先设定的技术性资质要求，如净值、股权参与的最低阈值等参数。其二，铁道部可以通过提名的方式将项目分配给合资企业。

项目不能确定值得托付的对象时，则经常使用BOT模型。在这种模式下，特许权将通过竞标投标的方式授予。获得特许的公司将在25年的特许经营期内设计、建造、融资、建设和维护项目，并根据实际交通情况与投标时确定的临界交通量进行相应调整。在这种模式中，特许公司和铁道部分担需求风险。

有时，当私人投资者无法通过用户费用维持收益时，也会使用BOT年金模型。这时，施工风险由获得特许的公司承担，其他风险（如交通风险、所有直接和间接的政治风险）都由有关当局承担。印度铁路公司负责项目的制定、调研、规模规划等。

值得注意的是，铁道部自2012年起还推出了私人线路模式计划。[④] 该计划超越了传统的PPP架构，更专注于私有化。它邀请私人参与发展铁路，将铁路网连接到此类铁路设施和集群。通过这种模式，特许公司获得土地并进行投资。这些项目线被宣布为“非政府铁路”，主要侧重于运输货物，但也没有限制乘客的运输。此种模式需完全遵守1989年《铁路法》。

---

① Make in India, Aviation, http://www.makeinindia.com/sector/aviation (last visited Apr. 16, 2016).

② Indian Railways, Participative Models for Rail Connectivity and Capacity Augmentation (2012), http://www.indianrailways.gov.in/railwayboard/uploads/directorate/infra/downloads/participative_101212.PDF (last visited Apr. 16, 2016).

③ Department of Expenditure, Government of India, Doc. No. OM No: 24/PF. II/2009.

④ Ministry of Finance. Public Private Partnerships in Railways, http://www.pppinindia.com/sector-railways.php (last visited Apr. 16, 2016).

八、电力

印度是世界上第三大电力生产国和第四大消费国。[①] 意识到电力和能源市场的潜力，私人参与者越来越多地参与到该部门中。私人企业在发电能力中所占的份额已经从2006—2007年的13%增加到2015年1月的33%。今后，私人企业可能占电力和能源供给的很大一部分，而公私合营是企业参与的首选途径。

（一）机构框架

电力部(MoP)是主要负责国内电力能源发展的机构。电力部的职权涉及规划、政策制定、项目验收、培训和颁布电力部门相关立法。[②] 中央电力监管局(CERA)是根据2003年《电力法》组建的法定机构，它负责实现电价合理化，制定透明的补贴政策，提高效率和规范发电公司税率。[③]

（二）法律和监管框架

电力被列入印度《宪法》的并行清单。[④] 因此，中央和邦政府都对其拥有管辖权。2003年《电力法》是唯一的国家立法，授权电力部监管电力，并就私人参与发电、输电、配电和供应环节颁发许可。

想要申请设立发电站的私人公司必须具备电力购买协议(PPA)、邦支持协议(SSA)、土地租赁协议(LLA)、燃料运输协议(FTA)和燃料供应协议(FSA)。电力购买协议规定了邦电力委员会和发电公司之间的权利和义务。邦支持协议协调了邦电力委员会和邦政府与发电公司的关系。土地租赁协议设定了项目地点土地的相关条款和条件。燃料运输协议涵盖了供应的燃料从供应点到项目现场的运输条款。

印度政府在具体政策制定中充分考虑到私人实体的利益。2006年《国家关税政策》力求保障从事发电、输电和配电的公司的投资有足够的回报。最近，“超巨型电力项目计划”(UMPP)已经启动。基于竞争性投标，该计划有助于更方便

---

① The Hindu Business Line, India is the Fourth Largest Consumer of Electricity in the World: Report (19 March 2013); See also, United States Energy Information Administration. India Key Energy Statistics, https://www.eia.govbetainternational/country.cfm? iso=IND (last visited Apr. 16, 2016); See further, Government of India. Public Private Partnerships in Power, http://www.pppinindia.com/sector-power.php (last visited Apr. 16, 2016).

② Government of India. Public Private Partnerships in Power, http://www.pppinindia.com/sector-power.php (last visited Apr. 16, 2016).

③ Ibid.

④ Electricity Falls under the Concurrent List under Entry 38, List III of the Seventh Schedule Read with Art 246(2) of the Constitution of India.

地获得和清空土地,从而提高投资者的信心。电力部还推出了"重组加速电力发展和改造计划",以实现输配电网的升级。

新能源和可再生能源部(MNRE)是制定有关新能源和可再生能源政策的政府部门。[①] 目前,风能是印度最大的可再生能源。不过,新能源和可再生能源部希望通过"Jawaharlal Nehru 国家太阳能计划"(JNNSM)在 2022 年之前生产 10 万兆瓦的电力。[②] 新能源和可再生能源部门的某些环节也是有利可图的投资选择。印度政府曾声称,"(印度)为太阳能光伏产业提供无限的增长潜力"。[③] 小型水电、生物能源(包括生物质和蔗渣热电联产)和其他类似领域也有投资机会。2003 年《电力法》也规制可再生能源领域。

(三)常见的 PPP 模型

中央政府就发展私人企业参与项目的模式推出了设计—建设—融资—运营—转让(DBFOT)框架。[④] DBFOT 是 BOT 年金模式的一种变体,对私人企业合作伙伴有更大的保护。在这种模式下,特许公司承担项目融资的风险,直到合同期结束,并从公共主体收取年度付款,而不必担心市场需求。[⑤] 私营部门还可与中央政府和邦政府的供电部门组成合资企业。此外,印度的许多邦都采用了分销特许经营路线。[⑥]

---

① Government of India. Public Private Partnerships in Power, http://www.pppinindia.com/sector-power.php (last visited Apr. 16, 2016).

② Make in India, Renewable Energy, http://www.makeinindia.com/sector/renewable-energy (last visited Apr. 16, 2016).

③ Ibid.

④ Government of India. Public Private Partnerships in Power, http://www.pppinindia.com/sector-power.php (last visited Apr. 16, 2016).

⑤ 这也可能意味着传统 BOT 年金模型对保护私人企业实体方面更具深度。合同提供的保护类型取决于具体情况。参见 Yong Hee Kong. Different models of PPPs, https://www.ppiaf.org/sites/ppiaf.org/files/documents/toolkits/Cross-Border-Infrastructure-Toolkit/Cross-Border%20Compilation%20ver%2029%20Jan%2007/Session%204%20-%20Private%20Sector%20Participation/Private%20Sector_02%20Diferent%20Models%20of%20PPP%20-%2029%20Jan%2007.pdf (last visited Apr. 16, 2016).

⑥ Government of India. Public Private Partnerships in Power, http://www.pppinindia.com/sector-power.php (last visited March 16, 2016).

第六章　劳工管理及待遇的法律

一、引言

在过去的60年中，印度政府颁布了大量立法以保护劳动者的利益。这些立法涉及劳动和就业相关的广泛领域，如工资的确定和增减、工人的健康与安全、裁员时的工资与补偿、工伤意外、社会保障（例如公积金、养老金、保险）等。

有一些批评指出，印度的劳动法非常僵硬，不利于鼓励投资。劳动是中央政府和邦政府有并行管辖权的一个领域，在这个领域已经有数个中央和邦立法。例如，关于工作条件和劳资关系的法律有19部，关于社会保障和劳工福利的法律有14部。此外，劳动立法一般旨在保护劳动者的权利。例如，《工业争端法》要求雇佣100名以上工人的工业企业在停工、裁员和关闭时需要事先获得政府批准。即使在有充分理由关闭车间或工人生产率严重不足的情况下，这个条款依然适用。类似的，《工会法》甚至允许外部人员成为工会办公室工作人员，工人可以在没有激烈矛盾的情况下举行罢工和停工。

劳动立法试图控制印度工人的工作时长。例如，《工厂法》和《矿业法》将最长工作时间定为每周48小时。虽然立法确实规定了加班工资，但是对于兼职工作似乎没有一个适当的立法框架。印度法律规定了最低工资，其数额根据生活水平和消费确定。

二、法律框架

劳工制度是印度《宪法》附件7并行清单中的一项。因此，中央和邦政府都有权制定有关劳动管理的法律。但某些事项的管辖权由中央保留。如果邦立法机构对并行清单中涉及事项制定的法律与中央制定的法律不一致，邦法律无效。[①] 但如果特定邦法律已提交总统并得到批准，那么此法律将在相应邦内生效。[②]

---

① Article 254(1), Constitution of India.

② Ibid., Article 254(2).

印度的《劳动立法》和《宪法》如表6-1。

表6-1 印度劳动制度的管辖权分配

联邦清单
项目55:对矿山和油田的劳动和安全的管制。 项目61:涉及工会雇员的工业争端。 项目94:以清单中任何事项为目的的询问、调查和统计。
并行清单
项目22:工会、工业和劳动争议。 项目23:社会保障和就业、失业社会保险。 项目24:劳动福利,包括工作条件、公积金、雇主责任、工人赔偿、病残养老金和养老金、生育津贴。 项目36:工厂。 项目37:锅炉。 项目45:以联邦清单和并行清单所列任何事项为目的的查询和统计。

根据《宪法》第四部分,国家的立法和执行机关致力于确保:男女同工同酬[①];工人的健康和技能[②];失业时的工作权、受教育权和获得公共援助权[③];公正、人道的工作条件和产假[④];维持生活的工资[⑤];工人对管理行业的参与[⑥]。

此外,《宪法》第三部分所列举的基本权利规定了法律面前人人平等和法律的平等保护[⑦]、公共就业事项中的机会均等[⑧]、结社权[⑨]等。

三、工业

以下是相关的关键立法:

1947年《工业争端法》;

1946年《工业就业(常规命令)法》;

1996年《建筑和其他建造工人(就业和服务条件管理)法》;

1983年《危险机器(管制)法》;

---

① Article 39(d), Constitution of India.

② Ibid., Article 39(e).

③ Ibid., Article 41.

④ Ibid., Article 42.

⑤ Ibid., Article 43.

⑥ Ibid., Article 43A.

⑦ Ibid., Article 14.

⑧ Ibid., Article 16.

⑨ Ibid., Article 19.

1963 年《人身伤害(赔偿保险)法》;

1948 年《邦员工保险法》;

1991 年《公共责任保险法》;

1923 年《员工赔偿法》;

1976 年《同酬法》;

1948 年《最低工资法》;

1936 年《工资支付法》;

1952 年《员工公积金及杂项条款法》;

1948 年《工厂法》;

1952 年《矿井法》;

1926 年《工会法》。

(一)1947 年《工业争端法》

1. 适用和范围

1947 年《工业争端法》是印度著名的劳动立法之一。1947 年《工业争端法》第 2(j)条中定义了“工业”一词。在 Bangalore Water Supply and Sewage Board v. A Rajappa 案[①]中,印度最高法院的宪法法官考虑了工业的范畴,并规定了以下检验方式:存在系统性的活动,雇主和员工之间具有合作组织,为满足人类需求而生产或分销货物和服务,即可初步认定这个企业存在“工业”。这被称为三重检验。在这一标准下以下几点也很重要:工业不包括精神或宗教服务及神职服务,仅包括物质服务和物品;缺乏利润动机或收益目标是不相关的;真正的重点是功能性,关键的检验标准是活动的性质,特别强调雇主与员工的关系;如果机构是贸易或商业企业,它不会因从事慈善事业而改变机构性质。

《工业争端法》规定了对工业争端的调查和解决。一个工业争端由以下元素构成[②]。

争议当事人包括:雇主和雇主,雇主和工人,工人和工人;

争议的焦点有关:就业或非就业,雇佣条款或任何人的劳动条件;

争议可能与任何工人群体或个人或任何其他团体感兴趣的人有关。

2. 停工

停工是指临时关闭就业场所或暂停工作,或雇主拒绝继续聘用他雇用的任

① AIR 1978 SC 548.

② Section 2(k), Industrial Disputes Act, 1947.

何数量的员工。[1] 正如罢工是员工手中的武器,迫使管理层接受他们的要求,同样,停工是管理层手中的一种武器,以强迫劳动者接受他们对工作条件的相关要求。

3. 解雇

它是指雇主因能源或原材料短缺、库存积累、机械故障、自然灾害或任何其他有关的原因而无法、拒绝或者没能力雇佣工人。[2]

1976年《工业争端法》引入了一个特别章节(第五-B章),规定雇用超过300名工人的工业企业在进行裁员和关闭时,必须事先得到政府的批准。在1982年,此限额被降低到100人。第五-B章可以理解为在劳动力市场中创造刚性。这项规定意味着,雇用超过100名工人的企业如果需要裁掉一些工人,必须获得政府的许可。换句话说,第五-B章可能对在印度投资的外国实体产生影响。这与其他劳动密集型国家形成对比,后者有更强的出口导向,并从获得更多外商投资和创造以出口为基础的高质量就业方面受益。[3]

4. 罢工

印度劳动者的主要抗争手段之一是"罢工"。它是指由任何行业雇佣的任何人员群体,基于一致行动、共谋的拒绝或有默契的共同拒绝,停止从事的工作或不再接受雇佣。[4] 只是停止工作不属于罢工的范围,除非能够证明这种停工是表达工业诉求的协同行动。[5]

《工业争端法》第22—24条作出禁止和规范罢工的规定,前提是罢工成为工业及其运作的阻碍。根据规定,任何受雇于公用事业服务公司的人员,不得在以下情况下违约罢工:未在罢工前6个星期内向雇主发出罢工通知书;在发出该通知后14天内发动罢工;在该项通知所指明的罢工日期前罢工;在调解官员介入的任何调解程序未决期间及该程序完结后的7天内罢工。[6]

5. 赔偿

对工人的赔偿是在印度的投资者可能感兴趣的领域。每名持续工作不少于一年的工人,在企业管理所有权从原雇主转移到新的雇主时,有权获得通知及补偿。[7] 但是,下列情形下工人无权获得赔偿:工人的服务没有因这种转移而中

---

① Industrial Disputes Act, Section 2(l).

② Ibid., Section 2(kkk).

③ Report of Task Force, Planning Commission, 2001.

④ Section 2(q), Industrial Disputes Act, 1947.

⑤ Indian Iron and Steel Co. Ltd. v. Its Workmen, (1967) I LLJ 381 (Pat).

⑥ Section 22, Industrial Disputes Act, 1947.

⑦ Ibid., Section 25FF.

断;转移后的服务条款及条件,在任何情况下均不逊于此前所适用的服务条款及条件。但是,如果企业由于不受雇主控制的不可避免的情况而被关闭,则向工人支付的赔偿不得超过其3个月的平均工资。

(二)1946年《工业就业(常规命令)法》

1. 适用范围

常规命令的目的是向双方清楚说明工人提供劳动和雇主雇佣的基础条款与条件。常规命令有助于为属于同一类别的工人创造统一的就业条款和条件。

该法适用于每个工业企业[①]:位于印度联邦内,除了查谟-克什米尔邦;在过去12个月内任何一天雇佣100名及以上的工人。

通过提前2个月事先通知其意向,该法可适用于任何雇佣通知中指定工人数量的工业企业。该法规定,在本法可适用于工业企业之后6个月内,该企业雇主需提交5份常规命令草案,以将该工业企业纳入本法规制。[②] 本法附表中列明的每项事宜须在该草案中作出规定。[③]

2. 处罚

该法第13(1)条规定,如果雇主没有提交常规命令草案,或者不按照该法第10条要求修改其常规命令,可处最高5000卢比的罚款;如属于持续的违法行为,可另处持续期间每日最高200卢比的罚款。

(三)1996年《建筑和其他建造工人(就业和服务条件管理)法》

1. 适用范围

本法管理建筑工人和其他建造行业工人的就业和服务条件,目的在于保障其安全、健康和福利。本法适用于过去12个月中任何一天于任何建筑或其他建造工作中正在雇佣或曾经雇佣10名及以上工人的机构。[④] 于1923年通过的《工人赔偿法》的规定应尽可能适用于建筑工人。[⑤]

2. 雇主责任

雇主应负责对其机构内的任何建筑工作或其他建造工作进行持续和充分的监督,以确保其工人的安全,并采取一切必要步骤防止事故发生。[⑥]

---

① Section 1, The Industrial Employment (Standing Orders), 1946.

② Ibid., Section 3(1).

③ Ibid., at Section 3(2).

④ Section 1, Building and Other Construction Workers (Regulation of Employment and Conditions of Service) Act, 1996.

⑤ Ibid., Section 58.

⑥ Ibid., Section 44.

3. 赔偿

在部分承包商有责任支付赔偿但没有支付的情况下，或者在建筑工人死亡或伤残的情况下，雇主有义务根据1923年《工人赔偿法》的规定全额支付赔偿金或支付未付余额。工人可以从承包商处获得上述赔偿，方式包括从根据合同应付给承包商的任何金额中抵偿，或作为承包商应付的债务。[①]

4. 处罚

任何雇主违反适格政府根据本法所制定的规定，以及未能通报建筑或其他建造工程的开工，可处以3个月以下监禁或2000卢比以下罚款，或两者并罚。[②]违法主体是公司的，追究违法行为发生时该公司业务主管人和公司负责人的违法责任。[③]

（四）1983年《危险机器（管制）法》

1. 适用范围

该法规定了管理生产危险机器的行业产品的贸易、商业化及其生产、供应、分配和使用，以确保任何操作此类机器和从事相关工作的工人的劳动福利。

2. 制造商的责任

按照中央政府规定，危险机器的制造商应确保该机器及其每个部件遵守并符合印度标准局制定的标准。[④] 制造商须确保危险机械的详细情况以清晰明了、标记醒目、不可擦除的方式铭刻在每台危险机器上。[⑤] 此外，他们有责任为每台危险机器提供操作手册。[⑥]

3. 赔偿

根据该法第22节，在工作期间，如果操作工发生死亡、肢体伤残或其他身体伤害，雇主有责任在操作工死亡的情况下向其家属支付赔偿，或在其他情况下向操作工支付赔偿。如果操作工没有家庭，则应以书面形式向以操作工名义指定的一人或多人支付补偿，并通知财务主管。应支付的补偿金额应根据1923年《工人赔偿法》的规定来确定和支付。

---

① Section 45 (2), Building and Other Construction Workers (Regulation of Employment and Conditions of Service) Act, 1996.

② Ibid., Sections 47 and 48.

③ Ibid., Section 53.

④ Section 13, Dangerous Machines (Regulation) Act, 1983.

⑤ Ibid., Section 14.

⑥ Ibid., Section 15.

四、赔偿的特别立法

(一)1963年《人身伤害(赔偿保险)法》

1. 适用范围

本法规定雇主有责任向遭受人身伤害的工人支付赔偿，并为工人提供相应保险。本法适用于任何从事基本服务类工作的工人，包括工厂、矿井、主要港口、种植园、中央政府规定的行业。[①]

2. 雇主的责任

雇主必须向由其雇佣并因工作遭受人身伤害的工人支付赔偿。[②] 但是，如果该雇主已经购买保险并支付保费，他将免于承担责任。获得赔偿的权利仅限于根据本法应支付的补偿或损害赔偿的范围。[③]

3. 赔偿金额

根据本法应付的赔偿金额为[④]：

1923年《工人赔偿法》规定死亡和永久性全身残疾应支付的金额，以及临时伤残(无论是全身还是部分)应支付月度补偿的一半，即按照类似情况，减去1962年的《个人伤害(紧急规定)法》规定的一次性赔偿金额。

凡因受伤而造成永久性部分残疾：(1)如属规定的伤害类型，按永久完全伤残赔偿金的一定比例支付；(2)如属未规定的伤害类型，按主管医疗当局确定的赔偿金的一定比例支付；(3)如受伤超过一处，则按各伤害需支付之补偿的总额进行支付，但在任何情况下不得超过永久全身残疾需支付的补偿费用。

4. 处罚

该法第16条规定，如果雇主未投保或未能按要求缴纳保险金，则雇主必须足额缴付根据本法规定支付的赔偿金，上述金额可以用雇主的土地收入抵偿。

(二)1991年《公共责任保险法》

本法规定了公共责任保险，旨在为处理任何有害物质时受事故影响的个人提供及时救济。如意外事故造成任何个人(除工人以外)死亡或伤残，或造成任何财产损失，业主有责任针对死亡、伤残或财产损失给予相应的救助。[⑤] 此种救

---

① Section 3, The Personal Injuries (Compensation Insurance) Act, 1963.

② Ibid., Section 4.

③ Ibid., Section 5.

④ Ibid., Section 7.

⑤ Section 3, The Public Liability Insurance Act, 1991.

助请求权是对其他任何法律规定的有效赔偿请求权的补充。[①]

如果业主未购买保险或未遵守本法的任何指示，可被处以不低于1年6个月、最多6年的监禁，或不少于10万卢比的罚款，或两者并罚。[②]

（三）1923年《员工赔偿法》

本法是一项社会保障立法。本法规定，危险工作条件下的员工在工作期间遇到身体残疾和疾病时，雇主有法定责任免除其劳动义务。该法第3节规定，如果员工在工作期间因工作中的意外导致人身伤害，雇主有责任进行赔偿。然而，如果伤害没有造成员工持续超过三天的全身或部分伤害，或是不可直接归因于双方劳动关系的事故，则雇主不应承担赔偿负责。

五、报酬、工资和福利

（一）1976年《同酬法》

1. 适用范围

为了落实《宪法》第39(d)条规定的同工同酬，1976年《同酬法》规定了男女同工同酬，这是“同工同酬”原则[③]的一部分。该法规定成立了咨询委员会，以提高妇女的就业机会。该法第4条规定，无论是现金还是实物支付，雇主有义务向其工人支付与那些从事相同或类似性质工作的异性酬劳者相等的报酬。尽管该法被认为确保了男女同工同酬的形式平等，但在实践中影响有限。

2. 处罚

该法规定了对忽略或未维护员工名册或违反本法规定对男女工人歧视对待的行为的处罚。

（二）1948年《最低工资法》

1. 适用范围

该法通过在某些行业中提供最低工资来保护工人在竞争性市场中的福利。该法的目的是防止对工人的剥削，为此，它确定了雇主必须支付的最低工资。[④]

本法规定的最低工资应以现金支付。在习惯以实物支付全部或部分工资的

---

① Section 8, The Public Liability Insurance Act, 1991.

② Ibid., Section 14.

③ Dharwad District P. W. D. Literate Daily Wage Employees Association & Others v. State of Karnataka & Another, (1991) II LLJ 318(SC).

④ Edward Mills Co. Ltd., Beawar v. State of Ajmer, (1954) II LLJ 686.

地方,适格政府可通过官方公报授权以实物支付全部或部分最低工资。[①]

2. 最低工资的支付

除非获得授权且符合相应的条件,否则雇主须向每名员工支付该员工在工作期间的最低工资,不得有任何折扣。[②]

3. 处罚

本法还规定了处罚措施。任何雇主,向任何员工支付的工资低于规定的最低工资或其他法定金额,或违反根据本法所作出的任何规定或命令,可处以 6 个月以下的监禁或最高 500 卢比的罚款,或两者并罚。[③] 任何雇主违反本法或根据本法案制定的规则或命令,将被处以至高 500 卢比的罚款。[④]

(三)1996 年《建筑和其他建造工人(就业和服务条件管理)法》

1. 适用范围

该法适用于在过去 12 个月中任何一天在任何建筑工程或其他建设工程中雇佣或雇佣过 10 名及以上建筑工人的企业。其立法目的是为建筑工人提供福利。

2. 雇主的责任

雇主应负责对任何建筑物或其他建筑工程进行持续和充分的监督,以确保其工人的安全,并采取一切必要措施防止事故发生。[⑤] 如果承包商没有向其雇佣的建筑工人支付赔偿金或者支付短期款项,那么,如果建筑工人死亡或者丧失劳动能力,雇主应根据 1923 年《工人赔偿法》的规定赔偿全部金额或未付余额。支付金额可以向承包商追讨,方式包括从根据合同应付给承包商的任何金额中抵偿,或者作为承包商应付的债务。[⑥]

(四)养老金的投入

养老金计划旨在为没有固定收入来源的老年人提供稳定的财务保障,从而消除他们在年老时生活无着的风险。相关法规是 1952 年《员工公积金及杂项条款法》。

1. 适用范围

本法规定为工厂和其他机构的员工设立公积金、养老保险金和存款保险金。

---

① Section 11, Minimum Wages Act, 1948.

② Ibid., Section 12.

③ Ibid., Section 22.

④ Ibid., Section 22A.

⑤ Section 44, Building and Other Construction Workers(Regulation of Employment and Conditions ofService) Act, 1996.

⑥ Ibid., Section 45 (2).

该法适用于附表1所列行业中雇佣20名及以上员工的工厂，以及任何其他中央政府通知的雇佣20名及以上员工的机构。中央政府可将本法规定适用于任何人数少于20人的企业，但需至少提前两个月告知，并经官方公报通知。[①]

2. 退休金

该法第6A条规定了员工退休金计划，该计划涉及：养老抚恤金、退休抚恤金或永久全身残疾抚恤金；寡妇或鳏夫的抚恤金、子女抚恤金或孤儿抚恤金。对于作为抚恤金计划成员的每一个员工，都有义务向抚恤基金支付：雇主缴款的一部分，不超过基本工资的8.33%，退休金计划中指定的相关员工的物价津贴和留存津贴（如有的话），员工家庭抚恤金的净资产，以及中央政府指定的款项。

养老基金设立的同时，“家庭养老金计划”（以下简称停止计划）停止运作，停止计划的所有资产均归属并转让给养老基金，停止计划下的所有债务也由养老基金承担。停止计划的受益人有权从养老基金中提取不低于其在停止计划中所享有的福利。养老金计划中的规定应以前瞻性或追溯性方式生效。

六、工作时间、休息时间、假期等

（一）常规指令

常规指令[②]涉及的规定包括：工作日和工作时间、节假日、发工资日和工资数额的告知；轮班工作；出勤和迟到；申请离职和休假的条件和程序，以及批准离职和假期的机构。

（二）1948年《最低工资法》

1948年《最低工资法》强化了印度《宪法》第39条的适用，后者要求国家保障其男女公民享有平等的生存权和同工同酬的权利。该法规定，适格政府可以确定构成正常工作日的工作时长，其中包括一个或多个明确的休息时间；规定任何指明类别的员工在每七天内带薪休息一天；确保在休息日工作时获得不低于加班费的薪酬。[③]

（三）1996年《建筑和其他建造工人（就业和服务条件管理）法》

适格政府可以确定构成建筑工人正常工作日的工作时长，包括休息时间；以及规定任何建筑工人可在每七天内享受带薪休息一天。[④]

---

① Section 1, The Employees' Provident Funds and Miscellaneous Provisions Act, 1952.

② 参见6.3.2。

③ Section 13, The Minimum Wages Act, 1948.

④ Section 28, Building and Other Construction Workers' (Regulation of Employment and Conditions of Service) Act 1996.

(四)1948 年《工厂法》

本法规定,工厂不得要求或允许成年工人一周内在工厂工作超过 48 小时[①],也不得在每周的第一天工作,除非该工人在紧接该日之前或之后的 3 天之内已有或将有一整天的假期。[②] 此外,该法规定,任何成年工人每天不得在工厂工作超过 9 小时,[③]且连续工作时间不应超过 5 小时,每 5 小时休息间隔不应少于半小时。[④] 如工厂的所有人或管理人被证实违反该法,可处以最长 2 年的监禁或最高 10 万卢比的罚款,或两者并罚。[⑤] 本法所称的工厂包括以下场所:其中有 10 名及以上的工人正在工作,或在前 12 个月内的任何一天正在工作,且制造过程的任意环节是在能源的帮助下进行的或通常是如此进行的;其中有 20 名或以上的工人正在工作,或在前 12 个月内的任何一天正在工作,且制造过程的任意环节是手工进行的(不是在能源的帮助下)或通常是如此进行的,但不包括矿井。[⑥]

(五)1952 年《矿井法》

1952 年《矿井法》包含了一些对矿井工人的规定。本法规定,所有矿井工人在一个星期内休息一天[⑦],在矿场地面上工作的成年人不得在任何一周工作超过 48 小时或在任何一天工作超过 9 小时。[⑧] 员工加班时,如果员工在地下工作,工资应为普通工资的 2 倍;如果员工在地面上工作,工资应为普通工资的 1.5 倍。[⑨]

七、工会

1926 年《工会法》规定了与注册工会有关的法律。工会是以维持受雇佣劳动者生活为目的的持续性协会。[⑩] 工会的主要功能是集体谈判,[⑪]其设立目的在于规制工人和雇主、工人和工人、雇主和雇主之间的关系。[⑫]

---

① Section 51, The Factories Act, 1948.

② Ibid., Section 52.

③ Ibid., Section 54.

④ Ibid., Section 55.

⑤ Ibid., Section 92.

⑥ Ibid., Section 2(m).

⑦ Section 28, The Mines Act, 1952.

⑧ Ibid., Section 30.

⑨ Section 33, The Mines Act, 1952.

⑩ Sydney and Beatrice Webb, History of Trade Unions.

⑪ Bank of India Employees' Association v. Reserve Bank of India, (1983) 2 LLN 872(Bom).

⑫ Section 2(h), The Trade Unions Act, 1926.

工会可以是注册的、未注册的或被认可的。在 National Organization of Bank Workers' Federation of Trade Unions v. Union of India and others 案①中,法院判决,如果工会没有注册,那么它就不是《工会法》规定的工会。它不是一个法人,不能代表员工提出属于工业争端范畴的要求,也就无法提交有效的书面请愿书。受认可的工会需要有与雇主的协议或劳动法院的命令。本法还规定了撤销雇主认可的相关条款。

① (1993) II Lab. LJ 537(Bombay).

第七章　环境法

一、宪法框架

印度最高法院在大量判决中指出，印度《宪法》第 21 条规定，享有清洁的环境是人民的一项基本权利。[①] 此外，根据印度高等司法机关(印度最高法院和邦高等法院)的解释，各种环境法律法规的序言都包含了可持续发展原则和谁污染谁治理原则。同时，在将各种印度承担的国际义务引入国内法律的过程中，印度法院扮演着非常积极的角色。

二、1986 年《环境保护法》和 1994 年《环境影响评估报告》

《环境保护法》是一部总领性法律，提供了保护与改善环境的整体框架。该法和根据该法颁布的各类报告为保护印度的环境提供了关键性的法律框架。

与印度基于 1972 年《斯德哥尔摩宣言》承担的义务一致，该法规定了环境污染几个重要方面的规则，包括有害废弃物管理、沿海调节区和微生物相关事宜等。[②] 此外，该法还确立了中央政府确定指定区域污染物最大浓度权，以及企业保护环境和预防环境事故的各项步骤。[③]

对“环境污染”“有害物质”“占据者”的定义是该项立法极为重要的部分。该法第 3 条规定，中央政府有权管理工业地点，处理危险废料，采取保障措施以预防环境事故。中央政府还有权在存在环境污染隐患时进行突袭调查和样本测试。此种权力的适用与谁污染谁治理原则直接挂钩。

---

① Rural Litigation and Entitlement Kendra vs. State, AIR 1988 SC 2187; Subhash Kumar vs. State Of Bihar And Ors, 1991 AIR 420; Vellore Citizens' Welfare Forum v. Union of India, AIR 1996 SC 154.

② Akshay Shandilya. Constitutional Provisions and Legislative Policies for Environmental Protection in India, (August, 2014), http://lex-warrier. in-08/constitutional-provisions-and-india/ (last visited Apr. 11, 2016).

③ Veena Jha. Investment Liberalization and Environmental Protection: Conflicts and Compatibilities in the Case of India, (CBS, 1999), http://www. iatp. org/files/Investment_Liberalization_and_Environmental_Pr. htm (last visited Apr. 11, 2016).

1994 年《环境影响评估报告》(1997 年修正)规定,所有个人,包括外商直接投资的相关个人,在实施报告附件 1 所列项目时,需要获得中央政府环境和森林部(MoEF)的批准。附件 1 列举了一系列产业,包括矿业、火电项目、近海和陆上石油生产开发项目、核电项目、制革产业、制药相关项目等,其中一些领域将对外商直接投资带来影响。[①]

但是,总价低于 1250 万美元的项目不需要经中央政府批准,可以从邦政府获得批准。环境与森林部也建立了一些标准,并要求基于这些标准提供环境影响评估报告。这些标准包括:项目引起的噪音污染,空气与水污染程度的变化,对土壤的影响,对动物、植物和人类健康等其他生物指标的影响,以及其他社会经济变化等。该报告需要经过环境影响评估委员会评估,并可能就特定项目的影响进行专家咨询,方能得到批准。因此,如果国外投资者的项目属于上述范畴,则需要获取环境评估许可。

三、1981 年《空气污染防治法》

1981 年《空气污染防治法》旨在控制和降低空气污染程度,以达成 1972 年《斯德哥尔摩宣言》的印度方承诺。该法规定设立一个中央委员会,以承担各项职责,包括改善空气质量、预防污染、提高空气污染意识、为邦委员会提供技术指导等。[②] 同时设立邦委员会,主要负责管理和控制特定工业和制造产业的空气污染,并有权规定工厂污染的可接受程度。[③] 邦政府在与邦委员会协商的前提下,有权设立空气污染控制区域,以在工业尚未建成前控制污染扩散或限制工业已经造成的污染。[④] 此外,投资者必须注意,该法第 21 条规定在空气污染控制区域建立企业需要获得邦委员会许可,第 22 条涉及对超过污染限制企业的处理,企业违反以上两个条款可招致有期徒刑、罚金或两者并处。[⑤] 进一步就公司而言,公司的董事或直接负责人将依本法规定承担相应法律责任。[⑥]

四、1974 年《水污染防治法》

1974 年《水污染防治法》旨在确保水体污染得到控制和减轻。该法是一项

---

① Schedule I, Environment Impact Assessment, 1994.

② Section 16, Air (Prevention and Control of Pollution) Act, 1981.

③ Ibid., Section 17.

④ Ibid., Section 19.

⑤ Ibid., Section 37.

⑥ Ibid., Section 40.

重要立法,有助于帮助投资者了解和解决很多问题,包括监管和控制水污染的中央[①]和邦委员会[②]的建立。委员会拥有多项权力,例如邦委员会有权检测污水、规定排放标准、相互合作等。[③] 邦委员会也有权进入和检查特定工业场所和检测污染样本。[④] 污染企业的建立需要经委员会批准[⑤],且企业不可向任何河流和泉井倾倒污染物质。[⑥] 任何违法违规行为可依本法判处有期徒刑和罚金。[⑦]

五、1972 年《野生动物保护法》和 2002 年《生物多样性法》

印度《宪法》修正案颁布后,森林由《宪法》附录 2 下的邦权转为附录 3 下的邦和联邦共有权。1972 年《野生动物保护法》旨在使用一个双管齐下的办法保护森林和生物多样性:第一,保护濒危物种;第二,保护自然保护区和野生动物保护区。[⑧]

根据本法,印度设立了咨询委员会[⑨],并任命了相应的管理人员,以进一步落实本法。此外,政府有权将具有生态意义的区域划为国家公园[⑩]和野生动物保护区[⑪]。需要格外注意的是,在这些地区,对于栖息地的破坏是被禁止的。[⑫] 保护自然保护区和国家公园的重要性在最高法院的许多判决中得到体现,例如在 Sarsika Tiger Reserve 案[⑬]中,最高法院强调了保护这类土壤空间的重要性,并论述了此类区域预防露天开采等行为的重要性。与上述保护区的情况类似,2002 年《生物多样性法》规定,具有生态意义的区域可被确认为生物圈保护区。基于 1992 年《联合国生物多样性公约》中的印度方承诺,依本法设立的生态圈、自然保护区和野生动物保护区有着类似地位。因此,国外投资者在规划发展特定项目时,需要注意这些区域。

---

① Section 3, Water (Prevention and Control of Pollution) Act, 1976.

② Ibid., Section 4.

③ Ibid., Section 17.

④ Ibid., Section 20, 23.

⑤ Ibid., Section 25.

⑥ Ibid., Section 24.

⑦ Ibid., Section 43, 44.

⑧ Nikhilesh Barik, Industry v. Parks: With a special reference to the Wildlife (Protection) Act, 1972, (April, 2012), http://papers. ssrn. comsol3papers. cfm? abstract_id=2123245 (last visited Apr. 12, 2016).

⑨ Section 6, Wildlife (Protection) Act, 1972.

⑩ Ibid., Section 35.

⑪ Ibid., Section 26A.

⑫ Ibid., Section 29, 35(6).

⑬ Tarun Bharat Sangh, Alwar v Union of India, AIR 1992 SC 514.

六、国外投资者在实施环境政策中面临的挑战

印度政策制定者重视通过可持续发展与智能技术平衡环境保护与经济发展的需要。在印度,寻求环境许可以建立新企业的过程是漫长、烦琐且充满不确定性的。这是由于上述过程受到环保行动和司法越权的影响,变得过度迟延,对投资者也缺乏吸引力。[①]

政府部门与相关机构之间缺乏协作和透明度的情况进一步加剧了这一问题。据估计,2014 年能源领域的 285 个大型项目中,约有 44%的项目因缺少环境许可处于停滞状态。[②] 上述信息来源于印度一家信用评级机构 CRISIL 所做的研究。不过,截至 2014 年,环境许可获得程序已经被转移到在线平台。[③] 同时,有提案要求,将《环境影响评估报告》附件 1 列举的需要经过中央政府许可的项目的最低总价从 1250 万美元提升到 2500 万美元。此外,减少所有项目的公开听证要求也是《环境影响评估报告》的改动部分,这使外商在印度开展业务更为方便。最后,印度财务委员会建议对同类项目制定标准化参考,这也被证明是有利于加快项目许可过程并提高透明度的。

① Tarun Bharat Sangh, Alwar v Union of India, AIR 1992 SC 514.

② Investments to Get Push as Modi Govt Takes Green Clearances Online, First Post (June 6, 2014), http://www.firstpost.com/india/investments-to-get-push-as-modi-govt-takes-green-clearances-online-1558893.html (last visited Apr. 4, 2016).

③ Ibid.

第八章　解决投资争端的法律

一、引言

印度的诉讼极为漫长，仅在 2015 年就有超过 3000 万案件被积压。① 非诉纠纷解决机制（ADR）正迅速成为商业主体高效、快捷、友好的纠纷解决方式。仲裁、调解、斡旋和谈判对于企业解决纠纷极具优势，因为它们在本质上对抗性较弱，使当事人在纠纷解决之后更容易维持关系。②

二、印度法院系统

印度从英国普通法体系中继承了对抗制司法。向作为中立裁判者的法官指控罪行的一方当事人需承担举证责任，从而在争议双方展开法庭辩论前维持平衡。审判过程以言辞形式持续展开，并伴随着公开的对抗。当事人交叉询问证人，以动摇对方并发现另一方未提供的信息。

印度法院的管辖权类别如下。

管辖权：指法院或其他机构的法定权力所在的领土。

初审管辖权：法院有权对案件进行认定，并在一审判决中对案件进行裁决。

上诉管辖权：法院有权审理或审查已经由下级法院裁定和判决的案件。上诉管辖权通常归属于高等法院。在印度，高等法院和最高法院都有上诉管辖权，可以审理上诉案件。

金额管辖权：金额一词“与钱有关”。金额管辖权是指根据案件或诉讼的财产价值、标的额划分法院审理案件的权力。

属地管辖权：该管辖权运作的前提是明确界定了法院权力的地域限制。印度法院不能在其既定领地、区域外行使权力。

---

① Rehme Sehgal. Why the backlog of over 3 crore cases in Indian Courts will continue to grow, Scroll. in, (09th October, 2015), http://scroll. in/article/759809/why-the-backlog-of-over-3-crore-cases-in-indian-courts-will-continue-to-grow (last visited Apr. 12, 2016).

② Margaret Doyle. Why Use ADR? ASA Guide, (June 2012), http://asauk. org. uk/wp-content/uploads/2013/08/Why-use-ADR. pdf (last visited Apr. 12, 2016).

三、印度法院的分类(层级)及其角色

印度司法系统是英国法律制度的延伸。印度最高法院是最高层级的法院,也是一个"案卷存放法院"。[①] 在最高法院之下,还有高等法院和其他法庭。目前印度共有 24 个高等法院。

印度法院的架构大致如图 8-1 所示:

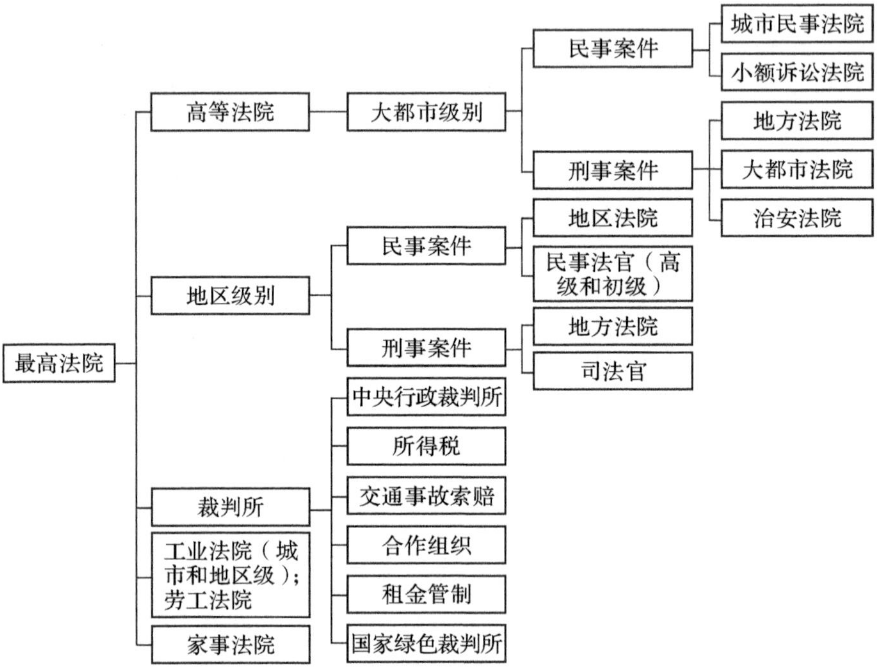

图 8-1 印度法院系统

(一)印度最高法院

最高法院是印度最高层级的法院,包括商业纠纷上诉在内的任何上诉最终都会来到最高法院。印度最高法院依《宪法》第 136 条规定享有特殊权力,可以审理针对任何法院、法庭通过或做出之任何裁判、命令、法令的上诉,不问何种情况或原因。

最高法院和高等法院享有共同管辖权,可就保护基本权利(印度《宪法》第 32 条司法审查)颁布指导意见、命令和令状。这些从性质上来说属于人身保护

---

① Article 129, The Constitution of India.

令、执行令、诉讼中止令、再审令和调查令。可在最高法院提交的上诉类型如下：

宪法事项上诉：印度《宪法》第 131 规定，如果高等法院审理案件涉及实质性法律问题，则当事人应就高等法院的任何判决、判令或最终命令，向最高法院提出上诉。

民事案件上诉：印度《宪法》规定，只有在高等法院根据第 134(A)条认证的情况下，才能就高等法院民事诉讼中的任何判决、判令或最终命令，向最高法院提出上诉。

刑事事项上诉：印度《宪法》第 134 条规定，可就高等法院刑事诉讼中的任何判决、最终命令或量刑，向最高法院提出上诉。高等法院的认证在此项上诉中可有可无。

印度最高法院也享有咨询管辖权。任何时候，当总统遇到已经产生或者有可能产生的事实或法律问题，或具有某种特性和公共价值并且适宜征询最高法院观点的问题时，他可以将问题提交最高法院以获得咨询意见。法院在进行其认为适当的听证后，可就该问题向总统发表咨询意见。[①]

(二)印度邦高等法院

各邦高等法院是邦最高司法机关[②]，享有民事、刑事、普通、特殊和特别管辖权。高等法院也享有宪法第 226 条(即为保护基本权利而颁布的令状)规定的特殊管辖权。每个高等法院都有监督下属法院的权力，其作为记录法院[③]对藐视其权威的下属法院有惩罚的权力。

(三)印度下级法院

地区一级和更低层级的各下级法院在全国各地几乎都是类似的结构。它们依各自的管辖权处理相对应的民事和刑事案件。在最基层，法院分为两大类——民事案件和刑事案件。自 1973 年《刑事诉讼法》(1974 年 2 号法令)颁布之后，地区法官在一个地区享有最高司法权。

(四)民事法院

民事法院解决涉及财产、合同违约和其他民事争议的纠纷。

(五)刑事法院

刑事法院的类别如下：

---

① Article 143, The Constitution of India.

② Ibid., Article. 214.

③ Ibid., Article. 215.

地方法院:这类法院由各地的邦政府设立,有权作出包括死刑在内的任何判决。

司法官法院:在每个地区(非大都市地区)应设立等量的一级司法官和二级司法官。

首席司法官和附加首席司法官:在每个地区(非大都市地区),高等法院应任命一名一级司法官担任首席司法官。首席司法官可判处除了死刑、终身监禁或七年以上监禁外的刑罚。

大都市治安官:大都市治安官法院是根据 1973 年《刑事诉讼法》第 16 条(1974 年 2 号法案)设立的。该法第 17 条和第 18 条规定了首席大都市治安官和附加首席大都市治安官等特殊大都市治安官的相关制度。人口超过 100 万的城镇可以被认定为大都市地区。

执行治安官:在各地区(包括大都市地区),邦政府均有权任命任意数量的执行治安官,并任命其中一人担任地区治安官。邦政府同时可任命这些执行治安官为特别执行治安官,以完成特定区域的工作或行使特定的职能。

(六)行政法庭

为了缓解全国各地各级法院案件积压问题,也为了构建专业审判机构,印度议会颁布了《1985 年行政裁判所条例》。中央行政裁判所(CAT)最初在德里、孟买、加尔各答和阿拉哈巴德设立,随后在其他城市陆续设立。中央行政裁判所的设立,旨在处理印度境内涉及公共服务人员招聘和工作环境、联邦事务相关岗位和其他地方当局问题的纠纷。

四、1996 年《印度仲裁和调解法》

1996 年《印度仲裁和调解法》(简称《仲裁和调解法》)旨在解决既往立法中的重点问题和不足,确立了使用替代纠纷解决机制快速解决纠纷的综合法律框架。[①] 该法以《联合国贸易法委员会国际商事仲裁示范法》为依据,既适用于国内外仲裁,也涉及调解相关规则。

该项立法的目的包括:实现法院在仲裁程序中监督功能角色的最小化;以法院保障判决执行的相同的方式确保仲裁裁决的执行。

该法由四个部分组成。第一部分规定仲裁地在印度的国内商事仲裁和国际商事仲裁;第二部分规定外国裁决的执行;第三部分规定调解;第四部分则为补

① Nitish Desai Associates. International Commercial Arbitration: Law and Recent Developments in India, http://www.nishithdesai.com/fileadmin/user_upload/pdfs/Research%20Papers/International_Commercial_Arbitration.pdf.

充条款。[①] 其中,该法第二部分对仲裁结果强制执行的规定参考了1959年《纽约公约》和《日内瓦公约》中涉外仲裁裁决执行部分的相关规定。该法较既往立法更为激进。[②]

针对涉外主体的仲裁,该法在第2(I)(f)条对国际商事仲裁作出定义。关于公司实体,问题不在于双方是否在印度设立,而在于对公司的管理控制权是否在国外。[③] 因此,位于印度的国际商事仲裁将受到第一部分的规制,而第二部分仅规定了2012年BALCO案判决之后,仲裁地不在印度的裁决的执行,我们将在后文中对此进行讨论。[④] 此外,在印度法律或者仲裁规则[⑤]之下,相关问题是否可以根据印度法律或仲裁规则提起仲裁已在最高法院指导案例Booze Allen Hamilton v. SBI Home Finance Ltd.案[⑥]中有所触及。该案中,最高法院主张相关问题如果符合以下条件则可通过仲裁解决:该纠纷能够通过仲裁解决;当事人一致认可该纠纷可通过仲裁解决;纠纷双方同意将争议提交仲裁。

此外,该法第45条规定了当事人提起仲裁解决争议的仅有限制。[⑦] 仲裁不适用的对象包括但不限于:婚姻纠纷[⑧]、社会福利和消费者保护问题[⑨]、刑事问题[⑩]、税收及其他公共政策问题[⑪]。

该法第一部分规定了仲裁地位于印度的国际仲裁的各种程序。同时,它也赋予法院系统一定程度的干预权,以协助仲裁程序。[⑫] 该法明确规定,如果某事项是仲裁协议的标的,法院可将其转到仲裁程序。[⑬] 此外,临时救济既可以由仲裁庭作出,也可以经一方申请由适格法院作出。[⑭] 根据该法第11条规定,最高法院在国际商事仲裁[⑮]中也有权在特定情况下委任仲裁员。

---

① Arbitration and Conciliation Act, 1996.

② Sundaram Finance v. NEPC Ltd, (1999) 2 SCC 479 at p. 484.

③ TDM Infrastructure v. UE Development India Pvt. Ltd. 2008 (2) ARBLR 439(SC).

④ Bharat Aluminium Co v. Kaiser Aluminium Technical Services, (2012) 9 SCC 552.

⑤ Vinay Reddy, V Nagaraj. Arbitrability: The Indian Perspective, 19(2) Journal of International Arbitration, 2002, at 121.

⑥ Booze Allen Hamilton v. SBI Home Finance Ltd, 2011 (5) SCC 532.

⑦ World Sports Group (Mauritius) Ltd. v. MSM Satellite Pvt. Ltd. 2014 (11) SCC 639.

⑧ Mukesh v. Harendra 1995 (2) Mh. L. J. 664.

⑨ Natraj Studios v. Navrang StudiosAIR 1981 SC 537.

⑩ Narsimha Raju v. Gurumurthy Raju AIR 1963 SC 107.

⑪ Shanti Prasad Jain v. Director of EnforcementAIR 1962 SC 1764.

⑫ Enercon (India) Ltd. & Ors. v. Enercon GmBH & Anr2014 (5) SCC 1.

⑬ Section 8, Arbitration and Conciliation Act, 1996.

⑭ Ibid., Section 17.

⑮ The term Supreme Court replaces the term "Chief Justice of India" vide the Arbitration and Conciliation (Amendment) Act, 2015.

在当事人之间就必要资格达成一致的情况下，仍然可以基于公正性或适格性对仲裁员的委任提出异议。其后，裁决可以由适格法院根据第 34 条撤销。根据该法第 16 条，仲裁庭有权就对其管辖权提出的异议作出裁判，这被称为 Kompetenz 原则。1996 年《仲裁与调解法》第 16(1)条确立了该原则，规定仲裁庭有权就自身管辖权作出裁判，包括对就仲裁协议真实性或有效性提出的异议进行裁定。Kompetenz 原则和分权原则的运作使仲裁庭能够在决定其自身管辖权的过程中承担主要责任。

《仲裁和调解法》第一部分还就仲裁庭在诉讼进行中的程序性权力作出规定，包括决定仲裁程序和地点的权力[①]，以及在双方当事人同意的前提下就仲裁事项促成和解的权力[②]。如前所述，可根据该法第 34 条规定对裁决提出异议。

该法第二部分规定了"某些"外国裁决的执行。前文也已提到，第一章涉及《纽约公约》规定的相关程序。该法第 44 条对"外国裁决"作出定义：外国裁决是指由"法律义务"产生的、商业性质的纠纷，由印度政府官方公报通告的、被认为是"交互执行国"的国家作出的裁决。[③]

在 R. M. Investment & Trading Co. v. Boeing Co. 案[④]中，法院规定"商业"一词应作广义理解和自由解释，以符合立法目的。裁决必须源于当事人之间就解决纠纷签订的有效仲裁协议。[⑤] 要执行外国裁决，当事人必须向有管辖权的相关法院申请执行，且相关法院不需要额外起草法令判定该裁决的可执行性。[⑥] 此外，该法明确规定为使裁决得到执行，当事人必须向可执行裁决的法院申请。[⑦] 申请执行无须提起诉讼，除非涉及该法第 48 条规定的不予执行的情形。第 48 条规定了一系列拒绝执行裁决的抗辩事由，包括权限不足、需要正当程序或损害公共利益等。[⑧]

应当注意的是，基于处理印度国内外商事仲裁的重要条款，法院对于外国裁决的管辖权范围远小于第一部分中处理国内裁决的权力范围。这里，自主权尤

---

① The term Supreme Court replaces the term "Chief Justice of India" vide the Arbitration and Conciliation (Amendment) Act, 2015. Section 20.

② Ibid., Section 30.

③ Ginny Jetley Rautray. Recognition and Enforcements of Foreign Arbitral Awards in India, http://www.rautray.com/article4.pdf (last visited Apr. 19, 2016).

④ R. M. Investment & Trading Co. v. Boeing Co (1999) 5 SCC 108.

⑤ Kardah Company v. Raymon & Co. (India), AIR 1962 SC 1810.

⑥ Fuerst Day Lawson Ltd. v. Jindal Export Ltd. (2001) 6 SCC 356.

⑦ Brace Transport Corporation of Monrovia, Bermuda v. Orient Middle East Lines Ltd., Saudi Arabia AIR 1994 SC 1715.

⑧ National Thermal Power Corporation v. Singer Co. (1992) 3 SCC 531 (537).

为重要，因为裁决已经由外国司法系统作出，印度法院仅能执行相同裁决。尽管上述规定明确了印度法律的地位，并与国际标准接轨，然而过去几年里法院的一些判决导致外国实体仍然面临阻碍，这集中体现在外国裁决执行的领域。

五、司法部门和外国裁决的执行

(一)外国主体所面临的阻碍

如上所述，1996 年《仲裁和调解法》的框架使印度的国际商事仲裁裁决在程序和执行方面具备了更大程度的确定性。但是，随着许多决定扩大了法院的司法干预权，特别是外国裁决执行干预权，在司法系统对于这些规定的解释方面，外国主体面临着各种执行障碍。过度管辖引起数不清的问题，并为外国裁决的执行带来不确定因素，其中两个最大的阻碍是：该法第一部分涉及的外国裁决执行，以及该法第 48 条下“公共政策”概念的范围改变。

该法第一部分与第二部分有明显差异，前者主要涉及印度国内仲裁的规范，而后者规制了印度以外仲裁庭作出之裁决的执行。这两部分之间有着巨大的差异。尤为需要指出的是，第二部分仅规定了当事人针对仲裁裁决执行提出异议的权力，而该法第一部分第 34 条赋予法院撤销仲裁裁决的权力。然而，在 Bhatia International v. Bulk Trading S. A 案[①]中，最高法院判决该法第 9 条适用于仲裁地不在印度的涉外仲裁裁决，从而将涉外仲裁裁决纳入该法第一部分的规制范畴。

Bhatia 案的判决因移除了属地管辖原则而备受批评，而该原则被认为对区分该法第一、二部分至关重要。同样饱受诟病的是，该法的立法目的是减少司法对仲裁的干预，而该判决与之背道而驰。[②] 继 Bhatia 案判决以来，大量的案例认定该法第一部分可应用于外国裁决。例如，就第 11 条仲裁员的委任而言，在 M/S Indtel Technical Services v. W. S. Atkins PLC 案[③]中，法院明确指出，即便是在涉外仲裁中，法院应允许当事人援引该法第一部分在 Bhatia 案判决后已是惯例，因此基于第 11 条提出的申请是站得住脚的。

此外，在两位法官联席审判的 Venture Global Engineering v. Satyam Computers 案[④]中，最高法院认为根据 Bhatia 案判决，外国裁决不可因基于第 34

---

① (2002) 4 SCC 105.

② Gary B. Born, Suzanne A. Spears. International Arbitration in India: A Truly Excellent Judgment! 1 Indian J. Arbitration L. 4 at 7.

③ M/S Indtel Technical Services v. W. S. Atkins PLC (2008) 10 SCC 308.

④ Venture Global Engineering v. Satyam Computers, (2008) 4 SCC 190.

条提出的公共政策异议而被撤销。不过，在 Yograj Infrastructure v. Ssang Yong Engineering and Construction Co. Ltd. 案[①]和 Videocon Industries Ltd. v. Union of India 案[②]中，法院认为由于双方当事人已明确排除第一部分的适用，印度法院无权批准临时救济措施申请。

2012 年 Bharat Aluminium Co. v. Kaiser Aluminium Technical Services Inc. 案[③]的判决(通称 BALCO 案判决)具有里程碑式的意义，在一定程度上澄清了上述问题。该案中，法院推翻了 Bhatia 案关于该法第一部分在涉外仲裁程序中适用的决定。最高法院的宪法合议庭认为，该法第 2(2)条“only”一词的排除并不意味着第一部分适用于涉外仲裁裁决，而是仅仅强化了第一部分的地域范围限制。最高法院进一步重申，只有仲裁地是印度的仲裁裁决可适用第一部分，且该法第一部分和第二部分是完全分离的。因此，可以明确地说，法院不能根据该法第 34 条规定撤销裁决，也不能根据第 9 条规定提供临时救济措施。不过，此变化仅适用于 2012 年 9 月 6 日上述判决作出之后的仲裁协议。

BALCO 案之后，2015 年 Reliance Industries Ltd. v. Union of India 案[④]进一步强化了这一立场。在后者的判决中，法院驳回了 BALCO 案判决作出之前的仲裁协议对于该法第一部分的适用。尽管 2015 年修正案在一定程度上改变了这一法律问题的立场，但是很明显，这些决定表明最高法院倾向于尊重和支持仲裁，有助于推动国际商事仲裁裁决在印度的执行。

(二)涉外仲裁裁决执行的公共政策例外

该法第 48(2)(b)条规定了涉外仲裁裁决执行的公共政策例外，该条也规定了《纽约公约》通过的仲裁裁决执行的规定。[⑤] 很显然，如果仲裁裁决的作出符合仲裁地的法律规定，那么即便该裁决与印度法律相违背，也不能成为不予执行的理由。但是，对于此规定所确定的“公共政策”的范围，存在争议。Renusagar Power Company v. General Electric 案[⑥]是最早就这一问题作出规定的案例之一。该案中，最高法院基于 1961 年《(执行和认可)涉外仲裁裁决法》第 7(1)(b)(2)条探讨了外国裁决中“公共政策”的范围，并确立了一定的标准。法院就外国裁决中“公共政策”这一概念作了限缩解释，指出在解释这一概念时应当对国际

① Yograj Infrastructure v. Ssang Yong Engineering and Construction Co. Ltd, (2011) 9 SCC 435.

② Videocon Industries Ltd. v. Union of India, (2011) 6 SCC 161.

③ Bharat Aluminium Co. v. Kaiser Aluminium Technical Services Inc., (2012) 9 SCC 552.

④ Reliance Industries Ltd. v. Union of India, (2015) 13 SCC 562.

⑤ Justice D. R. Dhanuka. Easy Enforcement of Arbitral Awards in India-A critical analysis, 2014, PL April 50.

⑥ Renusagar Power Company v. General Electric, AIR 1994 SC 860.

私法加以考虑。[①] 法院进一步规定了三类可撤销裁决的条件：符合印度法律的基本政策、印度国家利益和正义或道德。

一些司法判决因对“公共政策”的宽泛解释而饱受批评，因为它涉及法院对域外司法体系通过的裁决的审查。Shri Lal Mahal v. Progetto Gran SPA 案[②]中的三名法官作出的判决推翻了这种宽泛理解。在这个问题上，伦敦高等法院早已就仲裁裁决的合法性作出判决。最高法院认定印度法院对于外国裁决不享有上诉管辖权，并进一步提出该法第 48 条应作限缩解释，且外国仲裁裁决不可因违背印度法律而不能执行。因此，可以看出法院对于涉外仲裁裁决执行的态度经历了转变。[③]

此外，法院在先前的 ONGC v. Western Geco 案[④]判决中也澄清了“印度法律的基本政策”这一术语的定义，并制定了以下标准取代之前的立场：

> 仲裁庭应适用“司法途径”，在作出决定时适用司法思路，而不应恣意妄为。
>
> 仲裁庭应该按照三分法原则行事。这一原则规定，一项行动不能如此不正当或不合理，以至于没有理性人会作出同样的决定。
>
> 法庭应当根据道德和自然正义的原则行事。

六、2015 年《仲裁和调解法》(修正案)

2015 年《仲裁和调解法》(修正案)是基于印度法律委员会第 256 号报告通过的。一些主要修订包括：该法第 2(1)(f)条对“国际商事仲裁”一词的定义；删除第 2(1)(f)(iii)条中的“公司”一词；在确定某一实体是否被视为外国当事人时引入管理和控制标准。对外国裁决和外国实体产生影响的一些重大变化如下。

修正案对该法第 2(1)(f)条中“国际商事仲裁”的定义进行了修订。根据修正案的规定，第 2(1)(f)(iii)条中的“公司”一词已从规定管理和控制标准的子条款中删除，上述标准曾用于确定一个实体能否被认定为外国当事方。因此，正如 TDM 裁决[⑤]中所述，如果一家公司在印度注册成立，该公司的中央管理和控制

---

① Fali S. Nariman. Ten Steps to Salvage Arbitration in India: The First LCIA-India Arbitration Lecture, 27 Arbitration Intl., 2011, 2, 116, 115-127.

② Shri Lal Mahal v. Progetto Gran SPA (2014) 2 SCC 433.

③ Justice DB Dhanuka. Easy Enforcement of Foreign Awards in India-A Critical Analysis, 2014, Company L. J. 50, 2005.

④ ONGC v. Western Geco, (2014) 9 SCC 263.

⑤ TDM Infrastructure v. UE Development India Pvt. Ltd., 2008(2) ARBLR 439(SC).

与认定仲裁是否为国际商事仲裁无关。

根据BALCO案的裁决,修正案在该法第2(2)条新增了附带条件,以将该法第一部分的适用局限于第9条(临时救济措施)、第27条(法院协助调查取证),以及就相关命令提起的上诉。这意味着即使仲裁地在印度境外,印度法院也可以采取这些措施。

(一)将“电子方式”纳入构成仲裁协议的范畴

该法第7节规定了形成有效仲裁协议的标准,传统上包括书面协议,并通过信件、电传、电报和其他通信手段送达。修正案修改了最后一个条目,纳入电子通信手段,这意味着此种方法也可被用于达成有效仲裁协议。这符合最高法院在Trimex International FZE Ltd. v. Vedanta Aluminium Ltd.案中的判决,该判决认定电子通信方式将构成第7条所述的书面仲裁协议。

(二)本法第47条和第56条对于“法院”的定义

基于本法第二部分第47条和第56条的立法目的,修正案对“法院”的内涵作出重大改变。在解释其定义时,明确规定“法院”一词仅包含拥有初审管辖权的高等法院。这样做的目的是减少外国实体在地区法院执行裁决所面临的挑战,从而鼓励外国企业在印度开展业务。

(三)本法第48条和第56条中“公共利益”一词的修正

本法进一步阐明了第48条(规定了《纽约公约》通过的仲裁裁决的执行)和第56条(规定了《日内瓦公约》通过的仲裁裁决的执行)中“公共政策”一词的定义,从而与Shri Lal Mahal案的判决保持一致。第34条对“公共政策”的解释明确指出,只有当裁决受到欺诈、腐败或违反机密要求的影响时,才会与印度的“公共政策”发生冲突。此外,本法第34条规定,基于“明显违法”而撤销仲裁裁决,仅适用于国内仲裁,不适用于国际商事仲裁。

毫无疑问,这些改变使国外企业在印度境内进行仲裁更为方便,也使法律制度对国外投资和商业更加友好。该修正案同时强化了近期印度最高法院支持仲裁的立场,阐明了《仲裁法》中存在的一些争议。此外,对于很多重要的法院判决,尤其是与国际仲裁相关的一些重要问题,它还进行了条文化处理。

译者:冯煜清

东南大学法学院副教授

日　本

Mitsuo Matsushita
Tomoko Ishikawa
Masaki Yukawa
Tadashi Hanami

作者介绍

Mitsuo Matsushita 是东京大学的名誉教授，也是 Nagashima，Ohno & Tsunematsu 的律师。他于美国杜兰大学取得博士学位，于东京大学取得 D. Jur 学位。他曾在索菲亚大学、东京大学和成蹊大学担任教授。他曾是哈佛大学法学院、密歇根法学院、哥伦比亚大学法学院、澳大利亚莫纳什大学和比利时布鲁日欧洲学院的客座教授。他撰写了许多国际贸易、竞争和投资法方面的书籍和文章。社会职务方面，他在 1995—2000 年间担任 WTO 上诉机构的法官，并为其创始成员之一。目前，他是日本国际商业法研究院的主席，国际贸易投资公司的董事会成员，日本关税协会的顾问委员会成员。

Tomoko Ishikawa 是名古屋大学的副教授。她于东京大学取得第一个法学硕士学位，并于剑桥大学取得第二个法学硕士学位，随后获得了伦敦大学学院的国际公法博士学位。目前，她是《能源宪章条约》法律咨询委员会的成员。她曾担任东京地方法院法官和日本外务省官员。

Masaki Yukawa 是 Mori Hamada&Matsumoto 的合伙人，就金融机构的监管事宜和金融交易提供咨询。他取得了日本(Daini 东京律师协会)和美国加利福尼亚州律师资格。曾在日本银行(2003—2008)和日本金融服务局(2014—2015)任职。

Tadashi Hanami 是索菲亚大学的名誉教授，也是 Matsuo&Kosugi 的律师。他于东京大学取得 D. Jur 学位。他曾在索菲亚大学担任教授，也曾担任哈佛法学院、鲁汶天主教大学、佛罗里达大学法律中心和哥伦比亚大学法学院的客座教授。他撰写了许多劳动法和劳资关系等方面的书籍和文章。他曾担任多个社会职务，包括国际劳资关系协会主席和中央劳工关系委员会公共专员兼主席。

第一章　海关和贸易管理制度

一、日本贸易法概述

在日本，海关、贸易和贸易救济主要受四大法律调节：《外汇外贸法》[①]《海关关税法》[②]《海关法》[③]和《进出口贸易法》[④]。

《外汇外贸法》涵盖了外汇、资本交易和对外贸易。第二章讨论外汇和资本交易（投资）的问题，因此，这里讨论的重点是外贸法规。

日本是 WTO 成员国，有义务遵守 WTO 协定。因此，日本的国际贸易法应当符合 WTO 规范，遵守日本缔结的自由贸易协定。这适用于《外汇外贸法》和其他所有法律。

二、《外汇外贸法》

根据《外汇外贸法》第 1 条，这部法律的目的是保障外汇交易、资本交易和对外贸易的基本自由，对其仅仅施加最低程度的限制。这部法律旨在谋求对外贸易正常发展，维护日本和国际社会的和平与安全，从而为国际收支平衡、货币稳定和国民经济健康发展做出贡献。根据这一指导原则，《外汇外贸法》规定了出口和进口方面的管制。

（一）出口管制

《外汇外贸法》第 47 条和 48 条规定货物出口的限制应当仅仅是最低程度的限制，并且这种最低程度的限制应当限于公共利益的要求。经济产业省应当遵照本法目的进行出口管制。经济产业省有权决定特定货物种类的出口资格。一旦经济产业省做出审批决定，那么特定货物的出口须取得经济产业省批准，经济产业省有权不批准或者附条件批准。一旦类似的审批制度建立起来，未经批准的货物出口便构成违反《外汇外贸法》的行为，将受到刑法处罚。具体审批程序

---

① Gaikokukawase oyobi gaikoku boueki ho 1949(Law No. 228, as amended).

② Kanzei Teiritsu Ho 1910 (Law No. 54, as amended).

③ Kanzei Ho 1954(Law No. 61, as amended).

④ Yushutsunyu Torihiki Ho 1952(Law No. 299, as amended).

遵从《出口贸易管理令》(内阁令)和经济产业省部级法规相关规定。

1969年，东京地方法院做出了一项决定，宣布经济产业省在根据《外汇外贸法》行使出口审批权时必须遵守该法第1条。该法条规定只有在为了实现该法目的的必要情况下才能限制货物出口，且这种必要性应当根据该法第1条进行衡量。曾发生过相关案例，有日本出口商计划向中国出口电子产品，但在当时，未经批准向中国出口此类产品是被禁止的。出口商向经济产业省提交了申请，但遭到拒绝。于是，这名出口商针对经济产业省的审批结果提出了禁令申请，声称禁止此类货物出口构成对《宪法》第22条的侵犯，该法条规定要保障贸易自由。

法院认为，经济产业省必须证明禁止出口的必要性，并且这种必要性必须以《外汇外贸法》第1条中规定的法律目的为依据。然而在当时，第1条仅仅指出可在维护国际收支平衡和国家经济健康发展的必要情况下禁止出口，并未提及可因维护国家安全和国际和平而禁止出口。在这种情况下，法院表示在此案中，经济产业省行使出口审批权的行为属于越权行为，违反了《宪法》第22条的规定。1987年，国会(立法机关)通过了《外汇外贸法》修正案，在第1条中增添了可在维护国家安全或国际和平的情况下援引该法。①

如果经济产业省希望启用出口审批制度，那么应当明确货物种类及出口目的地。现在，出口审批制度和出口禁令可在以下情况启用：(1)禁止出口稀有材料(如钨)；(2)为避免与其他贸易国间的贸易摩擦而限制出口(有序市场)；(3)维持公共秩序；(4)维护国家安全和国际和平。其中，第三种情况涉及武器、毒品和淫秽物等货物的出口禁令，最后一种情况是为了遵守联合国等机构的出口禁止决议，如禁止向特定国家出口特定货物或禁止向交战国出口特定货物。出口审批制度也可以在为了维护国家安全的情况下使用，如管制向特定国家出口的战略敏感货物。

《关税与贸易总协定》(以下简称为《关贸总协定》)第11条规定禁止实行出口配额，除非发生了该协定第20条或附件规定的例外情形，这些例外情形可以不适用协定规定的禁止出口配额。因此，任何出口审批制度都应当以该协定相关条款为依据，协定中还规定了可以进行出口管制的例外情况。

(二)进口管制

《外汇外贸法》第52条和《进口贸易管制令》规定，经济产业省有权实行进口许可制度，一旦实施进口许可制度，进口商有义务在进口相关货物前取得进口许

---

① Peking-Shanghai Nihon Kogyo Tenrankai Case(1969) Tokyo District Court,(1989) 20 Gyosai Reishu(Administrative Cases Reporter) 842ff.

可。如果有需要，经济产业省可以在符合条件的情况下批准或拒绝进口，其必要性测试与出口管制大致相同。未经批准进口相关货物违反了《外汇外贸法》，应当受到刑事处罚。

实行进口审批制度的目的在于保护公共秩序、国家安全和本国产业(在涉及海产品、农产品的情况下，无论货物来源)。禁止货物种类包括海产品、麻醉品、铀矿、核武器相关零部件、武器，以及其他进口受到《濒危野生动植物种国际贸易公约》(《华盛顿公约》)和《关于持久性有机污染物的斯德哥尔摩公约》管制的货物。上述物品原则上禁止进口。

还有一些物品由于其原产地或装运地而受到审批制度管理。这项规定涉及特定进口货物有特定原产地或从特定装运地进口。受到这项规定管制的产品包括海产品、纺织品、劫掠的文化遗产、原木和木材、钻石及其他进口受到《华盛顿公约》《蒙特利尔议定书》《控制危险废物越境转移及其处置巴塞尔公约》(《巴塞尔公约》)和《禁止化学武器公约》管制的货物。

《外汇外贸法》第52条规定了紧急情况下的国内产业保障制度。这些保障制度由《关贸总协定》第19条，实施第19条的“保障协议”，以及一些自由贸易协定规定。《外汇外贸法》第52条规定的保障措施应当符合日本缔结的国际协议有关条款。因此，为了援引这条法律保护国内产业免受进口损害，经济产业省应当证实有如下情况：(1)发生了无法预见的情况导致关税减少；(2)进口增加；(3)国内产业遭到严重损害。根据《外汇外贸法》第52条，救济办法是限制进口货物量或实施关税配额。

目前为止，这一保障措施还从未实施过。日本的保障制度与其他主要贸易国不同，其有两种途径可以实施：(1)通过援引上述《外汇外贸法》第52条执行保障措施；(2)根据《海关关税法》的规定征收紧急关税，这一点将在后文详细阐述。但在今后，若国内产业向政府提请实施保障措施，财务省和经济产业省的双重执法可能会产生问题。

三、《海关关税法》

《海关关税法》是另一部管控国际贸易的重要立法。《外汇外贸法》规定了进出口两方面的事项，而《海关关税法》主要规定了通过征收关税来管制进口。

(一)《海关关税法》概要

《海关关税法》的内容规定了海关估价(第1—4条)、报复性关税(第6条)、反补贴税(第7条)、反倾销税(第8条)、紧急关税(保障措施)(第9条)和关税配额(第9条第2款)。上述内容也受到《关贸总协定》和自由贸易协定有关规定的约束,应符合这些国际协定的要求。

财务省是《海关关税法》的执法机关。

(二)海关估价

《海关关税法》第1—4条规定了进口商品的海关估价须以其交易价格为基础,但若在无法或不再适合依据其交易价格进行估价的情况下,该法列举了可供参考的估价因素。例如,当国内进口商和外国出口商是母公司和子公司的关系时,机械地依据它们的货物交易价格评估关税便不合适,由于存在上述特殊关系,货物的出口价(或进口价)可能会偏离正常的市场价。在这种情况下,海关部门可参考推定价格,即无关联第三方对相似产品的进口价。

(三)报复性关税

《海关关税法》第6条规定,若WTO成员的出口违反了WTO协定有关规定,那么本国可以依据WTO相关协定实施报复性措施,对其进口产品征收报复性关税。

(四)反补贴税

有关反补贴税的细则规定在《补贴与反补贴措施协定》(又称《SCM协定》,是WTO协定附件1A中的一部分)中。如果进口商品受益于出口国的补贴,且其进口对国内产业已造成实质性损害,那么可根据《海关关税法》第7条授权,对相关进口商品征收反补贴税。反补贴税所征税额不得超过产品接受出口国补贴的净额。

(五)反倾销税

有关反倾销税的细则规定在《反倾销协定》(即《关于实施1994年关税与贸易总协定第6条的协定》,是WTO协定附件1A的一部分)中。若进口商品的出口价低于其在出口国国内的价格(公平价格),本国国内产业已受到实质性损害并且倾销与损害之间存在因果关系,那么财务省可以根据《海关关税法》第8条授权对该进口商品征收反倾销税。反倾销税所征税额不得超过倾销差价。

(六)保障措施

《海关关税法》第9条规定了紧急关税作为保障措施。若由于未能预见的情况与关税减让,导致某种进口产品增加,国内产业受到严重损害或存在损害的威胁,那么财务省可征收紧急关税。所征税额不得超过该产品在日本国内的市场批发价减去进口产品普通关税的差额。

如上所述,紧急关税是一种保障措施。紧急关税由《外汇外贸法》规定,并由经济产业省按照上述规定实施。因此,如前所述,紧急关税是两类保障措施中的一种。当情况发生时，由财务省和经济产业省大臣协商决定适用哪一项法律。

（七）关税配额

关税配额规定在《海关关税法》第 9 条第 2 款中。实行关税配额后，若进口产品数量低于规定水平，则可低于正常税率进口；若产品数量高于这一水平，则应当缴纳更高的税额。

四、《海关法》

《海关法》规定了从日本进出口产品的具体程序，如通知书、商品检验和禁止进口申诉等。另外，《海关法》还规定了一些实质性事项，如出口禁令（违禁品）和原产地规则。

（一）出口禁令

《海关法》第 69 条第 2 款规定禁止出口毒品、淫秽物品、侵犯知识产权物品和构成不正当竞争物品等。海关当局有权没收上述种类物品。

（二）进口禁令

《海关法》第 69 条第 11 款列举了禁止进口的物品，如毒品、武器、爆炸物品、粉末状物品、禁止性化学武器、相关法律禁止进口的化学物品、特定病原体、货币及类似物品、违背公共秩序的出版物、淫秽物品、侵犯知识产权和违反不正当竞争法的物品。

在上述违禁物品中，平行进口受到知识产权（《海关法》第 69 条第 11 款第 9 项）保护的产品构成了一个特殊的问题。在商标领域，法院认为平行进口正版产品不构成对日本国内商标法的侵权，故此类进口是合法的。[①] 在著作权领域，《著作权法》第 26 条第 2 款规定，受日本著作权保护的物品一旦在他国售出，该物品的国际著作权一次用尽，即一旦在他国销售，该物品的著作权不仅在日本国内用尽了，也在这个销售国用尽。因此，这件物品可自由进口到日本。

在专利领域，情况比较复杂。日本最高法院认定[②]，当专利所有人向国外（产品销售发生时在该国也注册了专利）出售在日本注册了专利的产品时，如果专利所有人告知了第一位买方不能将该产品出口到日本，那么该产品是禁止进口的，专利所有人便得以防范该类产品平行进口到日本。否则推定专利所有人

---

① Decision of Osaka District Court, 27 February 1970, 2(1) Mutaishu (Intellectual Properties Reporter) 71 as endorsed by the Supreme Court (Decision of the Supreme Court), 27 February 2003, 57 (2) Minshu (Civil Cases Reporter) (2003) 125.

② Decision of the Supreme Court, 9 July 1997, 52(6) Minshu(1997) 2299.

允许买方将产品出口到日本(默示许可)。因此,专利产品的平行进口是否合法须逐案审查。

(三)原产地规则

原产地规则是一套用来判定进口产品原产地的规则。《海关法》第71条第1款和《海关法实施令》第4-2条、第4(1)段和4(2)段都对原产地规则有所提及,后者规定了进口产品的原产地应由以下规则来判定。如原产地应该是符合以下条件的国家或地区:(1)产品的生产或制造过程全部发生在这个国家或地区境内;(2)产品的生产或制造过程部分发生在这个国家或地区境内,虽然使用了符合条件(1)的产品作为原材料,但在该国的加工使新产品与原材料相比有了实质性改变。此外,财务省颁布了《海关法》实施办法,就有关在自由贸易协定中适用关税税率做出了规定,如果某产品的生产过程不止发生在一个国家,而是两个及以上的国家,最后一个使产品有实质性改变并因此具备新特征的生产国应被视作该产品的原产地。

如上所述,日本对原产地规则采取了实质性改变的标准:若产品的全部制造过程都在出口国完成,则出口国就是该产品的原产地;虽然产品的原材料或零部件是从第三国进口的,但在该国的加工使其发生了实质性改变,获得了新特征并具备了该类产品的特性,则出口国就是该产品的原产地。是否产生了实质性改变是由以下方面决定的:(1)该产品45%及以上的价值是在出口国产生的;(2)该产品所属的关税细目不同于其原材料。

举个例子,某辆在德国生产的汽车,既使用了德国生产者在德国生产的零部件,又使用了外国生产者在其他国家生产的零部件,若45%及以上的产品价值是在德国加工时产生的,那么这辆汽车应视作德国的产品。再举一例,一个美国医用布生产商从美国购买了布料,出口到越南加工为医用布,再出口到日本,那么这批医用布应视越南为原产地,因为布料和医用布分别属于不同的关税细则。只要布料是在越南加工的,那么该医用布就是越南的产品,应该由越南作为其原产地。

日本对产品来源证书采用第三人认证制度。因此,应当由政府或政府授权的机构颁发原产地证书。东京商会有权颁发原产地证书。

五、《进出口贸易法》

(一)出口协议

出口商如果提前通知了经济产业省,则有权就出口产品种类、价格、数量和出口渠道等条件达成协议。向经济产业省报备的出口协议享有《反垄断法》豁免权。任何出口协议不得违反国际条约或协议，不得对进口商和相关企业造成不利，不得歧视对待，不得过度限制竞争或退出竞争，不得对国内农渔企业、小企业和普通消费者的利益产生过度的消极影响。出口商也可以建立出口协会，出口协会可以根据上述协议制定出口规则。

出口协会在过去比较常见，人们借其规避与其他贸易国的贸易摩擦。然而，现在很少见到出口协会。

如果经济产业省认定某出口协议和出口协会无法实现法律预设的目的，例如影响了相关外部主体的活动，则经济产业省有权颁发出口令，强制所有出口商遵守协议或协会的有关条款。这样一来，这些出口协议或出口协会就不仅只是私人的协议或协会，而成了一种国家工具。

经报备的出口协议或协会享有《反垄断法》豁免权。

（二）进口协会

进口商有权成立进口协会，进口协会的活动是为了实现全体成员的共同利益，包括提高进口价格。例如，如果某产品的出口价格远高于现有的市场价格，那么日本进口商可以建立进口协会，与在出口市场占主导力量的外国出口商进行谈判。进口协会不得歧视协会成员，不得拒绝接纳新成员或禁止成员退出协会。

经《进出口贸易法》授权的进口协会有铁矿石使用商（钢铁工业）在铁矿石领域组织的采购联合会，以应对一些具有市场主导力的生产商，他们有能力任意地提高出口价格，此外还有一些其他进口协会的例子。从这个意义上说，进口协会可以视为是一种反补贴协会。

第二章　外商直接投资法律制度

一、《外汇外贸法》下外商直接投资概述

日本《外汇外贸法》第5章包括国内外商直接投资方面的法律规定，这些规定适用于各行各业。除《外汇外贸法》外，还有个别管理特定行业的法律也就国内外商直接投资做出了限制，这一点将在下文第五章详细阐述。

第二次世界大战后期，日本逐步放宽国内法在外商直接投资方面的限制，具体可以概述如下：

1949年颁布了《外汇和外贸管制法》，1950年颁布了《外商投资法》。除了少数几种投资例外，《外商投资法》禁止外资流入。1964年，日本加入了经济合作与发展组织（OECD）并通过了《资本流动自由化法典》，例外情况明显增加。[①] 此后，自1977年以来，国际收支快速增长，贸易摩擦频发，以此为背景，《外汇和外贸管制法》在1979年迎来了重大修订。1979年，《外汇和外贸管制法》颁布，该法经过修订的第5章，在内容上替代了《外商投资法》，《外商投资法》因此被废除。然而实际上，《外商投资法》中的有关规定直接并入了《外汇和外贸管制法》第5章，并未发生重大变化。[②] 直到1991年，外商直接投资的限制才经历了重大意义上的改革。

此后，由于日本对外直接投资和日本国内外商直接投资极不平衡，以此为背景，日本和美国于1989年到1990年期间举行了"结构性障碍倡议"谈判。这些谈判产生了美日结构性障碍倡议工作组的最终报告，日本政府宣布将着手研究对《外汇和外贸管制法》进行改革。

经过修订，新的《外汇和外贸管制法》于1991年12月颁布，1992年1月1日起生效。主要的修订包括：在外商直接投资和技术引进合同等的缔结上，事后报告原则取代了事前通知原则和审查原则（如第3部分所述）；违反上述报告义

---

① Misao Tatsuta. Restrictions on Foreign Investment: Developments in Japanese Law, Journal of Comparative Corporate Law and Securities Regulation, 1981(3): 357.

② Gaikokukawase Boueki Kenkyu Group, Chikujoukaisetsu Kaisei Gaitamehou, 1998, (Chikujoukaisetsu) 449.

务的，处以 6 个月以下的徒刑或者不超过 20 万日元的罚款。

1998 年，《外汇和外贸管制法》再次经历了重大修改，其中包括更名为《外汇外贸法》，即删除了“管制”一词。这意味着，1998 年进行的改革集中在有关“外汇”的法律框架上，对第 5 章内容仅仅进行了微小的改动，原因是第 5 章的内容早已在 1991 年的改革中进行了自由化。

《外汇外贸法》明确区分了外商直接投资（在第 5 章中规定[①]）和资本交易（在第 4 章中规定）。这种区分是基于这样一种认识，即资本交易是资金的跨境转让，并不涉及货物或服务，然而，外商直接投资涉及国外投资者和日本企业间长期的经济关系。因此，《外汇外贸法》应着重于控制公司及其经营目的的变更等事宜。[②]

《外汇外贸法》第 5 章的附加文件包括：1980 年 10 月 11 日第 261 号内阁令；《对内直接投资令》（1980 年 11 月 20 日第 1 号首相办公室、财务省、文部科学省、厚生劳动省、农林水产省、经济产业省、交通省、邮电省、劳动省和复兴省法令）（简称省令）等。内阁令和省令补充了《外汇外贸法》第 5 章的内容，并为其实施提供了规则。

二、《外汇外贸法》下外商直接投资定义

（一）国外投资者

《外汇外贸法》第 26 条第 1 款将“国外投资者”定义为任何进行“对内直接投资”的人；第 26 条第 2 款进行了详细规定，“国外投资者”可以是以下任何一种：

1. 非居民个人。

2. 依据外国法律法规设立的法人及其他团体，或在外国有主要营业地的法人及其他团体。

3. 在公司中由第 1 项或第 2 项所列举人员直接拥有的表决权与通过其他公司间接拥有的内阁令所规定的表决权，占该公司股份持有人表决权[③]的 50% 以上者；由 1 和 2 所列个人和团体直接持有的公司表决权，以及内阁令规定的通过

---

① 除外商直接投资外，《外汇外贸法》第 5 章具体涉及以下问题：同意对公司的业务宗旨作重大修改；设立分公司；日本境内或日本境内分公司的种类或业务目的的重大变化；超过一定数额的非金融机构向在日本设有办事处的法人贷款，期限超过一年；公司发行的某些债券的收购期限超过一年；缔结、延长或改变提供技术引进合同的行为等。本部分重点讨论外商直接投资。

② Zenbei Mizoguchi(ed). Gaitamehou no Jitsumu, 1992: 234.

③ 第 26 条第 3 款和第 4 款规定的表决权不包括“不允许对股东大会可能解决的所有事项行使表决权的股份的表决权”，但包括“根据《公司法》（2005 年第 86 号法案）第 879(3) 条规定的持有人拥有表决权的股份的表决权”。

其他公司间接拥有的表决权，占公司全体股东或成员投票权总数的50%及以上的投资人。

4. 在法人及其他团体中，第1项所列举者占其负责人员（指董事及其他与此相当的人员）或有代表权的负责人员中任何一方的过半数者。

第2项中所称“依据外国法律法规设立的法人及其他团体”包括该法人或团体在日本的分公司以及外国政府[①]。第2项中所称“在外国有主要营业地的法人及其他团体”，例如国际货币基金组织。关于在第3项规定的间接所有权，“内阁令所规定的表决权”是指“直接由进行资本投资的股份持有人或其他公司[仅限《外汇外贸法》第26条第1款第(1)和(2)项所列]持有且比重超过50%（内阁令第2条第1款）的该公司的表决权”。

（二）外商投资

《外汇外贸法》第26条第2款定义了该法所称的“对内直接投资”，系指符合下列任何一项的行为：

1. 取得公司的股份或持股（不包括通过其他国外投资者转让取得股份和上市公司的股份）；

2. 成为非居民人口之前，转让上市公司以外的公司的股份或持股；

3. 取得上市公司的股份，所取得的股份所占比例不低于10%；

4. 同意对公司商业目的进行实质性变更；

5. 在日本设立分支机构，或者对在日本的分支机构的种类或商业目的进行实质性变更；

6. 非金融机构给主要营业地在日本的法人提供贷款，该贷款数额超过内阁令规定的金额，且贷款期限超过一年的；

7. 内阁令规定的符合上述各项所列举的任何行为。

虽然只有当国外投资者取得上市公司的股票且不少于股份总额的10%时才符合外商直接投资的要求，但国外投资者取得非上市公司的股份，不论其持股数量如何，都将被视为对内外商直接投资。这是因为取得上市公司的股份通常是为了进行资产管理，而取得非上市公司的股份主要是为了对公司的管理施加影响。

因此，取得上市公司少于10%的股份不构成外商直接投资，而被视为《外汇外贸法》第4章第20条第5款所规定的“资本交易”。这个比例的计算不是以股份取得人所持股份总额为基础，而是以其与内阁令规定的与股份取得人存在永

---

① Chikujoukaisetsu (n9) 453.

久经济、亲属或其他特殊关系的非居民人口、公司或其他机构所持股份总额为基础。

三、《外汇外贸法》下的外商直接投资法律

如上所述，《外汇外贸法》下的外商直接投资的原则是事后报告制度。第 55 条第 5 款第 1 项规定，如果国外投资者“已经完成”对内直接投资，该投资者应当向财务大臣和具有管辖权的大臣(统称为“有关大臣”)报告投资的内容和时间。然而，上述规定并不适用于第 27 条第 1 款所规定的应当进行事先通知的投资，即对特定行业的外商直接投资仍有事先通知并受到有关大臣审查的义务。内阁令第 3 条第 2 款规定，有三类外商直接投资应当履行事先通知义务，其中最重要的是：

> i 外商直接投资与主管部门颁布的法令所规定的特定行业类型(a)或(b)相关……
>
> (a)该行业类型可能损害国家安全，扰乱公共秩序，影响公共安全；①
>
> (b)日本根据经合组织《资本流动自由化法典》第 2 条第 b 款的规定所保留的特定行业类型。②

省令第 3 条第 3 款对第 3 条第 2 款第 i 项规定的“由主管部门颁布的法令所规定的特定行业类型”被定义为“由财务大臣和具有管辖权的大臣规定的行业类型”。由内阁和其他部门于 2007 年 9 月颁布的第 1 号公告(2007 年公告 1 号)进一步补充了省令第 3 条第 3 款的规定。该公告明确了根据《外汇外贸法》第 27 条第 1 款规定的应当对相关外商直接投资履行事先通知义务的行业部门，将其作为《外汇外贸法》附件 1 和 2 收录。在附件 3 中，这个公告进一步明确了未被第 27 条第 1 款规定所覆盖的行业部门，即这些行业部门只需承担事后报告义务。公告称根据《外汇外贸法》第 27 条第 1 款，未出现在附件 3 中的行业部门应当接受审查。

2007 年第 1 号公告因未能明确《外汇外贸法》第 27 条第 1 款所规定的外商直接投资的判定标准或因素而受到批评，政府信誉也因此受损。③ 此外，附件 3

---

① 经合组织《资本流动自由化法典》第 3 条规定：“本守则的规定不应妨碍成员采取其认为必要的行动：(一) 维护公共秩序或保护公共卫生、道德和安全；(二) 保护其基本安全利益；(三) 履行其与国际和平与安全有关的义务。”

② 根据经合组织《资本流动自由化法典》，日本保留下列商业部门：与农业、林业和渔业有关的初级工业；采矿；石油；皮革和皮革制品制造业。其中，“采矿”现已排除在《外汇外贸法》第 27 条的范围之外，并且仅根据内阁和其他部门的第 1 号公告(1998 年 3 月)进行事后报告。

③ Keiko Sakurai. Gyouseihou Kouza 37：Gaishi Kisei 47(10)，Jichi Jitsumu Seminar，2008(12).

所采用的“正面清单”并不透明，原因是该清单不能穷尽全部的外商直接投资形式。正如下文第五章将阐述的，日本许多国际投资协议（IIAs）所采用的“负面清单”的形式确实能以更透明的方式明确受《外汇外贸法》第 27 条第 1 款管辖的外商直接投资，以及其他法律对外商直接投资的限制。

计划进行《外汇外贸法》第 27 条第 1 款规定的外商直接投资种类的投资者，自收到有关部门通知回证之日起 30 日内（《外汇外贸法》第 27 条第 2 款），不得进行该通知内容所涉及的对内外商直接投资。然而，如果有关部门发现实践中类似的外商直接投资不需要审查，那么，上述期限可以缩短。由此可见，这种所谓的“初步审查”机制反映了《外汇外贸法》事先通知和审查制度的合理性，根据《外汇外贸法》，外商直接投资原则上应该是允许的，只有在特殊情况下才受到限制。① 现实情况却相反，事先通知和审查制度实际上与“审批”制度无异，原因是如果未能通过有关部门的审查，是不能进行有关的外商直接投资的。②

如果有关部门认为有必要审查有关外商直接投资是否包含在《外汇外贸法》第 27 条第 3 款第 1 项至第 3 项所列举的类别中，那么“审查期”最长可延长至 4 个月。其中，被禁止的外商直接投资就是“可能导致以下任何一种情况：损害国家安全，扰乱公共秩序或者影响公共安全，或对日本经济正常管理造成重大不利影响”的。

如果有关部门认定提请审查的外商直接投资存在上述列举的情况，那么他们可以在取得海关外汇理事会的意见之后，建议提交人修改甚至暂停相关投资（《外汇外贸法》第 27 条第 5 款）。提交人应当在收到建议之日起 10 日内，通知有关部门是否接受该建议（《外汇外贸法》第 27 条第 7 款）。如果提交人不接受建议或者在规定期限内未能发出接受或不接受的通知，那么有关部门可以在规定时间内对相关投资进行修改或者要求中止（《外汇外贸法》第 27 条第 10 款）。

然而，无论是《外汇外贸法》，还是内阁令和省令，都未能明确有关部门可根据《外汇外贸法》第 27 条第 3 款第 1 项行使“建议权”（在存在可能损害国家安全，扰乱公共秩序，影响公共安全或者对日本经济正常管理造成重大不利影响的情况下）的情形。因此，提请审查的外商直接投资是否可能导致上述情况是通过参考先前案例来评估的。截至笔者撰写本文之日（2016 年底），只有一个外商直接投资的案例被有关部门通过援引《外汇外贸法》第 27 条第 5 款而建议中止。这个案例将在下一节展开详述。

---

① Keiko Sakurai. Gyouseihou Kouza 37：Gaishi Kisei 47(10)，Jichi Jitsumu Seminar，2008(12).

② Ibid.

四、《外汇外贸法》下的外商直接投资:J 电力公司案

在这个案例中,来自开曼群岛的投资者[①]儿童投资主基金(TCI)计划向 J 电力公司(一家根据日本法律成立的电力批发公司)进行投资。J 电力公司是日本政府根据 1952 年《电力发展促进法》成立的特许公司。最初,J 电力公司是国有企业,其 66.7%的股份由政府所有,剩余 33.3%的股份由 9 个区域电力公司所有。1997 年,内阁会议通过了对 11 家国有特许公司进行私有化的政策,其中就包括 J 电力公司。2003 年,1952 年《电力发展促进法》被废除,2004 年,J 电力公司在东京证券交易所上市,至此完成私有化。截至 2008 年,儿童投资主基金总计收购了 J 电力公司 9.9%的股份,此后该基金计划将收购的股份提高到 20%。2008 年 1 月 15 日,该基金根据《外汇外贸法》第 27 条第 1 款提交了收购计划通知书。财务大臣和经济产业大臣(在这个案例中,经济产业省也有管辖权)延长了儿童投资主基金进行外商直接投资的扣压期(参见第 3 部分),在此期间,两位大臣主持了六次听证会和几次海关、关税、外汇及其他交易理事会会议。2008 年 4 月 16 日,两位大臣向儿童投资主基金签发建议书,建议这个基金中止对 J 电力公司的收购计划。[②]

上述建议书中声明的理由可归纳如下。

1. 根据经合组织《资本流动自由化法典》第 3 条规定的"为了保护(日本的)核心安全利益"和"维持公共秩序",电力公用事业被划为须进行事先通知的行业。

2. 对儿童投资主基金的投资计划通知书的评估必须包含以下内容,重点考察这个基金收购股份后,其行使相应的股东权将对日本电力能源稳定供应、核电政策和核燃料循环产生哪些影响。

就这一点而言,在儿童投资主基金提交通知书时,J 电力公司已计划建造大型核电站,这座核电站预计将在日本核燃料回收系统中发挥核心作用。儿童投资主基金透露,可能对公司管理层采取攻势,以提升其股份价值;相关行动可能包括要求暂停或实质上推迟大型核电站的建设,这些行动可能会阻碍核燃料回收政策的实施。此外,J 电力公司作为一系列电力基础设施的所有人和一家公用事业企业,在电力能源的稳定分配中发挥了重要作用。如果儿童投资主基金

---

① 儿童投资主基金在给有关大臣的通知中披露,儿童投资基金管理(英国)有限责任公司对其的商业运作有影响。财政大臣和经济产业大臣的推荐函(2008 年 4 月 16 日),www.mof.go.jp/international_policy/gaitame_kawase/gaitame/recent_revised/tci.betten4_20080513.pdf(2016 年 12 月 31 日登陆).

② Ibid.

为短期内取得投资回报而削减资本投资或维修支出,可能会对电力稳定供应产生影响。

3. 儿童投资主基金提交的关于行使股东权利的政策声明书未能消除上述潜在问题。

2008 年 4 月 25 日,儿童投资主基金向有关部门表示不接受建议。儿童投资主基金对为什么政府应该批准其投资计划做出了解释[①],之后,2008 年 5 月 13 日,有关部门命令儿童投资主基金中止对 J 电力公司 10%以上股份的收购。2008 年 7 月 14 日,儿童投资主基金公开表示将不会对该命令提出异议请愿。

这个案件引发了国内外对日本的外商直接投资政策的讨论[②],并引起了国内的担忧,国人担心可能会给国外投资者留下日本仍然保持封闭政策的印象,从而影响外商直接投资。为此,财务大臣和经济产业大臣就给儿童投资主基金的建议书举行了联合发布会。在会上,他们强调“在过去 3 年内依据《外汇外贸法》提交的总计 760 封通知书中,除了儿童投资主基金之外的其他全部外商投资都在 30 天内获得了批准,其中,95%在两周内就获得批准”。[③] 此外,截至笔者撰写本文之日(2016 年底),这个案例仍然是唯一一个在日本进行外商直接投资被《外汇外贸法》驳回的案例。

五、行业法律法规对外商直接投资的限制和日本对外商直接投资的国际承诺

如上所述,对于外商直接投资的跨行业部门规制,除了《外汇外贸法》之外,还有其他一些法律也对特定行业(如采矿业和通讯业)的外商直接投资做出了限制。《外汇外贸法》中采用了事先通知和审查机制,即每项外商直接投资都须由有关部门进行个案评估。同时,即便在缺乏个案评估的情况下,这些单行法通常也能起到限制外商直接投资进入相关行业部门的作用。例如,《采矿法》第 17 条禁止外国公民取得采矿权;同样,《日本电报电话公司法》第 6 条规定,如果日本电报电话公司以下 3 类股东直接或间接持有的表决权达到或超过 1/3,那么该股东的名称或地址不得载入股东名册:不具备日本国籍的自然人,外国政府及其

① 这是 1993 年《行政程序法》第 13 条所规定的要求。

② 关于在这种情况下对“公共秩序”的使用的重要评估,见 Noboru Kashiwagi. Foreign Direct Investment, Public Order and National Security: Lesson from the Case of J Power, University of Tokyo Journal of Law and Politics, 2009(6):45.

③ Press Release by the Minister of Finance and the Minister of Economy, Trade and Industry dated 16 April 2008, http://www.mof.go.jp/public_relations/statement/other/dan200416.htm (accessed 31 December 2016).

代表,外国法人及其他外国团体。

因此,如果某个国外投资者有意向日本进行外商直接投资,不仅需要考察其计划投资的行业是否受《外汇外贸法》第 27 条管制,还需要考察其是否受到其他一些单行法的管理。此外,《外汇外贸法》第 27 条表明,2007 年第 1 号公告所采用的“正面清单”并非完全透明(如上文第 3 节所述),根据这个“正面清单”,不在附件 3 中的行业部门的投资都应受到《外汇外贸法》第 27 条第 1 款约束。

对国外投资者来说,如果他们希望了解《外汇外贸法》和相关单行法中规定的行业限制措施,那么,日本所签署的国际投资协议所附的“不符措施清单”(lists of non-conforming measures)的确能为其提供有益指导。国际投资协议对投资的设立、收购和扩大,以及其他投资性活动规定了非歧视性待遇,各缔约方需要解决国内监管措施和国际投资协议中的不一致性。国内监管措施规定了许可投资的条件和限制,国际投资协议规定了非歧视性待遇义务。协调途径之一便是将前者从后者的范围中剔除,添加到国际投资协议“不符措施清单”中,“不符措施清单”是免受国际投资协议中的非歧视性待遇义务约束的行业或措施。与 2007 年第 1 号公告附录 3 中所采用的“正面清单”不同,“负面清单”是一种更透明的方法,原因是免受非歧视性待遇义务约束的行业部门或措施完全被列举了出来[①]。因此,通过这个清单,打算在日本投资的国外投资者便可以知道对哪些行业部门进行投资是受到《外汇外贸法》或单行法限制的。

“不符措施清单”分为两类:负有所谓的“棘轮义务”的不符措施,在这种不符措施下,对任何不符措施进行的修改,与修改前的即时状态相比,均不得降低这个措施和相关义务的相符性;不负有“棘轮义务”的不符措施。

(一)从国民待遇“棘轮义务”中排除的行业和措施

截至 2016 年底,日本已经签署了 20 多个附有不符措施清单的国际投资协议,其中最近的是《跨太平洋伙伴关系协议》的投资章节。其中,在日本所列出的不符措施清单中,从国民待遇义务中克减出的行业部门和措施见表 2-1。《跨太平洋伙伴关系协议》(日本不仅签署了这个协议,而且日本国会也通过了该协议)的文本可作为日后日本政府在国际投资协定谈判中的参考。

表 2-1 排除在国民待遇“棘轮义务”之外的行业和措施

行业部门	措施
农林水产(植物育种者权利)	《种子和种苗法》(1998 年第 83 号法令),第 10 条

① 应当指出,除了所列的保留之外,税收措施、政府采购和地方政府的措施都是从国际投资协定规定的非歧视性义务中划分出来的。

续表

行业部门	措施
农林水产及相关服务	《外汇外贸法》,第 27 条 内阁令,第 3 条
供热	《外汇外贸法》,第 27 条 内阁令,第 3 条
信息和通信(电信)	《日本电报电话公司法》(1984 年第 85 号法令),第 6 条和第 10 条
信息和通信(电信和互联网服务)	《外汇外贸法》,第 27 条 内阁令,第 3 条
制造(药品和药品制造业;皮革和皮革制造业)	《外汇外贸法》,第 27 条 内阁令,第 3 条
与船舶国籍有关的事项	《船舶法》(1899 年第 46 号法令),第 1 条
采矿和采矿附带服务	《矿业法》(1950 年第 289 号法令),第 2 章和第 3 章
石油工业	《外汇外贸法》,第 27 条 内阁令,第 3 条
专业服务	《公证法》(1908 年第 53 号法令),第 2 章和第 3 章
海员	《水手法》(1947 年第 100 号法令),第 4 章等
保安服务	《外汇外贸法》,第 27 条 内阁令,第 3 条
运输(航空运输)	《外汇外贸法》,第 27 条 内阁令,第 3 条 《民用航空法》(1952 年第 231 号法令),第 7 章和第 8 章
运输(航空运输,航空器国籍登记)	《民用航空法》(1952 年第 231 号法令),第 2 章
运输(货运代理业务,不包括航空货运代理业务)	《货运代理业务法》(1989 年第 82 号法令),第 2 章、第 3 章和第 4 章 《〈货运代理业务法〉实施规则》(1990 年第 20 号国土运输省省令),第 3 章、第 4 章和第 5 章
运输(货运代理业务,仅限航空货运代理业务)	《货运代理业务法》(1989 年第 82 号法令),第 2 章、第 3 章和第 4 章 《〈货运代理业务法〉实施规则》(1990 年第 20 号国土运输省省令)
运输(铁路运输)	《外汇外贸法》,第 27 条 内阁令,第 3 条

续表

行业部门	措施
运输(公路客运)	《外汇外贸法》,第 27 条 内阁令,第 3 条
运输(运输附带服务)	《引渡法》(1949 年第 121 号法令),第 2 章、第 3 章和第 4 章
运输(水运)	外国政府对日本海运船舶经营人不利待遇特别措施相关法律(1977 年第 60 号法令)
运输(水运)	《外汇外贸法》,第 27 条 内阁令,第 3 条
运输(水运)	《船舶法》(1899 年第 46 号法令),第 3 条
供水和供水系统	《外汇外贸法》,第 27 条 内阁令,第 3 条
飞机制造与维修业(飞机制造与维修业)	《外汇外贸法》,第 27 条 内阁令,第 3 条

(二)从不负有国民待遇"棘轮义务"中排除的行业和措施

与下列事项相关的外商直接投资从不负有国民待遇"棘轮义务"范围中排除:转让或者处置国有企业或政府机构的股权;在日本从事电报服务、博彩和赌博服务、烟草制品制造、日本银行票据生产、铸币和铸币销售、邮政服务;航天工业(航空工业);武器和爆炸物工业;信息与通信广播业;教育业、学习辅助(小学和中学教育);能源(电力公用事业、燃气公用事业、核能工业);渔业附带的渔业和服务(领海、内水、专属经济区和大陆架范围内的渔业);土地交易;公安执法和惩罚教育服务、社会服务;保安服务;运输(航空运输);由于本协议生效之日的情形,日本政府未承诺的行业和不应该承诺的行业。

六、结语

尽管《外汇外贸法》在透明度和可追责性方面存在一些问题(如第 3 部分所述),但大部分人认可日本在对内外商直接投资方面的法律框架是公开的。在国际法领域,与日本缔结国际投资协议的国家的投资者将受益于日本在外商直接投资方面做出的国际承诺。此外,即使投资国和日本之间没有国际投资协议,国外投资者也将受益于日本国际投资协定附带的不符措施清单,原因是这些清单为确定日本在境内外商直接投资方面的限制提供了有益的现行法律指导框架。

第三章　货币银行制度和法律

一、银行业立法

(一)综述

除特殊情况外,在日本经营银行业务须事先获得由日本首相签发的银行执照。[①] 银行是指吸收储蓄存款或零存整取存款,发放贷款和票据贴现,提供资金转账服务的企业。[②]

然而,吸收存款或发放贷款本身并不构成银行业务。这是基于一种普遍观点得出的,银行的根本职能是通过存贷业务建立信用[③],但应指出的是,吸收存款是银行法下的一项准银行业务[④],只有在银行法或其他法律授权的情况下才能进行。[⑤] 类似地,以发行债券和将募集的资金进行投资为例,这类业务不需要银行执照,原因是这些业务也不属于上述定义中受规制的银行业务。此外还应指出的是,根据 1948 年《金融工具和交易法》颁布的条例可适用于向 50 位及以上的投资者发行债券,而 1983 年《货币借贷业务法》适用于贷款。

日本最高法院规定[⑥],《银行法》中提到的"资金转账"是指银行接受客户委托或作为委托方代理人在不使用现金的情况下,通过银行将款项从付款单位(或个人)的银行账户直接转到收款单位(或个人)的银行账户的资金结算方式。此后,由于对廉价便捷的小额资金转账服务的需要增加,日本于 2009 年颁布了《支付服务法》,与银行执照相比,管制有所放宽,在资金转账交易中,注册资金转账服务提供商每笔交易额上限提高至 100 万日元。[⑦]

---

① Article 4 (1), Banking Act 1981 (Act No. 59).

② Ibid., Article 2 (2).

③ Yoshiaki Koyama, Shokai Ginko-hou ,2012(64).

④ Article 3, Banking Act 1981.

⑤ Act Regulating the Receipt of Contributions, Receipt of Deposits and Interest Rates 1954 (Article 211), Act No. 195.

⑥ Decision of the Supreme Court, 12 March 2001, 55(2) Keishu (Criminal Cases Reporter) 97.

⑦ Article 37, Payment Services Act 2009 (Act No. 59).

(二)银行执照

在日本,为了取得银行执照,申请单位须为株式会社(即有限责任公司),最低设立资本为20亿日元。虽然银行业不属于须事先通知的行业部门,但《外汇外贸法》规定任何希望在日本设立株式会社的国外投资者必须遵守该法中关于境内外商直接投资的规定。因此,在大多数情况下,国外投资者有三种途径在日本设立经营银行业务的株式会社:向日本任一持牌银行付款;在当地法务局进行公司注册商业登记;向日本银行(Bank of Japan)提交外商直接投资申请。

设立的株式会社(银行执照申请人)将在银行执照申请程序中就下列事项接受审查:财务状况是否稳健,能否有效经营银行业务;预计利润是否稳健;员工队伍是否强大,能否适当、公正且有效地经营银行业务。①

此外,《银行法》还规定了互惠政策,当外国银行或其他关联方持有银行执照申请人50%以上的股份时,需要审查外国银行的母国是否允许在该国的日本银行子公司在经营银行业务时享受国内同等条件②。然而,如果该国家和日本之间另有条约规定,上述政策便不适用了。③

(三)银行主要股东

任何持有某一银行全部股东表决权5%以上的国内外自然人(表决权主要所有人),须在五年内向金融厅长官提交主要股权声明才能成为表决权主要所有人。④ 应当指出的是,这一要求并不适用于外国政府。⑤

此外,持有股份的表决权等于或大于《银行法》第2条第9款(主要股东)规定的主要股东门槛的国内外自然人在持股前须先获得金融厅长官授权。主要股东门槛为:有20%的股东表决权但不影响银行的经营;有15%的股东表决权且可以影响银行的经营。⑥ 对银行的影响力包括以下五方面:(1)借调董事、代表董事或其他同等职位的人;(2)提供大量资金;(3)提供关键技术;(4)提升销售、采购或其他业务和交易;(5)其他对财务、运营和业务决策有重大影响的因素。⑦应当指出的是,这一要求也并不适用于外国政府。⑧

---

① Article 4 (2), Banking Act 1981.

② Ibid., Article 4 (3).

③ Article 2, Order for Enforcement of the Banking Act (Cabinet Order No. 40 1982).

④ Article 52-2-11 (1), Banking Act 1981.

⑤ Article 15 (7), Cabinet Order No. 40 1982.

⑥ Article 2 (9), Banking Act 1981.

⑦ Article 1-2, Cabinet Order No. 40 1982; Article 8-6(2), Ordinance on Terminology, Forms and Preparation Methods of Financial Statement etc 1963.

⑧ Article 52-2-11(1), Banking Act 1981; Article 15(7), Cabinet Order No. 40 1982.

对申请担任主要股东的当事人的审查包括：(1)根据收购资金、持有表决权的目的或其他细节，银行服务的健全和适当管理不会受到影响；(2)根据申请人及其子公司的财务状况和收支情况，银行服务保持健全和管理适度而不会受到影响；(3)申请人充分了解银行服务的公共性质，且本身具有良好的社会信誉。①

(四)外国银行在日本设立分行

通过在日本设立分行并取得外国银行分行执照，外国银行可在日本经营银行业务。②

外国银行分行须在日本持有20亿日元及以上的资产，可以是日本政府债券，日本银行和其他日本银行的存款或《银行法实施规则》指定的其他资产形式。③

外国银行分行可以从事的业务与本国银行基本相同。

(五)外国银行代表办事处

外国银行在日本设立代表办事处时，必须通知日本金融厅长官。④ 代表办事处不得从事银行业务，只可从事科研等非经营性活动。

(六)外国银行代理业务

外国银行在日本的子公司或分行一旦获得外国银行代理服务执照，便可直接吸收日本存款，发放贷款和提供转账服务。如果这类子公司或分行持有外国银行代理服务执照，并为外国银行提供中介或代理服务，则此类外国银行可在没有日本银行执照的情况下从事银行业务。⑤

二、担保贷款和强制执行

(一)房地产抵押贷款(teito-ken)

可以说，房地产抵押是日本银行贷款最常用的担保方式。抵押房屋的所有权在抵押人丧失抵押品赎回权前仍属于抵押人。⑥ 房地产登记有助于完善抵押贷款。⑦ 同一房地产可以设立多重抵押贷款，这些抵押按登记时间先后进行排序。⑧

---

① Article 52-10, Banking Act 1981.

② Ibid., Article 47(1).

③ Ibid., Article 47(2).

④ Ibid., Article 52(1).

⑤ Ibid., Article 52-2-2.

⑥ Article 369(1), Civil Code 1896.

⑦ Ibid., Article 177.

⑧ Article 373, Civil Code 1896.

(二)强制执行

在强制执行抵押时,虽然由法院处理止赎程序,但在此之前,无须法院判决。受押人(银行)可通过提交当地法律事务局颁发的房地产登记证进行止赎程序。[①]

在强制执行无抵押贷款程序时,除特殊情况外,他们通常需要法院判决。[②]其中一种可以强制执行程序的情况是,受押人(银行)向法院提交公证书,即贷款人同意就一定金额补偿接受强制执行程序。[③] 如果事先备好公证书,强制执行程序可不经法院判决而先行开始。

三、反洗钱立法

(一)综述

1992 年,日本批准 1988 年联合国《禁止非法贩运麻醉药品和精神药物公约》,制定施行《为防止与受管制的毒品有关的非法活动而控制麻醉品和精神药物的特别措施法》。由此,银行有义务向财务省报告可疑交易。[④]

2002 年,日本批准联合国《制止向恐怖主义提供资助的国际公约》,制订《金融机构客户身份识别法》,并于 2003 年生效。该法要求银行必须执行"了解你的客户"程序(KYC)。在执行该法之前,银行根据财务省的行政指导启动"了解你的客户"程序。[⑤]

此外,日本颁布《防止犯罪收益转移法》,取代《金融机构客户身份识别法》,使其涵盖金融机构、租赁经营者、信用卡发行人、房地产经纪人、珠宝和贵金属经销商、邮政接收服务提供商和律师等特定业务经营者。该法旨在落实反洗钱金融行动特别工作组的建议。[⑥] 此后,日本分别于 2009 年、2011 年、2013 年、2014 年及 2016 年对《防止犯罪收益转移法》进行修正,进一步满足工作组要求。

(二)《防止犯罪收益转移法》规定的银行义务

《防止犯罪收益转移法》要求银行、券商及其他特定业务经营者执行"了解你

---

① Article 181(1)(3), Civil Execution Act 1979.

② Ibid., Article 22(1).

③ Ibid., Article 22(5).

④ Hanzai Shueki Iten Boshi Seido Kenkyukai. Chikujoukaisetsu Hanzai Shueki Iten Boshi-ho,2009(5).

⑤ Ibid.

⑥ Ibid.

的客户"程序[①],同时向有关当局报告"可疑交易"。[②] 银行在进行资金转账时,还须进一步履行通知义务。当汇款银行向接收或中介银行(包括外国银行)委托国际资金转账时,汇款银行应向接收方或中介银行提供具体客户信息,以便接收方或中介银行识别可疑交易。[③]

此外,《防止犯罪收益转移法》修正案于 2016 年 10 月生效,并开始要求银行对包括现任或前任外国高级政府官员及政府掌控企业的政治敏感人物(PEPs)进行更严格的"了解你的客户"程序。[④] 如今,银行也有义务在协议达成前进行尽职调查,根据协议,转账交易不断或重复委托给外国银行,以确保外国银行不是"空壳银行",并具有较高的反洗钱水平。[⑤]

四、外汇立法

(一)日本于 1998 年放弃外汇银行制度

1998 年以前,日本施行外汇银行制度。根据这一制度,外汇偿还、外汇结售,以及其他外汇交易都被要求在特定外汇银行进行,并将其作为一般规定,若交易对象非特定外汇银行,则交易前须获额外许可或事先通知。[⑥]《外汇外贸法》修正案于 1998 年 4 月生效,此时外汇银行制度已被终止。应该注意的是,不按差价结算的外币现货销售和购买无须任何许可证,但差价结算的外汇衍生品交易由 1948 年颁布的《金融工具和交易法》约束。[⑦]

(二)受经济制裁的资本交易

《外汇外贸法》授权财政大臣对某些收付款[⑧]或资本交易规定义务[⑨](例如经济制裁),其中包括:须真诚履行条约或日本签署的其他国际协定的义务;特别有必要使日本能够在实现国际和平的国际合作中作出贡献;根据《外汇外贸法》第 10 条第 1 款规定做出内阁决议。

在 1998 年《外汇外贸法》修正案生效之前,为了履行条约或其他国际协定,当局才授权进行经济制裁。因此,在 1990 年至 1991 年的海湾战争期间,当时西

---

① Article 4(1), Act on Prevention of Transfer of Criminal Proceeds 2007.

② Ibid., Article 8(1).

③ Ibid., Article 10(1).

④ Article 12(3), Order for Enforcement of the Act on Prevention of Transfer of Criminal Proceeds.

⑤ Article 9, Act on Prevention of Transfer of Criminal Proceeds 2007.

⑥ Gaikokukawase Boueki Kenkyu Group. Chikujoukaisetsu Kaisei Gaitamehou, 1998(27).

⑦ Article 2(8), Article 22(1), Financial Instruments and Exchange Act 1948.

⑧ Article 16(1), FEFT Law 1949.

⑨ Ibid., Article 21(1).

方国家迅速实行经济制裁，而日本不得不等待联合国安理会通过决议。①

为避免类似情况，《外汇外贸法》修正案于 1998 年生效，额外授权许可义务，使日本能够为国际维和工作做出贡献。

2004 年提出第三项授权义务。日本在 2004 年修正案之前对单方面经济制裁持保守态度。而 2004 年修正案后，日本特有的经济制裁可以由内阁提起决议并得到国会批准。②

《外汇外贸法》（财务省 1998 年第 99 号通知）第 21 条第 1 款规定，"资本交易需经财务大臣许可"。截至 2016 年 7 月 29 日，需经财务大臣批准的资本交易如表 3-1 所示。③

表 3-1 日本资本交易许可规定

经济制裁对象	居民与非居民间的存款协议	居民与非居民间的信托协议	居民将贷款扩展给非居民	居民从非居民处贷款或给非居民作的担保	非居民募集或发行证券
伊拉克前政权机关及其伙伴	须经许可[1,2]	须经许可[1,2]	—	须经许可[2]	—
伊拉克前政权高级官员及其伙伴	须经许可[3]	须经许可[3]	—	须经许可[3]	—
南斯拉夫前总统米洛舍维奇及其伙伴	须经许可[3]	—	—	—	—
塔利班及其伙伴	须经许可[3]	须经许可[3]	须经许可[3]	—	—
恐怖分子	须经许可[3]	须经许可[3]	须经许可[3]	—	—
违反刚果民主共和国武器禁运的人员	须经许可[3]	须经许可[3]	须经许可[3]	—	—
苏丹达尔富尔地区冲突有关人员	须经许可[3]	须经许可[3]	须经许可[3]	—	—
朝鲜导弹或大规模杀伤性武器项目有关人员	须经许可[3]	须经许可[3]	须经许可[3]	—	—
伊朗核活动有关人员	须经许可[3]	须经许可[3]	须经许可[3]	—	—

① Gaikokukawase Boueki Kenkyu Group. Chikujoukaisetsu Kaisei Gaitamehou，1998(181).

② Article 10(1)，FEFT Law 1949.

③ Mitsubishi-UFJ Research and Consulting. Gaitame-Hou Handbook 2016 (2016)：48-49.

续表

经济制裁对象	居民与非居民间的存款协议	居民与非居民间的信托协议	居民将贷款扩展给非居民	居民从非居民处贷款或给非居民作的担保	非居民募集或发行证券
违反索马里武器禁运的人员	须经许可[3]	须经许可[3]	须经许可[3]	—	—
利比亚前领导人卡扎非及其伙伴	须经许可[3]	须经许可[3]	须经许可[3]	—	—
利比亚前政权机关	须经许可[1,4]	须经许可[1,4]	—	—	—
叙利亚总统阿萨德及其伙伴	须经许可[3]	须经许可[3]	须经许可[3]	—	—
与吞并克里米亚或使乌克兰东部稳定局势动摇直接相关的人员	须经许可[3]	须经许可[3]	须经许可[3]	—	—
破坏中非共和国和平的有关人员	须经许可[3]	须经许可[3]	须经许可[3]	—	—
威胁也门和平的有关人员	须经许可[3]	须经许可[3]	须经许可[3]	—	—
威胁南苏丹和平的有关人员	须经许可[3]	须经许可[3]	须经许可[3]	—	—
俄罗斯联邦内的指定银行	—	—	—	—	须经许可[5]

备注：

1. 排除居民从非居民处接受的存款和非居民委托给居民的信托。
2. 仅限于 2003 年 5 月 22 日之前的债务变更或债务消灭。
3. 包括居民从非居民处接受的存款和非居民委托给居民的信托。
4. 仅限于 2011 年 9 月 17 日之前的债务变更或债务消灭。
5. 对于到期证券，仅限于到期 90 日以上的证券。

此外，以下为了帮助朝鲜进行核试验的活动的资金交易，须通过财务省许可①：

① “根据《外汇外贸法》第 21(1)条经财政大臣批准的资本交易的指定”（财政省 1998 年第 99 号公告），第 7 项。

1. 基于居民与非居民之间的存款合同或信托合同，涉及债务的发生、变更、消灭的交易；

2. 基于居民与非居民之间的现金贷款合同或债务担保合同，涉及债务的发生、变更、消灭的交易；

3. 基于居民与非居民之间的债务或为了获取外汇的买卖合同，涉及债务的积累等交易；

4. 居民从非居民处购买证券，或居民向非居民发行证券举行的谈判；

5. 在外国发行或要约认购证券，或由居民在日本发行或要约认购外国证券，或由非居民在日本发行或要约认购证券；

6. 非居民在外国发行或提议认购以日币计价或支付的证券；

7. 居民和非居民之间，根据金融指数等期货合同进行的与应计索赔有关的交易；

8. 居民对外国的不动产或不动产权利的收购或非居民对日本不动产或不动产权利的收购；

9. 除上述 1 和 2 项外，日本司法人员办公室和外国司法人员办公室之间的资金转移(排除内阁令中列举的作为办公室必要日常开支的资金转移和涉及日常交易的资金)；

10. 基于居民与非居民之间的金条买卖合同，涉及债务发生等的交易。

(三)银行确认客户合规的义务

《外汇外贸法》要求，银行和其他金融机构在处理客户的任何付款或付款凭证之前，应当与客户确认不需要任何许可或已事先取得许可。[①] 为履行这一义务，银行应在客户账户信息中搜索受到经济制裁的人员，并在必要情况下要求客户就此提交证据和声明。

五、非居民银行账户和以外币计值的银行账户

(一)非居民银行账户

非居民银行账户一般由日本银行提供。依据《外汇外贸法》的目的，居民系指在日本有居所或在日本居住的自然人，以及在日本拥有主要办事处的法人[②]，非居民系指居民以外的自然人和法人[③]。应该注意的是，位于日本的外国公司

---

① Article 17, FEFT Law 1949.

② Ibid., Article 6(1)(5).

③ Ibid., Article 6(1)(6).

分公司和在日本设立的子公司被视为居民。还应该指出的是,这一分类与以直接投资为目的的国外投资者的定义不同,这将在另一章中讨论。

银行区分居民和非居民银行账户有两个原因。第一,非居民的预扣税率低于居民。第二,银行必须明确资金转移符合上述履约义务,以确保此类银行义务得到遵守。非居民间或居民与非居民间的资金转移都包含在银行确认客户合规的义务中。

(二)以外币计价的银行账户

以外币计价的银行账户一般由日本银行提供。依据《外汇外贸法》的目的,以外币计价的银行账户在存取款时,除非适用经济制裁,否则不受管制。除《外汇外贸法》外,由于以外币计价的银行账户带有货币波动风险,《银行法》比照《金融工具和交易法》,要求银行必须采取法定措施保护客户,如交付风险披露文件。应该指出的是,这种法定措施不适用于与"指定投资者"的交易,包括机构投资者和外国企业。①

六、黄金交易

黄金现货交易不受管制,可以在没有任何许可的情况下进行,而黄金期货和其他衍生品交易则受《商品期货法》管制。②

七、股票交易

非居民向居民购买股票属于《外汇外贸法》规定的资本交易③,除非此类收购属于"对内直接投资",这一概念将在另一章单独讨论。④ 例如,如果非居民收购方及其关联方持有的上市公司股份少于10%,则非居民收购上市公司的股份是资本交易,不受"对内直接投资"相关规定的约束。另一方面,非居民向居民收购非上市公司属于"对内直接投资",受其相关规定的制约。

---

① Article 13-4, Banking Act 1981; Article 45, Financial Instruments and Exchange Act 1948 (Act No. 25).

② Article 190(1), Commodity Futures Act 1950 (Act No 239).

③ Article 20(5), FEFT Law 1949.

④ 第20条主要条款将资本交易定义中的"向内直接投资等"排除在外。

第四章　劳动法律制度

一、历史背景

在第二次世界大战结束之前，日本劳动领域尚未立法，除了1911年的《工厂法》。该法规定了最低限度劳动条件，主要针对妇女和儿童，例如每天最多工作12小时（1919年修改为11小时），向遭受工伤事故的普通工人支付赔偿金。1921年国会接受第一份草案之后，几次颁布工会法的尝试都以失败告终。1926年，《劳动争议调解法》终于颁布了。

1939年第二次世界大战全面爆发，故日本在1945年战争结束前，完全排除了制定劳动法的可能性。1940年，军政府下令工会加入"产业报效国家组织"，相当于日本版的纳粹德国"劳动阵线"。

二、二战后颁布劳动法律

二战后初期，占领军（盟军总部）推行了促进劳动保护和工会的政策，以减少战前半封建的极权主义，推动社会民主化。

1945年颁布的《工会法》，内容受到外国法律的极大影响，例如，英国对工会的民事及刑事责任豁免的规定，德国对集体谈判协议效力的规定，还有美国的劳动关系委员会。1949年，这部1945年颁布的《工会法》受到一定程度的修订，旨在纠正当时劳工运动的政治倾向，确保工会的独立性和民主性，防止政府干预工会的组织和运作。

由于美国与苏联的对抗加剧，再加上中国的影响，美国彻底改变了对日本的占领政策。1947年2月，私营部门的工人为提薪的罢工取得成功，劳工运动的政治倾向达到了顶峰。公共部门工会在要求遭到拒绝后，建立了统一战线，由此，经济冲突发展成为以推翻内阁为目的的政治运动。国家劳工组织、日本社会党、日本共产党和公务员建立了执行委员会来推翻内阁，一场集体罢工开始酝酿。在其爆发前夕，驻日盟军总司令麦克阿瑟发布罢工禁令，罢工因此取消。1948年，麦克阿瑟通过书信发布了政府令第201号，暂时否认了集体谈判权并禁止公务员罢工。同年，《国家公务员法》修订，该法延续了这项政策。1950年颁布了

《地方公务员法》,其基本内容与《国家公务员法》相似。

除《工会法》外,1946 年颁布了《劳动关系调整法》,规定了处理集体劳资纠纷的程序,规范公用事业企业的劳工行动,并禁止公务人员举行罢工运动。

同年还颁布了新《宪法》。它规定了公民享有适当生活水准的权利(第 25 条),工作权(第 27 条第 1 款),以及工人组织权、集体谈判权和集体行动权(第 28 条)。新《宪法》还规定了工资、工时、休息时间,以及其他劳动条件的标准都须由法律规定。

为了实施上述宪法条文,1947 年颁布了《劳动基准法》。同年还颁布了《劳动者事故补偿保险法》《雇佣安定法》《失业津贴法》和《失业保险法》。20 世纪 50 年代初朝鲜战争后,日本经济开始增长。1958 年制定《职业训练法》以提升工人劳动技能。1960 年日本颁布《残疾人就业促进法》,通过政策来促进残疾人就业。1971 年,日本颁布《老年人雇佣安定法》,旨在促进老年人就业。1973 年第一次石油危机爆发后,日本进入经济增长低迷时期。1985 年制定了《劳动者派遣法》以应对不断变化的劳动力市场。同年还颁布了《平等就业法》,确保男女就业机会均等。1993 年颁布《非全日制工作法》,确保适当的劳动条件,并改善对非全日制用工的管理。自 20 世纪 90 年代初泡沫经济崩溃以来,日本经济极度萧条,个人劳资纠纷数量急剧上升。这种现象迫使日本于 2001 年颁布《个人劳动争议解决法》,2004 年颁布《劳动法庭法》,2007 年颁布《劳动合同法》。

三、政府职能

(一)社会伙伴自主权

社会伙伴自主权一直是日本劳动关系中的一个重要原则。一般来说,政府在商业领域具有很强的领导力,尤其是在金融、进出口和行业发展方面,如新技术的开发。如果缺乏这种领导力,不管是战后经济快速复苏,还是经济实现高速增长都是不可能的。但不应过分强调产业与政府之间的这种密切关系,因为即使在经济高速增长时期,政府的产业政策也经常遭到企业的反对。许多发展迅速的出口导向型产业并没有从政府的产业政策中受益。近年来,政府认为受到政府监管和保护的行业太多,尤其是农业、融资、交通与通信。[①] 与此同时,在政府放松管制的政策下,特别是自 1994 年"泡沫经济"崩溃的几年后,监管和保护这两项活动受到限制,不再进行。例如,从 1998 年 4 月开始的金融体系改革,即

① Kiyoshi Nakamura (ed). Going Global: Structural Reforms in Japan's Economic and Business Sections, The Japan Times, 1996(34).

所谓的金融"大地震",旨在建立一个自由、公平和全球化的金融体系。其实在这次改革开始之前,许多银行和证券公司都已经破产了。

20 世纪 80 年代后期之前,政府在雇佣和劳动关系领域非常谨慎,避免进行干预。唯一的例外是劳工检查,以确保实施《劳动基准法》和其他保护性劳动法规定的最低标准,以及允许警察介入由劳资纠纷引起的刑事案件。

由于这方面的战前记录欠佳,日本警方一直对此非常谨慎。现如今,由于劳资关系相对稳定,警方介入确实是难以想象的。

同时,政府也积极地制定劳动和社会政策,以应对工业和劳动力市场的结构性变化。在制定这些政策的过程中,政府召开了咨询研究会议和咨询委员会会议。通过这些会议的讨论,政府确定了社会伙伴的意见和利益,并相应调整了决策。

在 20 世纪 90 年代初期,即使在雇佣和劳动关系领域,政府也急于推行宽松的管制政策。内阁于 1995 年和 1998 年制定了放宽管制的三年计划,并于 2001 年和 2004 年制定了推进监管改革的三年计划。根据这些计划,有关雇佣和劳动关系的法律在很大程度上已经放开、正在放开或将会放开管制,后文会阐述这一点。应该指出的是,之所以这些管制政策的放宽和改革几乎完全按照内阁的计划实现,部分原因是当代经济形势和工会势力的削弱。事实上,制定改革法案之前,在咨询委员会的会议上,来自全国最大的工会联合会——日本劳动组合总联合会的代表似乎没有强有力的话语权。在民主党当政期间,政府干预有所加强。但是,在 2012 年自民党重新成为执政党以后,再次开始实施放宽劳动法规的举措。

(二)政府机构

1.厚生劳动省

厚生劳动省是政府机构,对个人和集体劳动关系,以及社会保险等方面负有重大责任。厚生劳动省设有 11 个局,包括劳动基准局、平等雇佣局、儿童与家庭局、雇佣保障局、人力资源开发局等。在地方,每个县都设有县劳动局,在各区都设有劳工基准检查办公室和公共就业保障办公室。在社会保险方面,前劳动省管理其中一部分,如雇佣保险和工伤保险,而大多数其他种类的社会保险由前厚生省进行管理。因此在劳动关系方面,厚生劳动省几乎是最主要的管理机关。

2.劳动基准局

劳动基准局负责劳动监督。劳动监督官都是合格的专业人员。他们根据授权对工作场所及相关设施进行检查,包括检查记录和文件,询问用人单位和劳动者,并在违反劳动保护法的情况下担任司法警察的角色。

3.劳动关系委员会

劳动关系委员会有两个部门,位于东京的中央劳动关系委员会和各县的劳动关系委员会，它们负责管理私营企业和地方公营企业的劳动关系。中央劳动关系委员会还负责处理政府企业的劳动关系。此前，海员的劳动关系是由海员中央劳动关系委员会和海员地方劳动关系委员会负责的。然而，这两个委员会在2008年被废除了，此后由劳动关系委员会行使海员劳动关系管辖权。劳动关系委员会有两项性质完全不同的职能：一项是处理有失公平的劳工纠纷案件的准司法职能，另一项是通过调解、调停和仲裁解决劳动争议的职能。前一项职能涉及范围仅为用人单位歧视性对待、拒绝谈判和对工会管理的干预与支配的相关投诉。由于日本没有劳动法庭，其他劳动关系的投诉和争议属于普通法院的管辖范围。

4. 县级劳工事务局

除了厚生劳动省，各县政府也有本地区的劳动政策局和劳动政策办公室，但其主要职能是教育和咨询。由于个人劳资纠纷数量的增加，许多县级劳工事务局近期收到了劳动者和用人单位提出的请求，希望得到关于解决解雇、工资、工作时间等问题的建议。

四、劳动法律的渊源

（一）《宪法》

《宪法》第27条和第28条被视为劳动法律最基本的法律渊源。第27条第1款规定了劳动权，从而为雇佣保障立法提供了宪法基础，内容包括劳工介绍所、失业保险和职业培训。第27条第2款通过法律规定的形式要求提供符合标准的劳动条件，从总体上为劳动保护法奠定了基础。第27条第3款禁止剥削儿童，为保护童工的立法奠定基础。第28条确保工人结社、谈判和集体行动的权利，为集体劳动关系立法提供了宪法依据。这些《宪法》条款保障了工人的权利，同时规定法律也要“符合公益目的”，给予人们充分的理由来解释宪法精神，确保用人单位为工人提供相对良好的待遇。因此，人们相信宪法的本质是为日本劳动法提供一个良好的环境。

（二）法律法规

多数重要的劳动法律都是在二战后不久颁布的，并进行了一定程度上的修改，包括《工会法》《劳动关系调整法》《劳动基准法》，人们通常将这三部分法律统称为三大劳动法。根据宪法规定而产生的重要现行法律大致分列如下：

1. 第27条第1款规定了劳动权：1947年《雇佣安定法》；1960年《残疾人就业促进法》；1966年《雇佣对策法》；1969年《职业能力开发促进法》；1971年《老年人雇佣安定法》；1974年《雇佣保险法》；1985年《劳动者派遣法》；1993年《非

全日制工作法》;1995 年《育儿休假法》。

2. 第 27 条第 2 款确定了最低标准:1947 年《劳动基准法》;1959 年《最低工资法》;1972 年《劳动安全卫生法》;1976 年《工资支付保障法》《劳动者事故补偿保险法》;1985 年《平等就业法》;2007 年《劳动合同法》。

3. 第 27 条第 3 款规定了禁止剥削儿童:1947 年《劳动基准法》(第 56—64 条)。

4. 第 28 条确定了结社、谈判和集体行动权:1946 年《劳动关系调整法》;1949 年《工会法》。

上述所有法律通常适用于私营企业劳动者,部分适用于公职人员。另一组法律仅适用于某特定种类劳动者,其中最重要的法律是:1947 年《海员法》、2001 年《特定独立行政法人劳动关系法》(于 2014 年变更为《行政法人劳动关系法》)、1947 年《国家公务员法》、1950 年《地方公务员法》,以及 1952 年《地方国营企业劳动关系法》。

除了议会颁布的上述法律外,还有依法由内阁、厚生劳动省,以及中央劳动关系委员会发出的政府令(法令)。这些法令的效力低于前述法律。厚生劳动省已经在劳动法领域颁布了许多政府令,涉及对每部法律的解释和实施,其中最重要的是《劳动基准法执行条例》《女性劳动基准条例》《劳动安全卫生法》等许多条例和细则。

(三)行政解释

"行政解释"或"通告"一词是指上级部门或机关向下属行政机关和人员提供的有关法律和法令的解释和适用的指示。这些指示只是行政法规,对部委机关和官员具有约束力,对民众没有强制约束力。但在雇佣和劳动关系领域,由于行政机关和官员都要依靠这种对劳动保护法的行政解释来履行自己的职责,因此,在法院解释法律之前,行政解释往往在法律解释中发挥重要作用。

(四)指导方针

最近颁布的法律规定,厚生劳动省有权就用人单位为达到法定目的而不得不采取的措施制定必要的指导方针。现行的《平等就业法》和《非全日制工作法》中有典型实例。这些指导方针本身在法律上是无法实施的。但是,厚生劳动省在《平等就业法》的基础上制定的指导方针就为用人单位禁止歧视提供了范例。

(五)集体协议

在日本,工会与用人单位或用人单位协会之间的集体协议具有独立法律规范的效力。《工会法》规定,任何违反集体协议规定的劳动条件的个人劳动合同或者用工条件都是无效的(第 16 条)。由于集体协议通常不会违反法律规定,集体协议的效力仅次于法律规范。从某种意义上说,它属于独立的规范,由私人机构制定且原则上只对私人机构及其成员具有约束力。但是,《工会法》承认,在特定条件下,它具有超出这一限制的法律约束力。

若某特定工厂 3/4 的劳动者签署了集体协议,那么至少在劳动条件方面,协议适用对象自动扩展到所有劳动者(第 17 条)。若某地区多数工人都适用一个集体协议,劳动部长或者县长将根据劳动关系委员会的决议,将该协议适用对象扩展到当地全部同工种劳动者。

然而,尽管集体协议具有强大的法律效力,我们也不应当高估它的作用。首先,人们通常认为,日本的集体协议一般来说都是简略而含糊的,与西方的集体协议相比,条款太少,内容太泛。因此,在日本,就劳动关系而言,大多数的行为规则和具体的权利义务实际上是由工会和用人单位之间的权力关系,以及基层的权力结构决定的。其次,在日本当今,仅有一小部分劳动者会签订集体协议。2013 年,全部劳动者中仅 17.7%参与结社;而 2011 年,没有签订集体协议的劳动者约占全部工会成员的 8.6%。

(六)就业规则

就个人劳动合同而言,就业规则中的规定也具有法律规范的性质。就业规则是一系列在法律上具有特殊地位的规则。《劳动基准法》要求,若用人单位雇用 10 名以上的劳动者,须就有关劳动条件的具体事项起草就业规则(第 89 条),需咨询组织了多数劳动者的工会或多数劳动者的代表的意见(第 90 条),将工会或代表的意见与就业规则一并提交给有关行政机关(劳动监督署),并将其展示或张贴在显眼的地方,对劳动者公开(第 106 条)。

《劳动基准法》第 93 条此前规定,若设定的条件不如就业规则中的原有条件,则新设条件无效,后《劳动合同法》第 12 条取代该规定。在这种情况下,无效条件被就业规则中的固定标准所取代。虽然第 93 条具有法律效力,但是关于就业规则的规定是否具有普遍的规范效果,还是仅构成合同的雇佣条款,存在一些争议。

在 Shuhoku 巴士案中,最高法院认为,只要劳动条件规定合理,就业规则就具有法律规范的性质。在这个案件中,用人单位修改了强制退休年龄的规定,新的退休年龄可能适用于与以前退休年龄不一致的高级劳动者。因此,一名高级劳动者由于达到退休年龄而被解雇。最高法院陈述如下:

> 在实践中,就业规则不仅具有社会规范的性质,而且在某种意义上,它也被公认为具有法律规范的性质,原因是用人单位和劳动者之间达成初步共识,即只要就业规则规定的劳动条件合理,则劳动条件应以其为基础。因

> 此，无论劳动者是否真的了解就业规则及其内容，也无论他们是否真正愿意接受这些内容，就业规则都会自动适用。一般认为，用人单位无权剥夺劳动者的既得权利，或单方面制定、改变就业规则以强加不利的劳动条件。并且我们认为，只要就业规则的规定是合理的，劳动者就不能因为不同意该规则而拒绝遵守，原因是就业规则的原则集中统一确定就业条款与条件。[①]

这个裁决具有双重含义：一方面，只要内容合理，就业规则就是有约束力的。另一方面，只要变更合理，用人单位有权单方面改变这些内容。这项裁决是务实性质的，作为法律理论并不是很容易理解。

最近有种很具影响力的观点认为，最高法院将法律理论适用于就业规则的做法肯定了标准合同对人寿保险、运输等合同中事前披露合理性内容等条款的影响。最高法院在后来一个案件中称，若就业规则的内容合理，则可以成为劳动合同的内容。然而，即使可以将标准合同的法律理论与就业规则进行类比，为什么拒绝接受就业规则变更的劳动者必须遵守它呢？

许多学者已经提出了自己的观点来回答这个问题。其中一种观点认为，劳动者在订立劳动合同时已经默示同意合理变更。另一种观点表示，用人单位有权根据某些要求改变条款和条件。这些学术观点都未能充分回答这个问题。然而，自从 Shuhoku 巴士案裁决后，最高法院多次作出类似裁决，该裁决已经完全确定下来。因此，尽管法律的一般原则不允许一方在未得到另一方同意的情况下单方面改变合同条款，但用人单位可以通过改变就业规则来单方面改变劳动合同的内容。因此，在当今日本，由于存在就业规则和集体协议，个人劳动合同的作用非常有限。

在 Shuhoku 巴士案之后的案件中，最高法院规定法院应审查劳动合同对就业规则内容进行的修订及其必要性，以确定该修订是否合理。[②] 相应地，法院一般会考虑以下几个方面：相关修订会给劳动者带来多少以及何种损失；相关修订有多少商业上的必要性；修订后的就业规则内容是否合理；相关修订是否给予劳动者一些补偿条款，以作为修订的交换条件；以及与工会的谈判进程、其他工会与劳动者的态度和社会整体情况等方面。在对工资、退休津贴等较为重要的劳动条件做出修订的情况下，法院对修订内容在商业上的必要性有更高要求。[③]

---

① Shukoku Bus case, the Supreme Court,(1968) 22(13) SMS 3459.

② Takeda System case, the Supreme Court (1983) 418 RH 21.

③ Omagari Nokyo case, the Supreme Court (1988) 42(2) SMS 60; Michinoku Ginko case, the Supreme Court (2000) 787 RH 6; Hakodate Shinkin case, the Supreme Court (2000) 787 RH 17; Ugo Ginko case, the Supreme Court (2000) 788 RH 23.

法院在审查修订内容是否合理时，除非修订内容对劳动者极为不利（这种情况下，修改内容通常是不合理的），否则审查在很大程度上依赖于用人单位与组织了绝大多数劳动者的工会进行谈判和做出修改的事实，并且这种趋势日益普遍。[①]

另外，上述就业规则对职场中个人劳动合同的约束力仍然有效，仅受到最高法院裁决的支持。因此，有必要明确规定这种约束效力，以防止用人单位与劳动者之间就劳动条件产生争议。

为此，《劳动合同法》颁布，其中几项规定涉及就业规则的约束力。第7条规定，劳动者和用人单位签订劳动合同的，若用人单位已将规定有合理劳动条件的就业规则告知劳动者，那么应当按照就业规则规定的条件来确定劳动合同的内容。第7条进一步规定，若劳动者和用人单位对劳动条件达成共识，但是与就业规则的内容有所不同，则上述规定不适用于该劳动合同的任何部分，但属于第12条的情况除外。第12条的内容与此前《劳动合同法》第93条相同，规定若劳动者与用人单位之间约定的劳动条件不如就业规则中的原有条件时，合同内容无效。在这种情况下，无效的劳动条件将被就业规则的固定标准所取代。

《劳动合同法》规定了就业规则发生变更后劳动合同的约束力。因此，第9条明确规定的合同原则是，在未与劳动者达成协议的情况下，用人单位不得修改任何构成劳动合同内容的劳动条件。然而，本条承认第10条规定的这项原则的一个非常重要的例外情况。第10条将上述关于就业规则的判例法纳入《劳动合同法》，明确规定鉴于变更对劳动者造成的损失、改变劳动条件的需要、劳动条件变更内容的合理性、与任何工会或类似组织的谈判状态，以及与就业规则的变更有关的任何其他情况，若用人单位将就业规则的变更告知劳动者，并且变更合理，那么应当根据变更后的就业规则来确定劳动合同中的劳动条件。

（七）劳动关系的习惯做法

劳动关系的习惯做法（惯例）是否属于法律渊源，学者观点不一。然而，过去的习惯做法可能在以下情况下具有重大法律效力：

1. 此种长期重复的习惯做法可视为劳动合同的一部分。

2. 此种长期重复的习惯做法可以用来阐明集体协议和就业规则的模糊规定。

3. 若用人单位行使权利与长期重复的习惯做法相互矛盾，可被视为“滥用权利”而失去效力。

4. 用人单位的行为违反其与工会之间长期重复的习惯做法，则可构成不正

---

① Daiichi Kogata Hire case, the Supreme Court (1992) 1434 HJ 133; Daishi Ginko case, the Supreme Court (1998) 710 RH 12; Michinoku Ginko case (n77).

当劳动行为。

(八)案例与法律理论

由于日本法律属于大陆法系而不是普通法系,所以具有约束力的先例或遵循先例这个概念在日本是不普遍的。从理论上讲,除宪法和法律外,法官不受任何其他规则约束,他们可以根据自己的良知独立做出裁决。

但也有例外,如当案件提交至最高法院审理时,下级法院的裁决与最高法院以前的裁决存在明显冲突,那么下级法院的裁决很有可能被推翻。因此,下级法院往往会遵循司法先例,特别是最高法院的判例。与此同时,判例法也是很重要的,因为立法往往是抽象的,只规定了基本规则,因此,在新案件出现的时候,判例法对于编纂立法条款来说是必不可少的。显然,对于法律研究而言,对法律先例的研究是不可避免的。

在劳动法的短暂历史中,判例法起了非常重要的作用。然而,与此同时,这一事实也导致了劳动法的混乱。劳动法的理论和实践都是新的,不存在重要的既定惯例,结果法官几乎可以遵循任何法律依据。年轻的法官往往会采纳新的理论,这种趋势导致判例法的稳定性变差。关于法律理论,日本的法律与其他大多数现代法律制度一样,并不将法律理论视为法律渊源。然而,法官们相当重视法律学者的工作。法庭判决的很多评论都会发表在法律刊物上,法官们通常会仔细考查这些评论。劳动关系委员会的命令和决定与法庭在不正当劳动行为案件领域做出的裁决几乎同样重要。

(九)国际渊源

《宪法》规定,日本应切实遵守国际条约[第98(2)条],并由国家最高权力机关——国会批准生效(第61条和第73条)。然而,《宪法》却没有提及经签署和批准的国际条约本身是否在本国范围具有法律效力的问题。因此,即使对于经签署和批准的国际劳工组织公约,法律理论也是有分歧的。然而,假定提供具体规范的国际劳工组织公约应在本国范围具有法律效力也是合理的。[①]

截至2001年,日本已经批准了48项国际劳工组织公约(其中7项日本已经声明废除),其中包括关于《结社自由和保护组织权利公约》(第87号),《组织权与集体谈判权公约》(第98号),《同酬公约》(第100号),《有家庭负担的工人的公约》(第156号),《残疾人职业康复和就业公约》(第159号),《私营就业机构公约》(第181号),《禁止和立即行动消除最恶劣形式的童工劳动公约》(第182号)和《促进职业安全卫生框架公约》(第187号)。

---

① Toru Ariizumi. Rodokijunho (Labour Standards Law) ,Yuhikaku,1963: 31-32.

第五章　环境保护法律与政策

环境政策和与之相关的法律涉及各个领域，对这些领域进行逐一探讨是不切实际的。在21世纪，最重要的环境政策便是温室气体排放（GHGs）方面的政策了，因此本章的重点在于日本在控制温室气体排放方面的法律与政策。

一、法律框架

（一）日本环境保护和排放控制法律概述

日本的环境保护法律体系包括：规范框架法；具体监管法；保护法；良好环境补贴法和促进法；关于环境问题争端解决和损害赔偿的法律。

1993年，日本颁布了《环境基本法》[①]（框架法），阐明了环境保护的三项基本原则：享有良好环境的权利，以及该权利的延续性；减轻过重的环境负担；维护可持续发展并促进国际合作，以实现良好的全球环境。这项法律是政府和其他公共机构制定和实施环境保护法律法规的框架法。该法规定了环境保护的基本原则，为政府和公共机构落实该法提供了指导，但没有规定任何可供执行的具体措施。从这个意义上说，该法可被视为“纲领法”，即用于宣布基本政策和原则的法律。

《环境基本法》第6条第1款指导有关机构确立了空气质量、水质量和土壤质量，以及噪声方面的理想标准，以保障人身健康，保护良好的生活环境。为了建立和实施环保标准和排放标准，在此框架内制定了多项法律，有关标准的两个实例如下。

《水污染法》[②]规定了工厂和其他企业单位须遵守的相关标准，禁止在相关水域产生超出规定标准的污染物质。

类似地，《空气污染法》[③]也禁止商业单位向空气排放超出法律规定范围的污染物。许多其他法律也规定了在各个领域的环境标准。

《环境基本法》第24条规定了材料的回收利用。据此，在汽车、食品、建筑、

---

① Kankyo Kihonho 1993 (Law No. 91).

② Suishitsu Odaku Boshiho 1970 (Law No. 138).

③ Taikiosen Boshiho 1968 (Law No. 97).

家用电器和包装材料五方面的回收法得以制定。

处理全球变暖问题的具体法律包括《反全球变暖法》[①]《节能法》[②]和其他几项法律。其中,《反全球变暖法》具有总体性。下文将就该法进行简要阐述。

《反全球变暖法》于1998年制定,它提出了减少温室气体排放的基本方案,包括执行《京都议定书》的若干规定。然而,除了被指定为“特定企业”的一些企业有报告排放量的义务外,对有关政府和企业采取执行温室气体减排措施,该法并未进行义务性规定。该法中大部分条文规定了减排目标,以及政府和企业有责任努力实现这些目标。因此,政府和企业有义务“努力奋斗”,而不止于执行减排政策和达到减排目标。

该法第22条第1款表示,依照本法规定为“特定企业”的企业须单独或与其他企业共同制定温室气体减排方案并进行公示。第20条第5款规定,“特定企业”须慎重选择相关生产设施,尽可能减少温室气体排放,并公布相关计划。类似地,第20条第6款和第21条规定,企业在生产、进口、销售日用品时,须努力减少温室气体排放。

与控制排放有关的另一项重要法律是《节能法》。该法的目的是在一些领域,如机器生产、运输、建筑和使用中,实现能源使用合理化。在生产方面,经济产业省须公布在加热、还原余热、将热量转换为电力、防止冷却时能源散失等方面的标准,以提高效率。

根据《节能法》第15条第1款,被指定为“特定企业”的企业须规划中长期节能计划。这些企业应向经济产业省报告能源消耗量,以及温室气体排放量。

如果经济产业省确认某“特定企业”能源使用不当,可以直接要求这些企业重新规划提交更合理的计划。如果确认该“特定企业”未能恰当地完成计划,经济产业省可进一步要求该企业采取合理举措。如果该“特定企业”不遵守上述指导,经济产业省有权公布其拒绝遵守指导的事实,并有权发布执行指令。

2012年日本通过了一项对石油、液化石油气-液化天然气(LPG-LNG)和煤炭的商品税征收附加费的法律。这些产品的增税将在该法通过后的三年中逐步执行。这笔额外的税收将用来改善环境。

如上所述,日本应对全球变暖法律的特点在于这些法律一般不直接对企业和其他组织施加温室气体减排的法定义务,而是要求某些“特定企业”制定减排计划,报告并公布结果。从这个意义上说,这些法律是“软法”而不是硬法。[③] 没

① Chikyu-ondanka Taisakuho 2010 (Law No. 117).

② Enerugi-riyo Go-rikaho 1979 (Law No. 49).

③ 参见 Matsumura Yumihiko and others, Rohsukuru Kankyoho. Law School: Environmental Law, 2nd ed., 2010. 书中概述了日本的环境法法律制度。

有法律法规对商业实体温室气体排放量强加配额,除非东京都政府当局就排放配额做出强制规定。因此,在日本,控制减少温室气体排放很大程度上取决于私营部门(特别是生产业和运输业)的主动性。

(二)排放交易

目前在日本,虽然政府(东京都政府的一个相关项目除外)没有强制施加减排义务,也没有规定排放配额,但是为了满足《京都议定书》的相关要求,环境省于 2005 年发起了一个项目,该项目中的一部分自愿排放交易计划已启动。这个计划被称为日本自愿排放交易计划(JVETS)①。根据这个计划,企业承诺履行其承诺的减排量。这个计划可能给予企业补贴,并且有时不取决于减排条件。

环境省邀请了有意参加日本自愿排放交易计划的企业,排放交易是在超额完成减排目标的企业和尚未达到目标的企业之间展开的。这项计划旨在协助中小企业解决温室气体排放问题。若中小企业完成减排目标,可通过这项计划向大企业出售额度。从这个意义上说,这是小企业鼓励政策的一部分。

2008 年,东京都实行了一项制度,强制要求位于东京的建筑设施进行温室气体减排。② 依据该制度,经都政府指定的大型建筑物(这些建筑物所使用的能源,按照石油消耗量计算超过了一定值),其业主或经营者应依照法规有关要求减少温室气体排放。排放交易体系也进行了规定。另外,东京都和埼玉县(毗邻县)就减少温室气体方面进行合作达成了一致。这是日本国内首次实行强制性排放控制系统。

二、私营部门应对温室气体的主动性

如上所述,控制减少温室气体排放的主动权主要在私营部门而非政府手里。考虑到这一点,日本经济团体联合会(以下简称"联合会")的作用值得关注。联合会是一个综合型经济组织,截至 2013 年 7 月,其成员包括日本 1300 家主要公司,121 家全国性工商业协会和 47 个区域性经济组织。联合会是日本最强大,最具影响力的经济组织。

联合会反对引进碳税和限额与贸易机制。其中,它指出,在排放交易体系下:(1)企业可不减排而通过购买额度来完成减排目标;(2)这将抑制向开发减排技术的投资;(3)生产将转移到效率更低的国家;(4)全球排放总量不会下降;(5)边境措施(进口限制)是必要的,但违背了自由贸易原则。

---

① 细节可参见环境省的公告:www. env. go. jp/en/earth/ets/jvets090319. pdf .

② www. kankyo. metro. tokyo. jp/en/climate/cap_and_trade. html,accessed 31 December 2016.

联合会强调，限额与交易机制将导致政府对排放额进行分配(联合会认为这是一种"指导经济"而非自由经济)，还将挫伤私营部门主动性，并且公平公正地分配排放额本身就是不现实的。联合会称实施上述机制将不可避免地导致"大政府"，是低效率、高成本的象征。[①]

1991 年，联合会发布《地球环境宪章》，阐明了减少温室气体的项目，自此，联合会也一直投身于有关活动。联合会减少温室气体的项目称为规划、执行、审核和行动(PDCA)，包括：参与企业自愿规划减排目标(规划)；参与企业实施计划(执行)；参与企业将成果向评估委员会和政府委员会(审核)报告；评估委员会审查各个行业的成果，并规划进一步温室气体减排行动计划(行动)。作为这个项目的一部分，联合会宣布了低碳社会承诺(2013 年)，根据这项承诺实施的项目如下[②]：

> 各行业通过行业协会设定一定时期内的温室气体减排目标。行业协会规划减排项目。相关行业有责任制定措施完成各自目标，并将结果报告给联合会设立的审查委员会进行评估。截至 2013 年 11 月 1 日，43 个行业的行业协会规划出了有关计划，涵盖了日本绝大部分主要行业，另有 7 个行业的协会已表示有意向参与此项目。

作为上述减排计划样本，日本钢铁工业协会关于粗钢生产减排项目的总结如下：

> 到 2020 年，若粗钢生产总量为 1.197 亿吨，预计当年温室气体排放量为 1.954 亿吨二氧化碳，那么目标则是将排放量减少到 1.904 亿吨二氧化碳。如果目标达成，就相当于减排了 500 万吨二氧化碳，即减排了 2.5%。
>
> 若粗钢生产总量为 1.297 亿吨，预计当年温室气体排放量为 2.075 亿吨二氧化碳，那么目标则是将排放量减少到 2.025 亿吨二氧化碳，相当于减排 500 万吨二氧化碳，即减排了 2.4%。
>
> 若粗钢生产总量为 1.097 亿吨，预计当年温室气体排放量为 1.833 亿吨二氧化碳，那么目标则是将排放量减少到 1.783 亿吨二氧化碳，相当于减排 500 万吨二氧化碳，即减排了 2.7%。

上述数据当然会受到经济波动、国际形势和影响企业的其他因素等变量的影响。如果经济或其他商业情况发生剧烈变化，那么须修改生产减排目标。

达成上述目标的重要手段之一便是引进新兴先进技术，例如生产下一代焦

---

① 官方文件：www.kkc.or.jp/ondanka/kikou-hendou/page1_4.html，accessed 31 December 2016.

② 更多细节参见 Keidanren. 低碳社会承诺，www.keidanren.or.jp/en/policy/2013/003_commitment.pdf，accessed 31 December 2016.

炭的新技术，提高室内发电效率，建设新型节能设备，对回收塑料所含化学品进行回收等。

总生产、总排放和总减排数据为参与该项目的 90 家公司提供给联合会的数据的平均数。这些减排数据仅限于将在日本完成的减排，不包括通过联合信用机制的项目在国外实现的减排(下文将对此进行说明)。

其他贸易协会提出了与钢铁工业类似的减排计划。总体而言，这些减排措施的基本格局与日本钢铁工业协会的相似。

如上所述，各行业所采取的计划不包括在联合信用机制下进行的国际项目。假如通过联合信用机制获得的额度也计算在内，减排总额会更大。

目前，114 个行业正在开展上述自愿项目，这些行业的排放量占到日本排放总量的 80%左右。2012 年，这些行业的排放量与 1990 年相比减少了 13.7%，因此，可以说这个自愿项目在一定程度上取得了成功。

三、国际合作

最初，日本非常积极地参与到制定《京都议定书》①的过程中。加入京都议定书工作计划的国家达到 192 个，这是一个雄心勃勃的计划②。根据这项计划，38 个发达国家有义务按照联合国要求减少一定程度的温室气体排放，154 个发展中国家对减排不负有义务。日本的温室气体排放量须在 1990 年的基础上减少 6%。除排放配额外，《京都议定书》还规定了清洁发展机制(CDM)、联合履行机制(JI)和绿色投资机制(GIS)。

从 1997 年到 2010 年，在京都工作计划实施期间，全球温室气体排放总量从 227 亿吨增长到 300 亿吨。这个结果并不尽如人意，原因之一是中美这两个排放量最大的国家并未受到《京都议定书》的约束，还有就是发展中国家(他们不受减排工作计划约束)的排放总量有所上升。鉴于《京都议定书》这一令人失望的表现，日本决定于 2012 年年底退出这项计划。

与此同时，重要国家继续通过缔约方会议(CoP)开展国际减排谈判。缔约方会议是一个以实施《联合国气候变化框架公约》为目的的论坛。2015 年，各方就《巴黎协定》达成共识，该协定规划了《京都议定书》2020 年到期后减排的法律

① 《京都议定书》的全文和相关信息，参见 http://unfccc.int/kyoto_protocol/items/2830.php; UNFCCC, Uniting on Climate: A Guide to a Climate Change and the Kyoto Protocol (UNFCCC 2007).

② 关于国际环境和贸易问题的综合论述参见：WTO-UNEP. Trade and Climate Change (WTO 2009); Gary C Hafbauer, Steve Charnovitz and Jasum Kim. Global Warming and the World Trading System, Peterson Institute for International Economics, 2009.

框架。依照《巴黎协定》,各方力求减少排放,每隔5年宣布其减排目标。《巴黎协定》的生效须由排放量占总额55%的55个国家批准。目前,日本尚未批准这一协定,但预计不久便将批准。日本承诺在2013年的基准线上减少26%温室气体排放(以2005年为基准则为25.4%)。

四、联合信用机制(JCM)和双边抵消信用机制(BOCM)

碳信用制度的双边和多边协议的概念是缔约方会议的一个重要特点①,即联合信用机制和双边抵消信用机制。②

两个或两个以上的国家可能通过环境贸易协议的方式就两方面达成协议:一是温室气体联合减排(可能是双边、区域性或多边协议),二是相互借贷减排额度并且利用这种信用机制来规避缔约方的减排义务。上述方法本来是被《京都议定书》所禁止的。然而,如前所述,自缔约方第15次到第19次会议,经过讨论,上述概念已被纳入到缔约方会议工作计划中。这个工作计划是为了补充《京都议定书》下的清洁发展机制。它是一个临时措施,在新的温室气体减排计划产生之前将一直有效。然而,新的计划能否建立目前仍是一个未知数,也许不会有任何有效的新多边工作计划。因此,这个临时措施的使用时间可能会比原计划更长。

上述假设的双边和多边协议可通过图5-1说明。

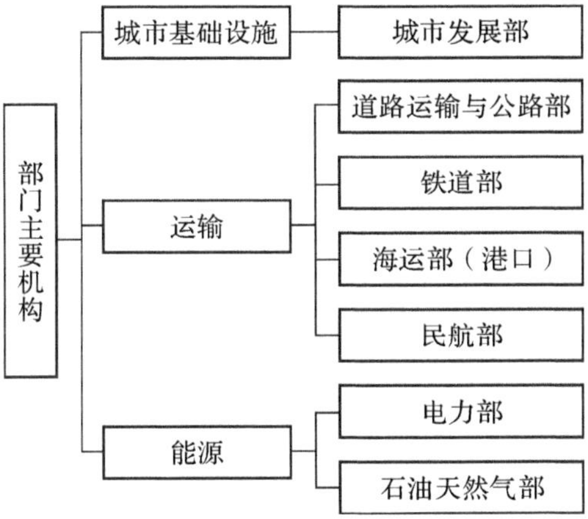

图5-1　联合信用机制的概念

① JCM和BOCM的进展参见:Government of Japan. Recent Development of the Joint Crediting Mechanisms (JCM) (14 January 2014), www. env. go. jp/earth/ondanka/mechanism/bilateral/attach/jcm-bocm_trend1401_2. pdf. accessed 31 December 2016.

② Government of Japan. Recent Development of the Joint Crediting Mechanism JCM)/Bilateral Offset Mechanism (JMC)/Bilateral Offset Mechanism (BOCM) (14 January 2014), www. mmechanism. org/document/130206_mmechaseminar-govj. pdf. accessed 31 December 2016.

A、B两国政府商定减少温室气体排放。A国企业向联合信用机制和联合委员会申请项目。联合信用机制和联合委员会批准该项目后,A国企业可独自或联合B国企业向B国环保企业进行投资和技术转让。A国和B国政府可提供财政支持、投资担保和其他援助。这样,投资和其他相关资源便转移到了B国,减排目标也得以实现。

A国可以通过上述方式实现气体减排,达成减排义务或减排目标。

发达国家的环保企业可以相互之间开展合作,也可与发展中国家企业开展合作,通过联合企业的形式来推广环保项目。

上述项目减排量应依据A、B两国之间的协议,可视为A国政府减排量(或A、B国政府减排量)和项目承接企业的减排量。在这个过程中,所获得的额度可用于抵消A国政府或企业减排的承诺或目标。

该协议只涉及两方政府及其企业。然而,存在两个以上政府及其企业参与的情况。因此,协议应该制定一个更为详细的计划,解决哪一方可获得多少信用额等问题。如果参与项目的政府及其企业未承诺减排,那么他们将不能获得碳信用额度,但可以就许可他人使用某技术收取许可费,获得利润分红或者通过其他方式得到补偿。

这个计划显示了民营企业发挥主动性的重要性,因此,与《京都议定书》相比,更加“商业友好”。

五、联合信用机制中的日本政府的项目

日本的温室气体减排相关的环境政策中,联合信用机制具有高度优先权。自20世纪80年代以来,日本工业在其生产活动中减少温室气体排放十分高效,因此,减少工业活动产生的温室气体便没有了太大空间。在当今日本,温室气体主要来源是运输行业和普通家庭,恰恰是这些领域的减排难度更大。鉴于这种情况,日本政府非常重视从海外取得温室气体信用额,以此满足日本政府做出的承诺。

日本政府颁布的联合信用机制基本原则如下:①

在双边联合信用机制项目中,联合委员会由双方政府代表组成;

联合委员会批准或者驳回企业的建议书;

联合委员会指定一个第三方审查委员会,这个委员会对提议项目进行审查,并颁发有效证书;

---

① Government of Japan (n93).

第三方审查委员会通过的项目由联合委员会进行登记，双方政府都应保存注册表；

在联合委员会的请求下，双方政府签发信用额；

双方应确保其他评审机构不会对信用额重复计数。

在现行联合信用机制系统下，授予的信用额在初期是不可交易的。然而，各方可进行谈判，使信用系统可及早转换为可交易的系统。

日本政府一直努力推动外国政府加入联合信用机制协议，迄今已与11个国家达成协议，包括印度尼西亚、埃塞俄比亚、越南、蒙古、孟加拉国、肯尼亚、马来西亚、马尔代夫、哥斯达黎加、帕劳和柬埔寨。正在进行谈判的国家有泰国、印度、沙特阿拉伯、墨西哥、塞内加尔和斯里兰卡。在联合信用机制协议下，许多项目已获得批准。①

① Government of Japan. Recent Development of the Joint Crediting Mechanism (JCM) (January 2014), http://www.meti.go.jp/policy/energy_environment/global_warming/pdf/201401_JCM_ENG.pdf(accessed 28 December 2016).

第六章 解决纠纷和争端的法律

一、引言：日本法院和日本纠纷解决文化

1868年明治维新后，从长达数百年的幕府统治手中夺回政权的日本天皇建立了日本现代的或者说西方化的法律纠纷解决体系。新帝国政府试图借鉴西方先进法律体系，推进国家现代化，起初效仿法国，后来模仿德国。1890年，日本全国性的现代民事司法体系建成，其中法院组织法和民事诉讼法是从德国借鉴过来的。二战后，日本受到美国的强烈影响，整个司法体系发生了重大变化。最高法院经历了重建并拥有了宪法审查权；现有司法体系中引入了家事法院制度；普通法程序中的某些方式也被采用了，如由当事人对证人进行询问，而不再是法官。

如上所述，尽管自19世纪末以来，制度"现代化"已进行了一个半世纪，然而事实上，日本传统的"纠纷解决文化"仍是当代司法体系运作的基础。日本社会经济活动日益增多，但向日本法庭提起的诉讼却相对较少，而且在近期，日本的司法环境已无力消化大幅增加的律师，从这些情况就能看出这一点。约翰·亨利·威格莫(John Henry Wigmore)[①]指出了传统法律体系的突出特征，即重视并依赖纠纷和解(调解)，对律师的依赖程度相对较低。[②]

尽管1945年之后日本又进行了"美国化"改革，但在距离明治维新150年后的今天，日本社会重视调解和对法庭诉讼依赖程度较低的情况依然颇为明显。可以说，如今的日本已经是一个现代化工业国家，具有民主工业化国家的所有特征，但同时也保留了自己传统法律文化的一些要素，正如其他所有工业化国家也在不同程度上有着本国特色一样。

纠纷解决可以采取法庭或其他正式场合判决的形式，也可以在纠纷方之间

---

① 约翰·亨利·威格莫是证据法方面的权威人士，他曾在东京生活，直到1892年。他认真研究了幕府政权下的法律和实践，并指出，"前现代"日本法律体系的显著特征是纠纷和解的原则、执业律师的缺位和遵循先例的原则。参见 John H. Wigmore. The Panorama of the World's Legal Systems, Washington Law Book, 1936:479ff.

② 威格莫还指出，只有在英国的旧式法院才有严格遵循先例的做法。然而，在社会迅速变化和现代化的时代，这一特征是不可能存在的。

通过非正式场合解决，还可以通过第三方进行调解。以下将首先介绍法院纠纷解决，然后介绍法院之外的各种正式和非正式程序。

二、庭内纠纷解决[①]

(一)民事诉讼管辖权：各级法院及其管辖权

日本司法机构由位于东京的，也是唯一的最高法院统一领导。日本没有独立的宪法法院。最高法院负责全部宪法议题，是日本最高上诉法院。日本的司法机构共分四级，最底层为简易法院，还有50个地方法院和50个同级别的家事法院，8个高级法院(上诉法院)和最高法院。简易法院约有250个，遍布在全国各地，处理涉案金额较小，不超过140万日元(略高于11000美元)的一审诉讼。同级别地方法院和家事法院位于48个行政区的首府，以及北海道北部较大岛屿上的两个市。地方法院是一审法院，有一般管辖权，同时也是简易法院判决的上诉法院。家事法院专门处理各种家庭纠纷诉讼案件，如离婚诉讼，并依据《民法典》中有关家庭和继承法的规定调解家庭和继承事务。许多地方法院和家事法院在首府之外都设有派出法庭。

8个高级法院位于8个主要城市(自北向南分别为札幌、仙台、东京、名古屋、大阪、广岛、高松和福冈)，各高级法院分别受理该地区地方法院一审判决的上诉案件，以及地方法院提交的简易法院二审(通常是终审)判决的上诉案件。在某些特定纠纷中，高级法院也可以是一审法院(如某些选举纠纷)，东京高级法院被指定为唯一有权受理对某些监管机构的判决进行申诉的法院，如专利局和公平贸易委员会。2005年，知识产权高级法院成立，作为东京高级法院的分支机构，可以独立快速地解决专利纠纷。这类纠纷的一审管辖权也仅限于东京和大阪的地方法院。

最高法院受理对高级法院判决的上诉。日本《宪法》规定最高法院为宪法审查法院，因此，在涉及宪法问题的情况下，向最高法院上诉是一种权利，除此之外，最高法院可以自由裁量。同样地，如果一个案件经过了简易法院一审到高级法院三审，在内容与《宪法》相关的情况下，可以向最高法院提起第三次上诉。

下级法院法官通常是“职业”法官。一般说来，必须是法学院毕业生，通过国家司法考试，并在最高法院司法研修所培训一年。成为执业律师(bengoshi)的要求也基本相同。由于资格相同，所以律师可以做法官，反之亦然。大多数法官

---

① 参见 Hattori-Henderson. Civil Procedure in Japan, N. Y., Juris Publishing, loose leaf edition to be completed in 2017. 日本民事程序的基本信息可参见 Oscar G Chase and others (eds). Civil Litigation in Comparative Context, Thomson/West, 2017.

在培训后就立即开始了司法职业,并在司法机构内逐步晋升。最高法院的15位大法官中通常有3位是从经验丰富的律师中选任的,大多数是由法官晋升的,至少有一位须为大学学者。

(二)民事诉讼程序:不同级别的诉讼程序

涉案金额在140万日元以下的民事诉讼由具备一般管辖权的简易法院或地方法院进行一审。任何民事诉讼在启动前都应向管辖法院提交书面起诉书,起诉书中应首先陈述原告的诉求,并陈述有关法律依据。民事诉讼及其判决结果分为三类:

1. 请求判决是否存在某种权利或法律关系的确认之诉;
2. 请求判决按规定履行付款或货物交付义务的给付之诉;
3. 请求判决创立新的法律关系的变更之诉,如离婚诉讼。

当然,与其他地方一样,最常见的民事诉讼是要求履行付款的给付之诉。在提起民事诉讼时,原告应当说明具体请求和请求给付的金额。对于所谓的"一般起诉请求",在某些普通法国家允许法院酌情判决,但日本是不允许的。

民事诉讼各方不需要执业律师代表。在简易法院,允许自主辩护或"自主诉讼",而且这种情况相当普遍。被告自主辩护在大城市的地方法院并不罕见,甚至在最高法院也可以自主辩护,但这种情况非常罕见。提起诉讼时,原告应当向主管法院申请。法院一般通过邮局的特殊邮件服务向被告邮寄起诉书副本。民事诉讼程序规定了在无法进行邮寄送达时的各种"替代送达",如在被告地址不明的情况下可以公开送达。

起诉案件会自动轮流地分配给法官。一个简易法院案件由一名法官从头至尾进行处理。在地方法院,除非被指定的法官认为该案件应当由三名法官共同审理,否则该案件将由该法官单独审理。实际上,地方法院一审民事案件中只有约10%的案件是由合议庭审理判决的。合议庭由一名主审高级法官,一名中级职业法官和一名辅助审理的年轻法官组成,每个人都有相同的投票表决权。所有法官都是职业法官。与刑事案件不同,民事案件不采用陪审制。

原告应当向法院提交起诉书原件,起诉书复印件会通过邮寄的方式送达给被告。作为回应,被告可以提交应诉书,应付书也会通过相同方式送达给原告。原告与被告之间还可以进一步提交或接受应答文书。当事人也可提交各种文件证据。

诉答流程结束后,法院便可以确定首次开庭日期,并将该日期通知给当事人或当事人律师。当事人的书面陈述(功能上等同于未经公证的宣誓书)也可作为证据提交。如果涉及比较棘手的复杂案件,法庭可安排预备会议,让法官和律师进行非正式讨论,以便找到真正的争议问题并确定开庭时间。在比较简单的案件中，上述环节在第一次正式开庭中进行。

因此，如果有任何书面证据，应在诉讼的早期阶段提交；如果案件不能在早期阶段得到解决，法院应按照当事方通常的提议，开始听取证人的证词。如果负有举证责任的一方的重要证据掌握在对方当事人手中，那么，举证方可以向法院申请，请求法院向证据持有人发出提交该证据的命令。日本没有美国法律程序中的“宣誓作证”，也没有美国的证据公示制度。

在日本，没有类似于普通法中的“审判”的概念或制度，从定义上来看，审判一旦开始就应当审结。在日本，可以间隔询问证人。换句话说，案件并非是持续进行的，而是分为若干次聆讯，有时会延长至数月乃至数年。通常，法官每天，甚至可以说每小时都在法庭上聆讯各种各样的案件。人们希望法官可以连续询问同一案件的各个证人以加快某一案件的进度，但实际操作起来却非常困难，原因是上述做法会延误其他案件。尽管法官在一次聆讯中尽可能多地询问了证人，但在繁忙的都市法院中，下一次聆讯将在几个月后。

询问证人是通过交叉询问的方式进行的，首先由传唤方对证人进行询问，接着再由对方当事人进行询问。法官通常只会在双方询问结束后提出补充问题。这是第二次世界大战后美国在占领期间引入日本的，具有普通法特征，沿用至今，没有重大修改。然而，如果当事人双方都是自主辩护，就不能采用这种“对立”的方式。此时，法官应积极介入，才能从证人那里得到必要的信息。

原告应根据案件适用的实体法陈述案件，并对其陈述的事实进行举证。这个程序在被告辩护时同样适用。法庭会做出聆讯总结，根据案情做出相应判决。当起诉书递交的法院不当时，将会被移交到有管辖权的法院。如果没有对应的日本法院，该诉讼就会被撤销。法院将受到原告所提请求的约束，不得提供原告未请求的救济措施，但部分特殊情况除外。

一审判决可以上诉到有管辖权的上诉法院。上诉程序在理论上是一审程序的延续。因此，在上诉阶段可以提出新的事实和新的证据。但事实上，这种做法通常不被接受，除非有正当的理由。因此，上诉程序通常比较快。如果上述理由充分，上诉法院会对判决进行修正，否则会维持原判；上诉法院认为有必要进一步聆讯的情况除外。

如果一起普通案件在简易法院进行一审，上诉法院则为有管辖权的地方法院，由三名法官组成合议庭。地方法院的判决可上诉到在地理上有管辖权的高等法院，由三名法官共同审理。

为了防止案件过多，向最高法院提请最终上诉是有限制的。依据《宪法》，最高法院是最高宪法法院，因此真正的宪法议题自始至终可以向最高法院提出上诉。严重的程序错误，如法庭组成错误、违反公开审理原则等情况也可上诉。事实审查错误不可上诉；实体法使用错误由最高法院自由裁量。1996年新的《民事诉讼法》首次确认了最高法院可自由裁量是否受理上诉，以免最高法院被大量上诉案件淹没。因此，最高法院现在每年能有序处理的上诉案件大约有2000起。

涉案金额为140万日元以下的小额案件的一审必须在简易法院进行。这类案件的程序大大简化，许多简易法院的法官之前都是法庭书记员，由司法机构内部提拔上来的。当事人聘请执业律师代表的情况比较少见。还有一种法律工作者叫“司法代笔”，可以在简易法院中代表当事人。

涉及家庭关系的诉讼，通常为离婚案件，由家事法院审理。家事法院的办公楼通常是独立的，并与地方法院相邻而立。家事法院法律顾问是司法机构的长期雇员，具有心理学和社会学背景，负责协助家事法院法官。家事法院也处理青少年犯罪，在这类案件上基本等同于刑事法院，但这个职能不是本节讨论的重点。

家事法院的诉讼程序应依照《家庭诉讼程序法》，该法在《民事诉讼法》基本规定的基础上进行了一定程度的修改，即当事人意思自治受到了某种程度的限制，法官在程序上的控制更大。例如，当事人某一方对某一事实表示承认不构成对法院的约束，法院对事实的审查必须通过证据进行。

（三）判决强制执行与临时救济措施①

如果某终审判决在日本或其他承认日本判决的地方具有判决效力，那么这个判决就是具有执行力的。如果法院判令被告实施某特定行为，如付款、交付标的物，或者禁止其实施特定行为，如禁止公开诽谤性文件，而被告不予遵守，那么狭义上的“判决强制执行”，或者说判决的“实行”就显得有必要了。民事判决的正常执行对于纠纷的有效解决是非常必要的。

法院应当强制执行其作出的判决，但执行过程应与判决移交过程分开。1979年的《民事执行法》规定了一系列复杂的执行程序，其中典型且常见的强制执行类型是付款判决的强制执行，分为三个步骤：(1)没收债务人所有的财产；(2)出售上述财产；(3)债权人对上述程序的认可。具体程序根据债务人被没收财产类型（不动产、动产、无形资产如债权或专利等）而有所差异。在日本现行法律体系下，其他债权人也可以参与这一过程，并有权在这一过程中要求对债务人财产按比例受偿。

---

① 参见 Hattori-Henderson. Civil Procedure in Japan, N. Y., Juris Publishing, loose leaf edition to be completed in 2017. 日本民事程序的基本信息可参见 Oscar G Chase and others(eds). Civil Litigation in Comparative Context, Thomson/West, 2017.

非金钱判决的强制执行应根据目的采取适当方式进行。特定物品的交付由执行官(司法官)实施,基本上就是从被执行人处取得该物并保管。指令性判决是通过征收不履行罚款来实施的。日本法律体系是建立在民法体系之上的,没有普通法法系中所谓的"藐视法庭",这有时会给执行带来困难或降低判决效力。

冻结债务人资产或保持债务人当前状况通常是有必要的,可以确保日后执法的成效。1989 年的《民事保全法》为律师提供了多样化的执法方式,在律师的日常执业中有着重要作用,例如,律师可以向法院申请临时扣押令,以确保将来从扣押财产中偿还债务,如果扣押财产为不动产,那么可以通过不动产登记来确保扣押效力。可采取多样化的临时处置手段针对各种紧急状况进行财产冻结。

(四)法院附属调解制度(调停)

如上所述,日本传统司法制度重视通过和解或努力进行和解以解决纠纷。虽然日本法律体系完全照搬德法两国的模式进行了现代化改造,但"折中"的传统依然延续了下来。法官一直致力于作为调解人进行和解。法院充分利用了 1890 年《民事诉讼法》的有关规定,即允许法官要求各方进行和解。为此,所有的法院都设有被称为调解室的小型办公室。所达成的和解与终审判决具有同等效力,可依据执行程序执行。

早在 1911 年,立法机关就建立了正式的法院附属调解制度"调停",该制度的设立是为了解决城市人口急剧增长所带来的房东和租客间的纠纷问题。每有社会经济的变化,便会带来新型纠纷,和解的范围也就相应扩大了,例如,20 世纪 70 年代的交通事故调停和 90 年代的消费贷款调停都被写入了法律。

目前,一般民事纠纷调停,无论争议金额多少,主要由简易法院审理,家庭纠纷调停由家事法院审理。在这两种调停制度中,案件由一名法官和两名调解人组成的"调解委员会"受理。在家事法院中,调解人总是由一男一女两个人组成,其中一人通常是律师。调解人的背景各不相同,有家庭主妇、退休法庭书记员、退休或活跃的学校教师、宗教人士等。简易法院的调停制度可用于解决各种民事纠纷。

大型商业纠纷也可以在简易法院进行调停,但东京地方法院有一个专门调停重大商业纠纷的部门,聘请退休的商业人士充当调解人。有统计资料公开了各类调停的成功率:家庭调停成功率通常较低(40%),民事调停成功率较高(70%)。已达成的调停协议,若采用法院的文书形式,则与判决具有同等效力,可以通过执行程序强制执行。调停确实是日本司法体系的重要组成部分。日本政府也一直致力于将这种制度作为法律建设合作的一部分介绍给其他亚洲国家。

三、法院以外纠纷解决

(一)仲裁[①]

现代《仲裁法》是极具德国特色的德国《民事诉讼法典》的一部分,后被引入日本。有关历史证据表明,在第二次世界大战结束前,《仲裁法》仅在某些情况下才会有限制地适用。二战结束后,《仲裁法》虽然没有进行修改,但除了航运业,几乎从未在国内商业中适用过《仲裁法》。

2001 年始,司法制度改革开始,已有 100 多年历史的日本《仲裁法》终于在 2003 年被新《仲裁法》取代,新《仲裁法》忠实仿效了 1978 年的《联合国国际贸易法委员会仲裁示范法》(UNCITRAL)。然而,与《联合国国际贸易法委员会仲裁示范法》不同的是,日本新《仲裁法》适用于所有在日本发生的国际国内仲裁。尽管有了这种立法创新,也不能说仲裁在日本国内或国际上有很高的使用率。

在今天的国内商业合同中,仲裁条款仍不常见,这可能是因为日本当事人双方对日本司法机构相当地信任。相比之下,仲裁条款在国际商业交易中的使用却相当普遍,因为外国当事人倾向于订立仲裁条款。当事人可以商定的仲裁机构比较多,如国际商会(ICC)、美国商务仲裁协会(AAA)、伦敦国际仲裁院(LCIA)等。在日方议价能力更强的情况下,就可以商定日本商事仲裁协会(JCAA)为仲裁机构。据悉,商定新加坡国际仲裁中心(SIAC)当仲裁机构的情况正在增加。

在日本,仲裁只适用于比较有限的领域,即解决小额建筑纠纷,通常是个人业主和小型承包商之间的纠纷。这类交易通常使用标准的格式合同,其中就包括由附属在国土交通省下的建筑纠纷委员会进行仲裁的条款。各县首府的地方委员会也具有相同职能。仲裁委员会由律师和专业建筑人士组成,其报酬由社会承担。因此,当事人只需支付少量费用。

然而,大型建筑项目并不采用这一制度。日本不同于其他国家,几乎没出现过大型建筑纠纷,原因是纠纷在行业内就以某种方式预防或解决了。大型承包商和分包商之间不会互相起诉,而是在行业内自主解决,这似乎是他们保留至今的传统文化。现在,日本大型承包商在日本以外也有很多业务,他们时常会卷入到与业主或分包商的纠纷中,这时,他们需要参与在海外进行的大型国际建筑仲裁。

---

① See generally, Taniguchi and Nakamura. "Japan" in Michael J Moser (ed), Arbitration in Asia, loose leaf edition, Juris Publishing; Taniguchi and Nakamura. "Japan" in ICCA Handbook of International Commercial Arbitration, loose leaf edition, Kluwer.

至于运输纠纷，如上所述，传统的日本海运集会所(JSE)自19世纪以来一直积极处理各种国际、国内航运纠纷。和其他行业相比，运输业也许比较例外，原因是即使在日本国内，仲裁也是解决航运纠纷的标准手段。

(二)日本其他替代性纠纷解决机制

长达数世纪以来，日本传统社会一直遵从儒家“和”的思想，人们普遍认为，日本社会的纠纷和硬冲突更少。人们试图避免诉诸法庭诉讼的整体倾向性看起来比西方社会更显著。前文所述的调停体系的发展确实印证了这种文化，尽管调停是司法机构的职能之一。

除法院外，市政当局和其他公共、私营机构也有类似的纠纷解决功能，例如，作为中央政府代理机构的消费者保护局，提供消费者咨询服务，解决大大小小的消费者纠纷。顺带一提，该机构牵头完成了2013年《消费者集体诉讼法》的立法(该法于2016年生效)。地方(县、市)政府也提供类似的职能，一般通过“公民咨询窗口”受理公民的投诉和申诉，而且在某些案件中，有关官员可以通过非正式的形式解决纠纷。

长期以来，一些民间组织也积极有效地解决特定领域的私人纠纷。最著名的案例是20世纪70年代由保险公司与律师协会合作创立的机动车事故纠纷解决中心。此制度运作方式如下：在强制汽车保险制度下，保险公司收取一定数量的保险金额，在政府监督下预存充足储备金，在不影响保险制度自身运作的前提下，将累计所得利息用于维持该中心的运行。

因此，交通事故受害人如不接受保险公司的初始报价，可向该中心提出申请，由资深律师组成的中立小组评估保险公司应向受害者支付的金额。保险公司已经评估预先达成了一揽子协议，但如果受害人不满，可自行向法院起诉，获得更多赔偿。但此类诉讼并不常见，因为这些评估是以判例为基础的，不可能作出更高的裁定。整个程序对受害索赔方不收费。

一些行业团体也提供各种各样的纠纷解决服务。例如，消费品制造商管理的产品责任(PL)中心，银行、股票经纪人、保险公司管理的金融服务纠纷中心。这些服务中心会分别与当地律师协会签订合同，协会派成员到该中心听取申诉，并联系相关制造商或金融机构来解决纠纷。申诉人无须为该服务支付任何费用。多数地方律师协会都有自己的“仲裁中心”，实际上就是为公民之间和公民与企业之间的各种纠纷提供调解服务，并且都在不同程度上取得了成功。

近期有一项由政府发起、处理重大社会政治问题的新的调解服务，即2011年日本东北部地震海啸后建立的核污染赔偿调解中心。那场地震海啸使东京电力公司(TEPCO)位于福岛的一家核电厂遭到了严重破坏，令数百万人遭受损害。现在，受害者可以向政府调解委员会组织的调解中心求助，议定款项将由政府控制的东京电力公司立即支付。数百名当地律师协会成员在调解中心担任调停员。

2001年,小泉首相任命的司法制度改革委员会就各种议题提交了报告,其中一项建议是推广替代性纠纷解决机制。这条建议有些不同寻常,原因是在法院诉讼之外解决纠纷是日本的惯例,而非例外,但事实上,除法院之外,通过调停体系提供积极的替代性纠纷解决服务的只有少数“机构”。

基于上述建议,新的《替代性纠纷解决法》于2003年颁布了,目的在于推进并规范在私营机构建立提供替代性纠纷解决服务的部门。该法首次确立了总体方案,即提供替代性纠纷解决服务的私营机构可以通过政府认证,但这种认证不是必需的,因此不会对现有的私营替代性纠纷解决服务组织产生影响,例如上文提到的由保险公司运营的机动车事故赔偿中心。然而,政府认证并不会增加已达成调解的效力,因为调解在执行程序中并不具有强制性,但达成的调停则有强制力。

至今,法务省依据新法认证的替代性纠纷解决组织已经超过100个,然而,新建的认证组织鲜有认证成功的。有评论指出,除非法院附属的调解制度(调停)完全废除,否则新的《替代性纠纷解决法》不会发挥作用。这种观点可能是正确的,但废除调停制度是否合适仍有待商榷。调停作为日本司法系统的一部分由来已久,并且获得了广泛认可,对于那些后来的提供替代性纠纷解决服务的私营机构而言,调停的地位难以撼动。因此,这些新的提供替代性纠纷解决服务的私营机构未来如何,还需拭目以待。

四、日本跨境纠纷解决

上述日本纠纷解决制度也适用于国际性私人纠纷。日本法院对跨境的争议行使管辖权。《民事诉讼法》规定了日本法院行使管辖权的条件。一般来说,日本法院允许对在日本永久居住的被告进行判决,即居住地在日本的个人或在日本设有办事处的企业。依据《民事诉讼法》第3条第3款的详细规定,对非驻留外国个人或企业,日本有司法管辖权,例如,如果在日本发生侵权行为,外国侵权行为人应受日本管辖。

日本是1954年《海牙民事诉讼程序公约》、1965年《海牙服务公约》的缔约国,但尚未加入《海牙取证公约》。然而,基于国际礼让原则并使用“司法协助函”,通常情况下,日本法院会同意与外国法院合作审查居住在日本的证人。

除非违反了日本的公共政策,否则日本一般会基于互惠原则承认并执行外国判决。因此,1997年最高法院裁定,不承认美国惩罚性赔偿判决,原因是违反了日本公共政策。日本司法机构现已具备处理《海牙诱拐公约》下的案件的能力。如果外国人父母进行了申诉,那么会首先进行调解,如调解失败,则依据《海牙公约》进行判决并强制执行。

上文阐述的各种公共、私营替代性纠纷解决制度也可用于解决国际或跨境纠纷，但语言是一大实际问题。一些成功的家庭调解（调停）案件都配备了会说英语的调解员，并在会说英语的日本律师参与下才成功解决了纠纷。这种情况下是可能的。然而，除了上述针对《海牙诱拐公约》下的儿童诱拐案件的制度外，缺乏专门为外国人提供替代性纠纷解决服务的机构。

针对国际商事纠纷，日本商事仲裁协会准备依据《国际商事调解规则》及《商事仲裁规则》提供调解服务。最近，他们每年接收约 20 起仲裁案件，但相较于那些强势的仲裁机构，如新加坡国际仲裁中心（SIAC）、香港国际仲裁中心（HKIAC）、韩国商事仲裁院（KCAB）和中国国际经济贸易仲裁委员会（CIETAC），日本商事仲裁协会在亚洲仲裁领域的存在感并不显著。

五、日本纠纷解决制度的未来

纠纷及纠纷解决作为一种社会现象，与其所处的社会是分不开的。这就意味着纠纷解决在性质和数量上会随着社会改变而改变。19 世纪以来，现代日本社会已经发生了巨大变化，当前也处于改变当中。当然，社会变革的速度也不会很快。

在日本，西方化纠纷解决方式的某些特点仍值得关注，比如强调以调解方式解决纠纷，而非通过法院诉讼判决。尽管日本本土和跨境经济活动迅速增加，但诉讼数量并未增加。但只要能快速公正地解决纠纷，就不应当否定这种活动的成效。日本企业当前的国际商事规模已经非常巨大，而日本企业作为国际商事仲裁一方出现的次数，在众多国际商事仲裁中心并不多，如国际商会、伦敦国际仲裁院、香港国际仲裁中心或新加坡国际仲裁中心。也许是因为日本人通常行为谨慎，一般不引起纠纷，但如果出现了纠纷，也会试图友好解决。

在日本，聘请律师的做法似乎仍受传统影响。直到 19 世纪 70 年代，都不存在所谓的执业律师，因为法律职业在幕府封建政权下被认为是“不道德的”。1868 年，新的帝国政府将这个职业合法化了，但在很长一段时间里，律师的社会地位一直很低，并且受到政府的严格控制。1945 年战争结束后，律师才赢得了自主，但执业律师在大众眼中的形象并未真正提升。在很长一段时期里，执业律师数量仍然很少，直至 20 世纪 80 年代的“泡沫”经济时代，这种情况才有所改善。

作为 21 世纪初司法制度改革的一部分，日本的律师规模计划扩大三倍。这次尝试显然失败了，原因是尽管日本商业工业活动繁荣，但律师供应增加超出了社会经济的吸收能力。而更深入的研究分析似乎需要更充分地了解这种现象背后的社会经济运行机制。简而言之，日本的争端解决文化似乎有其独特的一面，正如每个社会及其纠纷解决文化可能都是独特的。[①] 然而，从长远来看，日本也正向世界趋势靠拢，其纠纷解决文化必然随社会发展逐渐发生或好或坏的改变。

译者：李俭
浙江工商大学外国语学院副教授

① Classical work by late Professor Kawashima seems still relevant today. Takeyoshi Kawashima. “Dispute Resolution in Contemporary Japan” in Arthur von Mehren (ed), Law in Japan, Harvard University Press, 1963: 39-72.

韩　国

Nohyoung Park
Lori Yi

作者介绍

Lori Yi 博士是大邱启明大学法学院法学教授。自 2003 年以来，她一直开设国际贸易法、欧盟法、替代性争端解决(谈判和调解)等课程。自 2009 年起，她还担任大邱地区检察官办公室的调解员。她也是韩国调解研究学会的成员。

Nohyoung Park 博士是韩国高丽大学法学院法学教授，是韩国自由贸易协定研究委员会的成员。他曾担任高丽大学副校长、院长和网络法律中心主任。他的研究领域包括国际经济法、谈判和调解、网络安全和隐私。他广泛发表学术文章，主要涉及国际法，包括争端解决、贸易技术壁垒、生物安全、电子商务、竞争政策、自由贸易协定和投资等领域的 WTO 问题。

概　述

一、韩国的世界贸易

韩国在过去的50年里经历了巨大的经济发展。2014年韩国的GDP居世界第13位。作为高度依赖对外贸易的亚洲国家之一，韩国2014年对外贸易额总计达到了国家GDP的80%。根据WTO发布的《2015年国际贸易统计》[①]，2014年，韩国在商品贸易方面是全球第7大出口国及第9大进口国，在商业服务贸易方面则是全球第16大出口国及第13大进口国。韩国总体的贸易政策目标是基于市场规则建立一个自由而开放的经济体。依据韩国《宪法》，以及普遍接受的国际法律规则，并以韩国已加入并公布的贸易条约中的自由与公平贸易原则为基础，韩国的对外贸易得到了提高。[②] 为了迎接全球化及充分竞争的挑战，韩国正通过进行多方会谈、参与自由贸易协议的谈判，以及加强与贸易合作伙伴的经济合作以寻求进一步进入主要市场。

韩国积极加入WTO并致力于多边贸易体系，它支持强有力的、以规则为导向的贸易体系，以保障市场准入从而促进全球经济增长与发展。韩国对贸易伙伴至少给予最惠国待遇，其贸易伙伴包括18个非WTO成员和4个与韩国签署双边协议的国家。[③] 根据1992年的《关于南北之间的和解、互不侵犯、交流与合作的协议书》，韩国将与朝鲜的贸易视为韩国内部的商务贸易，因此该类贸易可免除关税。韩国与朝鲜的贸易往来必须取得韩国统一部对于贸易产品的种类、交易类型和结算方式的批准，但是除了在开城工业地区（位于朝鲜，2013年之后也已经关闭）生产的商品外，上述交易从2010年5月24日起已被禁止[第三章(2)(vi)(c)]。开城的产品符合韩国与欧洲自由贸易联盟(EFTA)自由贸易协定

---

① World Trade Organization. International Trade Statistics, 2015: 44, https://www.wto.org/english/res_e/statis_e/its2015_e/its2015_e.pdf(last visited on Feb. 3, 2016).

② Article 3.1, Foreign Trade Act (Act No. 13838).

③ 非WTO成员包括：阿富汗、不丹、老挝、伊朗、伊拉克、黎巴嫩、叙利亚、也门、瑙鲁、瓦努阿图、科摩罗联邦、利比亚、埃塞俄比亚、索马里、安道尔共和国、摩纳哥、圣马力诺和梵蒂冈城；其中，瓦努阿图于2012年加入WTO，老挝和也门于2013年加入WTO；4个与韩国签有双边协议的国家为苏丹、哈萨克斯坦、乌兹别克斯坦和白罗斯。WTO. Trade Policy Review—Korea, WT/TPR/S/268, Aug. 15,2012: 8.

下的特惠待遇标准，但不符合韩国与美国自由贸易协定下[第(iii)(d)(e)节][①]的特惠待遇标准(见表0-1)。

为进一步寻求自由贸易协定的主动权，至2016年3月，韩国政府已取得涵盖54个国家的14个自由贸易协议。[②]

表0-1 至2016年3月韩国已生效的自由贸易协定

国家或组织	生效日期
智利	2004年4月1日
新加坡	2006年3月2日
欧洲自由贸易联盟	2006年9月1日
东盟	2007年6月1日
印度	2010年1月1日
欧盟	2011年7月1日
秘鲁	2011年8月1日
美国	2012年3月15日
土耳其	2013年5月1日
澳大利亚	2014年12月12日
加拿大	2015年1月1日
中国	2015年12月20日
新西兰	2015年12月20日
越南	2015年12月20日

二、法律制度与法律渊源简述

韩国的法律制度采用的是大陆法系。根据韩国《宪法》第6.1条，依照《宪法》制订并颁布的条约，以及普遍被认可的国际法律条约与国内法具有同等效力。韩国法律规定，所有法律和条例在生效之前都必须公布，并在公布和生效之间保持必要的时间间隔。关于法律、总统令、政府规定的资料将在官方公报和综合法令手册中公布。法规的草案通常不对公众公开，但根据行政程序法，对于新法或修订的法律法规的提议，其目标及主要内容必须通过媒体公示，这些媒体包

① WTO. Trade Policy Review—Korea, WT/TPR/S/268, Aug. 15,2012: 26.

② 更多细节参见韩国海关服务网站：http://www.customs.go.kr.

括正式政府公报、公开的公告栏、报纸、广播媒体或者互联网媒体等。

韩国高度重视法律透明度和民众(包括外国人)获知的便利性。许多法律可以提供英语版本,而且在相关政府部门和机构管理的网站上都可以查阅。韩国法制处(MoLEG)将其制定的法律法规的英文版本发布在其网站上(http://www.moleg.go.kr/English/)。这个网站还定期发行月刊《立法》,内容包括该月制定或修改的法律法规,以及与法律法规相关的其他重要新闻。每个机构的立法计划、提议的法律法规也同样会在韩国法制处的网站上公布。现行法律的所有条例都可以通过改革委员会的网站向公众开放,普通公民可以在该网站上发表自己的意见。工业贸易能源部在《进出口准则综合公告》中公布了影响外贸的认证要求,并将在必要时加以修订。①

① WTO. Trade Policy Review—Korea, WT/TPR/S/268, Aug. 15,2012: 22.

第一章　海关制度和法律

韩国既是 WTO 成员国，也是世界海关组织（WCO）的成员国。韩国采纳了由 WCO 主持制定的商品名称及编码协调制度。1997 年金融危机以后，韩国简化了进口程序和所需的文件。除了出于健康或安全等原因被法律限制的产品外，绝大部分产品进口都不需要许可证。大多数的关税都是按从价计算的。对于非农业产品，大约有 90％的商品会被收取 0～10％的关税。此外，进口产品会被收取其他税种，包括增值税（VAT）和特别消费税。增值税是指到岸价格的 10％加上征收的关税。特别消费税则征收特定奢侈品，以及耐用消费品 2％到 20％的关税。[①]

一、法律制度框架

《海关法》《海关法执行令》《海关法执行条例》管辖海关系统。《海关法》的目的是妥善管理关税的征收、进出口货物的清关手续，并获得关税收入，以促进国民经济的发展。[②]

企划财政部（MoSF）负责管理海关。该部门的职权包括关税的制定和征收、海关清关，以及委派韩国关税厅（Korea Cutsoms Service，KCS）[③]行使上述职权。除了这两个核心机构，还有三家地方管理机构，包括海关、海关分支，以及海关监控站。每一位海关官员应当严格遵守普遍认为合理的限制，以考虑到公平的关税规定，此外，海关官员还应当依照《海关法》的宗旨履行职责，行使自由裁量权。[④]

韩国努力精简其海关程序并使之现代化，同时加强了对知识产权和原产地标识的边境保护。韩国关税厅在提高程序的效率和透明度方面，实现了出色的技术进步，成了国际认可的最佳案例。2007 年 2 月开始，韩国关税厅开始了进

---

① HKTDC Research. Republic of Korea：Market Profile，Mar. 15，2016，http://developed-markets-research.hktdc.com/business-news/article/Korea/Republic-of-Korea-Market-Profile/mp/en/1/1X000000/1X0010DN.htm(last visited on Mar. 20，2016).

② Article 1，Customs Act.

③ 韩国海关总局英文网站：http://english.customs.go.kr。

④ Article 7，Customs Act.

出口程序的互联网运作，即通过一个代表12个主要政府机构的单一窗口系统，处理93%的进口核验。该系统包含了韩国食品药品管理局、国家渔业产品质量监督局，以及国家兽医和检疫局。[①]

二、进出口检验程序及标准

（一）进口

韩国采用了一种进口报关系统，该系统可以在完整的进口报关被接纳的基础上即时放行货物。除了与公共卫生和健康、国家安全和环境有关的高风险物品需要更多的文件和技术测试之外，没有违法记录的公司进口的货物，在接受进口申报时，不经海关检查即可予以放行。为了实现无纸化进口清关，韩国关税厅的电子资料交换系统（EDI）允许进口商通过电脑进行进口报关而无须前往海关。[②] 进口报关应当在船舶进入港口前或商品在保税区卸货前向海关递交。在这两种情况下，如果进口报关获批，货物可直接从港口放行而无须存放在保税区。出口商可以在出口清关时用电脑填写发货文件向韩国海关递交出口通知书。除了在负面清单上的商品，所有商品都可自由出口。

1. 进口清关程序

进口清关有一系列程序：当进口商需要进口外国货物，需先向韩国海关办公室主管提交即将进口的货物的报关申请，办公室主管随后查验以确认该报关申请是否依据《海关法》及其他法律条例合法、公正地递交至海关。在受理该报关申请后，海关向该进口商发出进口报关完成证明，允许放行这批进口货物。

一般的海关清关程序包括：提交和注册；审核清关申请以及确认清关条件；受理进口报告并将进口货物移出海关区域。除此以外，相对于一般清关程序，还设有简易程序和针对特殊种类商品的特别程序。现在，韩国所有的海关清关程序都通过电子门户系统“UNI-PASS”进行处理[③]。“UNI-PASS”系统是韩国“e清关”系统在智能清关的基础上，采用可移动概念而创建的智能海关管理系统。

货物从国外抵达韩国后会被存放在保税区。进口商在提交进口报关申请之前，应当符合报关条件并提前获取海关关税减免建议。负责确认清关要求、制作税

① Korea Customs Service. Rushing to Single Window: 278% Year-on-year Increase in Use, http://english.customs.go.kr/kcsweb/user.pdf(last visited on Oct. 5, 2007).

② Export.Gov. Trade Regulations & Customs, http://www.export.gov/korea/doingbusinessinskorea/traderegulationsstandards/index.asp(last visited on Mar. 4, 2016).

③ Youngin Jung, Dong Soo Kim, Un Sang Jung. Chapter 5: Primer on Korean Customs Law, in Chia Jui Cheng(ed.), Customs Law of East Asia, Wolters Kluwer, 2010: 165.

率建议，以及海关关税减免建议的机构将上述电子文件通过网络发送至海关。

进口报关申请需要完成报关表格并将该表格的电子版发送至清关系统。清关系统辨别审查对象和材料提交对象后通知申报人。

在查验方面，海关清关时对货物进行实物检查后会对货物的进口文件进行核验。在递交必需的文件时会对纸质文件进行清关核验，而对于无纸化报关申请则通过电脑进行清关核验，经核验没有发现问题便可获批并登记在册。

为了接收抵达保税区的货物，进口商向海关提供支付关税的担保(或提前向海关缴纳关税)。金融机构通知海关其已通过网络收到了缴纳的关税(在提前纳税的情况下)。

如果海关已经收到了关税款或申报人已设立关税担保，通关系统会自动受理该进口报关申请。通关系统随后会将报关申请的受理细节通知申报人和货物系统(存储仓)。作为对进口商品所有人的到货情况请求的回应，存储仓会确认进口报关申请是否已被受理等，然后再将货物交付给所有人。

进口商应在进口报关申请受理之日起15日内支付关税。金融机构在收到税款后通知海关其已通过网络收到税款。进口文件包括商业发票、原产地证书、装箱单、信用证、海运保险，以及特殊文件。

进口海关程序流程图见图1-1。

2.进口货物原产地的标示

商品进入韩国应当标示原产地。商品在清关时必须贴上韩语标签。在清关前后，标签也可以贴在保税区内的本地产品上。进口商如果想要出口或进口商品，应当标明这些商品的原产地。[①] 如果有人在总统令规定的范围内，通过简单加工毁坏或更改了本应贴在进口商品上的原产地标识，该商品的进口商或者经销商应当标明该产品的原产地。在这种情况下，如果有其他法令对于前述简单加工后的进口产品有不同的标准规定，则适用其他法令。[②]

商品原产地的标明与确认方法在《海关法执行令》中已有规定。[③] 任何人想要进口任何商品都必须按要求给商品贴上原产地标签。该标志应当：(1)印有韩语、中文汉字或英语；(2)标明的字体对于最终买家应当清晰易读；(3)标示于明显的位置；(4)用难以擦除或移除的方式标示。以下行为是被禁止的：(1)错误地标示原产地，或标示了令人误解的原产地；(2)损坏或更改原产地标签；(3)应当标示原产地的产品而没有标示；(4)交易以上三种产品。[④]

---

① Article 33.1, Foreign Trade Act.

② Article 33.2, Foreign Trade Act.

③ Ibid., Article 33.3.

④ Ibid., Article 33.4.

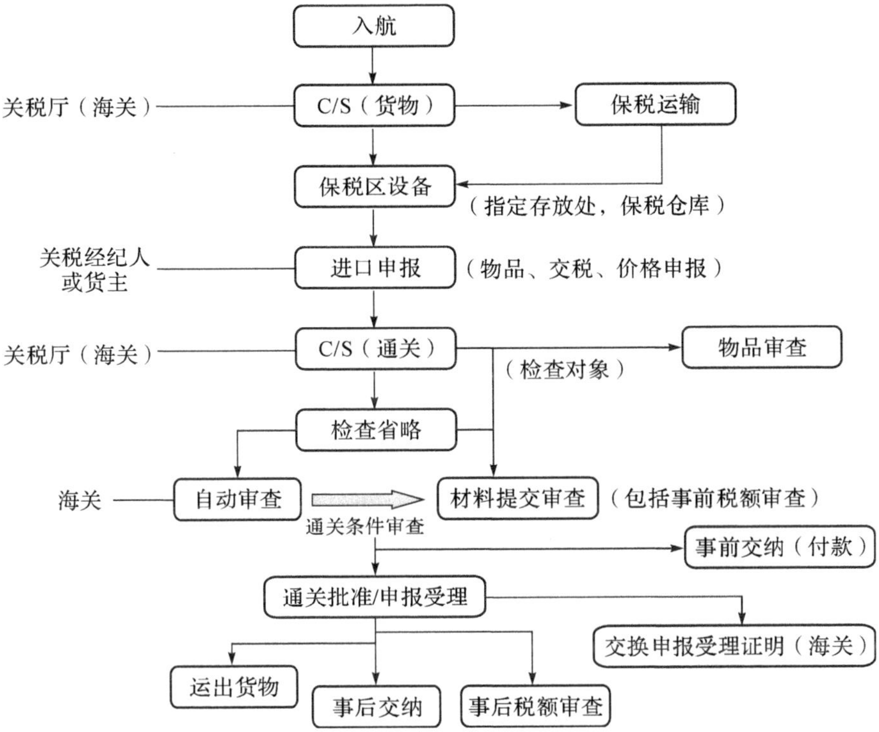

图 1-1　进口海关程序流程图

资料来源：韩国海关厅

依据总统令的规定，如果工业贸易能源部的部长、市长或者其他管理人员认为有必要确认进口商品是否违反了有关原产地标识的法规，他们可以对进口商品及相关文件进行检查。对于那些违反了原产地标识的相关法律，并实施了法律禁止行为的人，工业贸易能源部的部长、市长或者其他管理人员可以出具一份纠错令，包括停售、恢复产品原状及其原产地标识。[①]

3. 海关估价

据官方介绍，韩国的海关估价方式（1949 年《海关法》第二节）遵守 WTO《关税估价协议》。进口商品的估价为其到岸价格（CIF），即以买家实际或将要支付的价格为基础的交易价格。如果这个方式不能适用，估价方法是按以下顺序确定的：参考相同商品、类似商品、国内售价和估算价格。[②]

原则上，韩国关税厅对于二手进口货物可设定特别海关估价及文件要求，这

① Ibid., Article 33. 2.

② WTO. Trade Policy Review—Korea, WT/TPR/S/268, Aug. 15, 2012: 42-43.

个特别规定也采用同样的海关估价方法。然而,作为最终的救济手段,海关可以采用"合理的标准"来决定关税估值,这个标准是以有资质的估价机构所做出的估价、国内批发价格或者其他公认的价格清单为基础的。为了避免逃税,韩国关税厅收紧了进口二手车申报价格的检查,包括对比同款新车成交价格的海关估价,并扣除折旧的费用(折余价值)。官方表示,即使交易价格存在显著差异也可能通过审查,除非有理由怀疑商品申报价格的真实性或准确性,这个时候就需要采用 WTO 的一致性估价方法了。"折余价值"仅可作为最后的救济手段来使用。[①]

随着农林畜产食品部(MIFAFF)及韩国森林服务局合作发起的进口农林渔产品"名称标准化"进程的推进,2007 年 8 月韩国关税厅建立了 SIREN。SIREN 是一个预先警报系统,用来拦截估价过低的农产品、植物及水产品。SIREN 通过计算合适的货物进口价格和对比申报价格来筛选出估价过低的商品。[②] 在筛选的基础上,估价过低的产品需要经过审计,而正常的产品则可以迅速通关。这种标准化流程和 SIREN 系统是防止诈骗、保证正常进口的及时清关,以及维护本地市场公平竞争的工具。SIREN 的操作在相当大的程度上减少了过低的估价,也随之减少了正常货物通关所需的时间,以及审计所需的工作量。[③]

关税(包括国内税收)必须要在进口申报得到受理后的 15 天内缴纳(担保物已存放妥当)。逾期缴纳需要额外补缴第一个月欠费的 3%,之后的每个月缴纳 12%(最长期限为 60 个月)。虚报应纳税额或按错误的关税税则分类的进口商将会被处以刑事处罚(最多 3 年监禁或 5 倍所逃税额的罚款)。[④]

对于海关决定,当事人可以上诉至海关服务厅厅长或者国家税务法庭。由 5 名海关官员、7 名专家组成的关税审查委员会将帮助厅长处理这类上诉。当事人可就海关决定上诉至法院。[⑤]

(二)出口

出口意味着将国内的产品从韩国运至外国。出口商必须依据《对外贸易法》和其他相关的法律法规,确认商品是否可以出口到国外。每一件需要出口的商品都必须经过出口通关程序,即需要向海关申报准备出口的产品,并在通过海关审批后,装载到往来于韩国和外国的交通工具上。

---

① KCS News Release, May 12, 2003, Documentary Requirements for Import of Used Cars to Change.

② 采用卡尔曼 (Kalman) 滤波模型,即用来计算合适的进口价格的数据统计模型。

③ WTO. Trade Policy Review—Korea, WT/TPR/S/268, Aug. 15,2012: 43.

④ Ibid., 45-46.

⑤ Ibid., 43.

任何人如果想要出口商品必须要提交出口申报单，并在装货运输前获得管辖该地区的海关署长对这批商品出口的审批。2016年至今，出口申报单可通过电子数据交换系统或互联网进行快速申报。另外，报刊或宣传册可通过简易出口申报程序，更方便地进行出口通关。

海关原则上省略对出口货物的审查，但是根据风险评估标准，需要进行电子识别及抽样检查货物时，可能会进行额外审查。这时，如果发现存在非法出口、违反原产地标识或侵犯知识产权等行为时，海关将依据《海关法》等相关法律法规对上述行为进行处罚。

对于已得到受理的出口申报商品，从出口申报获批之日起30天以内必须要装载到来往于韩国与外国的运输工具上。但是由于难以避免的原因如装载日程变更时，出口商需要获得通关地海关署长的延长装载期批准。如出口商品没有在规定期限中装载完毕，这批商品的出口申报受理将会被撤销，关税也无法退回。另外，邮件或便携式托运货物的装载管理，有单独的程序规定。此外，运至韩国保税区的外国商品可能会被退回至原出口国，在这种情况下，这批货物的退回申报程序必须经过原通关手续。

大部分（95%）的出口申报都通过电子方式提交，无须另附证明文件即可自动获得审批，且不需要受检；对于那些需要检查材料和货品本身的商品，出口商必须要提交纸质出口申报及证明文件给海关。现在，电子申请的范围逐步扩大，无纸化出口清关涵盖了94%的出口商品，平均清关时间还不到两分钟。[①]

1. 出口的禁止

除了负面清单上的商品，其他所有商品都可以从韩国出口。出口的禁止或限制都是为了强化对质量与卫生的控制，或者配合多边出口管控政策关于安全的国际承诺义务，例如核武器、武装设备、导弹技术（《瓦塞纳协议》）、化学武器（《化学武器条约》）、野生动物保护（CITES）和环境保护。[②] 出口禁止规定影响了11类6位数的商品代码的商品，保护动物权利（狗的皮毛及其产品）、濒危物种（鲸鱼肉及其制品），以及保护自然资源（未切割的自然花岗岩石）。[③]

2. 出口许可与限制

为保护自然资源，对于沙地和砂石相关的产品有出口限制。[④] 韩国周期性地限制特定产品的出口以确保足够的国内供应。特定农产品出口需要农业食品

① WTO. Trade Policy Review—Korea, WT/TPR/S/268, Aug. 15, 2012: 68-69.

② Ibid., 69.

③ WTO. Trade Policy Review—Korea, WT/TPR/S/268, Aug. 15, 2012: 69.

④ 出口砂石产品必须获得韩国总协会的批准。出口砂石限额是建立在申请者生产能力的基础上的。只有原矿石加工剩余的砂石才可获得出口批准。同上。

乡村事务部(MAFRA)予以授权,但法律对于出口商则没有资格要求。[1]

三、自由贸易区(FTZs)

海关的自由区域于2004年并入了自由贸易区,为特定贸易活动提供了简化的通关程序。[2] 自由贸易区是在海关边界之外的专属区域,豁免了缴纳关税的义务。它们分布在繁忙的机场、海港、大型仓库、货物码头等地点,促进了产品和服务的流通和分销。原知识经济部(MKE,现已并入产业通商资源部)与自由贸易区委员会磋商后,根据地方政府的要求指定了这些区域。自由贸易区内的活动可免除进口程序和海关关税,还能获得税收补偿(如增值税和公司税抵扣)。外国货物能够自由地进出该区域,并适用简易程序。韩国的货物进入该区域后则被视为是出口货物并有权获得退税。进入或在这些区域进行加工处理的商品主要都是为了出口,但如果是销售到本国,则需要缴纳进口关税,以及国内其他税,如增值税。自由贸易区分布于仁川国际机场、釜山港口、光阳、马山、益山、群山、大佛、东海,以及律村。

---

① WTO. Trade Policy Review—Korea, WT/TPR/S/268, Aug. 15,2012: 68-69.

② Act on Designation and Management of Free Trade Zone.

第二章　外贸制度和法律

韩国在自由与平等贸易原则的基础上促进对外贸易，该原则符合依据韩国《宪法》和其他有效的国际法律和条约批准、公开的贸易条约。如果在已签署或公布的条约中出现任何贸易限制条款，并且这些条约是依据《对外贸易法》、其他法案、韩国《宪法》或任何有效的国际法律规约所制定的，政府应当以最低程度适用该限制，从而达到必要的限制目的。[①]

《对外贸易法》中，"贸易"是指以下项目的进出口：(1)商品；(2)总统令规定的服务；(3)总统令规定的电子形式的无形商品。"商品"是指除以下所列之外的可移动物品：(1)《外汇交易法》(FETA)所定义的支付方法；(2)《外汇交易法》中定义的有价证券；(3)《外汇交易法》中所规定的任何包含索赔的文件。[②]

根据《对外贸易法》，相关的行政机关长官在制定或修订进出口指导方针时，应当将该指导方针提交至工业贸易能源部，这样才能在该指导方针生效前发布关于制定或修订的公告。[③] 工业贸易能源部会将这些已上交的进出口指导方针合并成一个统一的公告。[④]

一、法律组织机构

对外贸易系统主要适用的法律是修改于 2014 年的 1986 年《对外贸易法》[⑤]《海关法》，以及《外汇交易法》。《对外贸易法》确立了促进对外贸易的基本框架与原则，建立了一个公平的贸易体系，维持了国际收支平衡，以及扩大了商业贸易范围。[⑥] 它包含了适用于进出口的一般性条款、与政府间的出口合同、原产地标签、进口数量的限制、维持进出口的良好秩序、罚则等。该法的《执行令》规定了《对外贸易法》所委托的具体事务。[⑦] 《海关法》适用于海关系统，《海关法执行

---

① Article 3, Foreign Trade Act.

② Ibid., Article 2.

③ Ibid., Article 12.1.

④ Ibid., Article 12.2.

⑤ Foreign Exchange Transaction Act (Act No. 12285).

⑥ Article 1, Foreign Trade Act.

⑦ Enforcement Decree of the Foreign Trade Act (Presidential Decree No. 23248).

令》和《海关法执行条例》处理《海关法》规定的具体事务。《外汇交易法》是管理外汇的主要立法，旨在通过获取国际收支平衡和稳定国内货币水平来控制国际汇兑及其与外国的其他交易。①

《对外贸易法》授权工业贸易能源部监督对外贸易的政策及实施。工业贸易能源部主要的职责包括：

依据总统令规定的条件，如果考虑到确有必要拓展贸易，可采取措施以持续地提高产品的进出口；②

提前向准备制定或修改有关限制进出口的法规、指令、公告等的行政机关负责人进行咨询。在这种情况下，工业贸易能源部可以要求相关的行政机关负责人对进出口指导方针进行调整③；

如果考虑到有必要履行依据韩国《宪法》及普遍承认的国际法律法规所签署或公布的条约义务，或为了保护生物资源，可设置进出口限制或禁令；④

根据总统令规定的情形或《对外贸易法》第 5 条所规定的任何事件或原因而设置进出口商品的限制或禁令；⑤

为了促进商业及贸易的发展，每年制定下一年的促进商业实施计划；⑥

对于违反了标示原产地义务的情形出具修正命令；⑦

如果出口商与装运前的检查机构之间对于装运前的检查有争议的，可发起调解来解决争端。⑧

二、许可制度与程序

根据韩国《宪法》、普遍承认的国际法律规约，以及保护生态资源原则所签署或公布的条约，工业贸易能源部规定了进出口义务，即任何人想要进出口货物应

---

① Article 4, Foreign Exchange Control Act.

② Ibid.

③ Article 1, Foreign Trade Act.

④ Ibid., Article 11.1.

⑤ Article 5, Foreign Trade Act. 第 5 条所规定的事件或原因如下：

在韩国或其他贸易伙伴国发生战争、暴乱或者自然灾害；

贸易伙伴国未能尊重韩国在国际条约或普遍接受的国际法律法规中规定的权利或利益；

贸易伙伴国对于韩国的贸易强加了不公平或歧视性的负担；

根据韩国《宪法》及普遍接受的国际法律法规所签订或公布的国际条约，有必要履行义务来维护国际和平与安全；

有必要保护及保全人们的生命、健康、安全，动植物的生命、健康，以及环境与国内资源。

⑥ Article 8.1, Foreign Trade Act.

⑦ Ibid., Article 33.2.

⑧ Ibid., Article 45.2.

当获取工业贸易能源部的批准。但上述规定不适用于以下商品：需要立即处理的商品、出口程序简化的商品、符合总统令所规定的特定标准的商品等。[①] 进出口商品获批的有效期为一年：考虑到稳定国内物价、调整供需关系、商品交货状态，以及交易性质等方面因素，工业贸易能源部可规定不同的有效期。[②] 经工业贸易能源部同意后，进出口商品的有效期可延长不超过一年的时间。[③]

如果认为有必要，对于获批的商品，工业贸易能源部可以根据这类商品的进口地或出口地对其数量、价格，以及规格进行限制。[④] 当工业贸易能源部作出任何制约、禁止、限制决定，对任何有关审批事项作出规定、设立或延长审批或报告有效期，以及建立任何程序，都应当发布公告。[⑤]

除了《对外贸易法》，对于需要通过获取证书、许可及类型审批才能进口的商品，还有其他法律对这类商品的审批或授权要求作出规定。这些要求在遵守国内立法要求或国际承诺的前提下，主要用来维持保护社会公德、居民医疗卫生、动植物安全、环境，以及其他重要的安全利益。工业贸易能源部每半年更新一次《统一公告》，公告包含了 48 部单行法律所规定的所有进出口证明要求。这些要求涵盖了将近 1000 种缴税项目，包括石油、液化石油气、农业肥料、农作物种子、动物及动物制品、核材料、麻醉剂、食品及食品添加剂、外国期刊、枪械，以及爆炸物。[⑥]

有 14 个政府部门和机构负责对执行证明、许可，以及类型审批要求进行监督。为了确保进口产品符合进口要求，相关政府部门或已获机关授权的生产者协会对进口许可申请进行公平的筛查和查验。据官方的说明，由于政府机关负责审查产品与要求的一致性并出具确认书，该机关将筛查审核的权力授予生产商协会的行为本身并不会因为潜在的利益冲突而伤害进口商的权利。健康安全相关产品如药品需要在清关前由指定的组织对其进行额外的检测或出具证明。不符合标准或检测要求的进口产品可能会被禁止进口。工业贸易能源部也可对《年度贸易计划》中的特殊物品（如枪械、毒品）进行审批。环境部负责进出口濒危物种的许可。韩国是濒危野生动植物物种国际贸易条约组织成员国。[⑦]

根据官方，为了与多边贸易及其他协议保持一致，韩国禁止一小部分货物进

---

① Article 11. 2, Foreign Trade Act.

② Ibid., Article 11. 3.

③ Ibid., Article 11. 4.

④ Ibid., Article 11. 6.

⑤ Ibid., Article 11. 7.

⑥ WTO. Trade Policy Review—Korea, WT / TPR / S / 268, Aug. 15, 2012: 55.

⑦ Ibid.

口,主要用于保护健康、安全、治安、社会公德、环境、自然资源,以及防止欺诈行为。禁止的产品包括特定的色情及其他不可接受的资料、透露政府机密信息或情报活动的货品,以及伪造的货币或金融工具。韩国与朝鲜的贸易需要获得统一部的批准。①

三、原产地规则

韩国政府已经将原产地制度落实到位,从而允许生产商和消费者提供或者获取通过韩国海关进出口商品的准确信息。相关的法律法规为原产地的标签、标示方法、原产地的确定,以及明确负责该系统的主管部门的角色及职责提供了基本的指导方针②,参见表 2-1。

韩国没有专门的单行法来规定原产地的管理,因此在必要的时候会对相关法律进行局部修改。《对外贸易法》及其《执行法令》详细说明了商品原产地的标签要求并规定了基本原则,同时关税厅的公告在此基础上对标签的生产者及标示方法进行了详尽的阐述。而农产品及水产品的原产地管理则另外由《农产品水产品原产地标签法案》作出规定。③

表 2-1 韩国主要的原产地标签相关法

相关法案	职责	负责部门
《对外贸易法》	管理一切进出口商品的原产地标签体系 明确进出口标签要求的条款 为进出口商品原产地的标签提供一般原则 对进出口及国内生产的产品制定原产地法规	工业贸易能源部 地方政府、韩国关税厅
《原产地实施公告》	明确每一种进出口商品的原产地标签方法 以《对外贸易法》及其细则所规定的原则为基础制定原产地标签方法	韩国关税厅
《农产品水产品原产地标签法案》	管理农产品、水产品的原产地标签体系 本地农产品、水产品及加工食物 以标签要求为标准识别农产品、水产品 明确原产地的确定及标签方法 《对外贸易法》适用于农产品水产品	农业食品农村事务部、海洋渔业部 地方政府、国家农产品质量管理厅

① WTO. Trade Policy Review—Korea, WT / TPR / S / 268, Aug. 15, 2012: 56.

② MOTIE. Origin Management, http:// english. motie. go. kr / ? p = 5440&paged = 0 (last visited onMar. 4, 2016).

③ Ibid.

续表

相关法案	职责	负责部门
其他相关法律法规	《食品卫生法》 《公平指示与广告法》 《调查不正当国际贸易实务及受损工业的赔偿法案》 《工业品质量控制及安全管理法》	

韩国同时主张优先及非优先原产地规则。优先规则适用于优先贸易协议中的进口产品。在这个领域韩国没有通用的规则。为了让不发达国家符合条件的商品获得免税优惠，商品必须完全从该出口国生产或取得，或者由占有该产品50%的船上交货价格的原材料制成。捕鱼的船舶必须在出口国注册并且在国内有至少60%的资产净值。根据《亚洲—太平洋贸易协定》(APTA)，符合条件的进口商品受APTA关于原产地优先规则管辖。①

韩国的每一个自由贸易条约都是分开的，而且对原产地规则有不同的规定，这增加了其关税的复杂性。例如，韩国与智利自由贸易条约下的原产地规则是以“商品完全取得”及“实质性变化”标准为基础的。实质性变化要求商品只能在韩国或智利充分加工而成从而改变税则(章、节、目)。农产品主要要求在章类税则中改变；节类税则的改变则针对特定的食品，如可可膏和可可油；节类或目类的改变均可用于工业品，通常会结合增值或者纺织品及衣物的特别加工规定。增值规则也适用于特选的农产品及工业品。该规则一般规定了某一区域的价值需在45%以上(向下扣除法)及30%以下(向上累加法)的改变。② 一些衣物则只由特别程序规则管辖。③ 这些相异且复杂的原产地规则在概念、细节、行政程序上都不同，再加上贸易成本，所以使贸易便利化进程越发复杂。由于优先协议网络的扩大，无论产品是否符合各个协议的原产地规则，清关程序都需要进行评估，使得清关手续变得更加复杂。④

韩国对其他进口商品的原产地规则都采用非优先规定。进出口产品的原产

① WTO. Trade Policy Review—Korea, WT / TPR / S / 268, Aug. 15, 2012: 52.

② 一些税率用向下扣除法规定了较高的80%的增值。而运用向上累加法，区域增值是以原材料用于生产的价值作为进口产品离岸价值的百分比来计算的。向下扣除法则从进口商品的交易价值减去非原材料用于生产的价值除以该交易价值所得的百分比。这个方法隐含了非材料成本，如劳动力、原材料。累计原材料是允许的。最低减让标准允许没有经过税则改变的商品成为原产地商品，只要非原材料不超过该商品离岸价格的8%。WTO. Trade Policy Review—Korea, WT / TPR / S / 268, Aug. 15, 2012: 52.

③ Ibid., 52.

④ Ibid., 53.

地是由工业贸易能源部的要求来确定的。[①] 韩国原产地规则的非优先规定是以完全获取商品及实际改变标准为基础的。除了照相机(增值规则)及纺织品条款(特别程序规则),税则改变制度(六位 HS 类别改变)是适用的:对于特定活体动物,原产地是超过六个月的牛科动物或两个月的猪科动物的饲养地域。从 2005 年起,韩国关税厅开始加强行动以防止产生错误的原产地标签。[②]

四、贸易救济制度

韩国的贸易救济制度与 GATT/WTO 的贸易救济制度的演变与发展是一致的。韩国第一部《反倾销法案》是在 1967 年韩国成为《关税贸易总协定》的签署国时制定的,尽管在 20 世纪 80 年代后期前的很长一段时间里韩国都没有开展任何反倾销调查。[③] 20 世纪 60 年代韩国第一次引进了反倾销和反倾销税制度,1986 年引进了安全防护体系。

贸易救济措施由以下法律授权:《海关法》、《关税法执行规则》、《对侵害国内产业的不公平贸易行为的调查和救济法》及其《执行法令》、《对外贸易法》及其《执行法令》。[④] 这些法律基本上是遵循 1994 年《关贸总协定》第 6 条执行协议(WTO《反倾销协议》)、《抵消办法与补助协议》及《安全防护协议》中的用语所制定的。

《调查不正当国际贸易实务及受损工业的赔偿法案》在以下几个方面制定了细节规则:不公平贸易行为的调查(第二章)、增长的进口量所引起的对国内产业的侵害(第三章)、倾销与补贴引起的损失(第四章)、产业竞争力的影响(第五章),以及贸易委员会事务(第六章)。这部法律管辖对由于不公平国际贸易行为及进口增加所引起的对国内产业的侵害的调查;决定对上述损害进行救济的程序;确定必要的程序来满足国际条约中的对外贸易,如国际贸易组织建立的《马拉喀什协议》。

韩国贸易委员会(KTC)对由进口增加、倾销、补贴等所引起的对国内产业的侵害的不公平贸易行为,以及产业竞争力的影响进行了调查并作出判决。[⑤]

---

① Article 34, Foreign Trade Act.

② WTO. Trade Policy Review—Korea, WT / TPR / S / 268, Aug. 15, 2012: 53.

③ Lori Yi, Hiroe Otake, Yuka Fukunaga. Chapter 4. Anti-Dumping Laws and Practices of the NewUsers, Junji Nakagawa(ed.), Cameron May, 2007: 105.

④ Ministry of Commerce of the People's Republic of China. Foreign Market Access Report 2010, http://images. mofcom. gov. cn / trb / accessory / 201004 / 1271302023785. pdf (last visited on Feb. 15, 2016), 8.

⑤ Article 27, Act on the Investigation of Unfair International Trade Practices and Remedy Against Injuryto Industry.

根据《海关法》,韩国贸易委员会的贸易调查办公室将调查扰乱进出口的不公平贸易行为,同时对贸易救济措施提出建议。企划财政部(MoSF)对征收反倾销、反补贴税作出决定。

此外,贸易委员会关于贸易救济制度所管辖的义务如下。①

1. 调查及判断不公平国际贸易行为并决定临时措施。

2. 对由于进口量增加导致的对国内产业的损害进行调查并依此作出判断。

3. 对以下措施提出建议、临时审议或者延长检验:(1)保护措施及临时保护措施;(2)服务保障措施;(3)特别保护措施及临时特别保护措施;(4)自由贸易协议保护措施及临时自由贸易协议保护措施。

4. 调查及判定贸易破坏,并对贸易破坏应采取的措施提出建议。

5. 调查国内产业竞争力的影响等。

6. 调查由于贸易相关方违反国际贸易惯例而对国内工业造成的损害。

7. 决定是否启动对产业损害的调查,是否调查倾销指控,是否调查及判定由于倾销对工业所造成的损害并依据《海关法》第 51 至 56 条关于征收反倾销税的规定对反倾销措施提出建议或进行审查。

8. 决定是否启动对产业损害的调查,是否调查补贴的支付,是否调查及判定由于补贴对工业造成的损失并依据《海关法》第 57 至 62 条关于征收反补贴税的规定对反补贴措施提出建议或进行审查。

(一)反倾销措施

反倾销税适用于抵消进口倾销所引起的有害影响并恢复公平竞争的情形。反倾销税是在倾销幅度的基础上征收的,即包括了对出口价格及正常价值的对比。这个对比是在完全相同或同类商品中做出的。对于由倾销所引起的产业损害调查的启动、倾销调查、由倾销引起的产业损害的调查与判定、为防止倾销而作出的反倾销措施的建议及审查等都应当符合《海关法》第 51 到 56 条的规定。② 韩国贸易委员会负责倾销事实、实质性损害事实的调查。③

1. 调查的发起

一项反倾销调查是由利害关系人宣称本国国内产业遭到了实质性的损害而发起的,或者由负责相关国内产业的主管部门部长发起的。韩国贸易委员会无

---

① Article 28, Act on the Investigation of Unfair International Trade Practices and Remedy Against Injury to Industry.

② Article 23, Act on the Investigation of Unfair International Trade Practices and Remedy Against Injury to Industry.

③ Article 61.1, Enforcement Decree of the Customs Act.

权展开当然调查。尽管由相关部长提出的启动调查请求可能会被视为是当然调查,但目前还没有此类案例。

“国内产业的利害关系人”包括所有国内生产者,以及协会、国内生产者作为成员加入的团体或者代表国内生产者的团体组织。[①] 所有请求反倾销调查的人都应当完成必要的申请表格,并将倾销进口商品导致的实质性损害的证据一并提交给韩国贸易委员会。申请者必须提供三份申请副本说明下列事项,还应该提供三份用以充分证明进口产品倾销及其造成实质损害的证明材料的副本[②]:(1)相关产品的名称、标准、特征、使用目的、生产者,以及产量;(2)相关产品的供应国、供应商、出口业绩、出口潜力、进口商、进口记录,以及在韩国的进口潜力;(3)该相关产品在供应国的工厂价及市场价,以及该产品运至韩国及第三方国家的出口价格;(4)同类商品在韩国的名称、标准、特征、使用目的、生产者、产量、工厂价格、市场价,以及产品成本;(5)相关产品对国内产业造成的实质性损害等;(6)国内生产者对同类商品的相关调查申请的支持程度;(7)申请中所说明的事项及附加的资料因为某种原因需要保密;(8)企划财政部部长认为必要的其他事项。

韩国贸易委员会在收到申请后的两个月内,应当决定是否有必要启动反倾销调查。[③] 如果确认调查有必要,韩国贸易委员会应当从做出决定之日起的10日内通知利害关系人并将该决定公布于《政府公报》。[④]

2. 初步调查及临时措施

韩国贸易委员会对于是否有足够的证据能够初步证明倾销事实和实质性损害事实的存在进行初步调查,并在《政府公报》公布启动相关调查决定之日起的三个月内将调查结果报告给企划财政部。[⑤]

企划财政部应当在初步调查结果上报之日起的一个月内决定是否根据《海关法》第53(1)条的规定采取临时措施。[⑥] 如果初步调查的结果表明有足够的证据证明倾销及实质性损害确有发生,那么在相关调查启动之日起至少期满60日后可以采取临时措施。[⑦] 临时措施可以是征收反倾销税也可以是扣押抵押物。[⑧] 申请采取上述措施的期限不应超过4个月。如果对相关的产品贸易有重大影响

---

① Article 59.3, Enforcement Decree of the Customs Act.

② Ibid., Article 59.4.

③ Ibid., Article 61.2.

④ Ibid., Article 61.3.

⑤ Ibid., Article 61.1-2.

⑥ Ibid., Article 61.7.

⑦ Ibid., Article 66.1.

⑧ Ibid., Article 54.1.

的供应商对上述结果提出请求，那么申请采取措施的期限可最多延长至6个月。① 尽管延长的期限仅限于上述情况，但如果企划财政部认为有必要，且符合国际条约的规定，临时措施的申请期限可以延长。②

3. 价格承诺

当一个确认的初步决定已经作出，相关产品的出口商可向韩国贸易委员会递交承诺书，请求立即修改价格或在六个月内暂停出口。③ 企划财政部对于是否受理该请求有自由裁量权。根据《关税法执行规则》第19.3条，下列情况下可以拒绝该请求：

(i)一个代理若干出口商并提出价格承诺的人不能证明他与这些出口商都签订了代理协议；

(ii)当出现了个别情况使得对于该价格承诺的合理证实或调查变得困难时；

(iii)存在合理的理由拒绝受理该价格承诺，例如历史上曾经违反过类似承诺等。

如果受理了该承诺，那么企划财务部应当中止调查或在不采取任何临时措施、不征收任何反倾销税的情况下得出结论。但如果企划财务部认为有必要或者出口商要求继续调查，那么该调查可以继续进行。④

4. 终局调查和终局措施

韩国贸易委员会应当在初步调查的结果上报之日的后一日启动调查，除非存在《企划财政部条例》所规定的特别理由使得调查不能启动。上述调查结果应当在调查开始之日的三个月内报告给企划财政部。⑤ 在调查过程中，利害关系人可以书面陈述意见。

如果倾销幅度或倾销产品的数量少于《企业财政部条例》所规定的标准，或者由倾销所造成的实质性损失被认为并不显著，韩国贸易委员会应当停止调查。在这种情况下，企划财政部应当将关于终止调查的信息公布在《政府公报》中。⑥

当企划财政部部长收到调查结果后，应当在结果公布于《政府公报》之日起的12个月内决定是否征收反倾销税或物资并且采取征收反倾销税的措施。如

① Article 66.2, Enforcement Decree of the Customs Act.

② Ibid., Article 66.3.

③ Ibid., Article 66.3.

④ Article 54, Customs Act.

⑤ Article 61.5, Enforcement Decree of the Customs Act.

⑥ Ibid., Article 61.4.

果存在任何特殊理由,部长可在该决定公布于《政府公报》之日起的18个月内采取措施征收反倾销税。[①]

所有反倾销税应当以反倾销税率及供应商、供应国规定的必要范围内赔偿实际损失后的进口基价征收,如果任何供应商没有合理原因而不能或拒绝提供资料且由于其他原因无法调查或证实该资料,那么应当指定反倾销税的单一税率或单一基础进口价格,并且根据此单一税率或单一进口基价对其征收反倾销税。[②]

5. 审查

任何利害关系人或负责相关产业的部长都可在征收反倾销税或实施价格承诺后的一年后提起审查申请,该申请应当于反倾销税或价格承诺过期前的6个月前提出。[③] 该申请应当递交文件证据以证明以下事实:上述措施实施后情况发生了实质性的变化足以修改反倾销税或价格承诺的;有可能国内产业受损是由于终止了反倾销税或价格承诺;支付的反倾销税超过了实际倾销幅度。企划财政部应当在收到关于反倾销税或承诺的审查请求后2个月内决定是否进行审查。除了利害关系人或部长申请审查,企划财政部也可自行进行审查。如有必要企划财政部部长也可主动进行审查。[④] 当采取了反倾销措施或承诺来审查反倾销税率或生效承诺的适当性时,企划财政部应当对当月出口价格进行年度检查。[⑤]

如果企划财政部认为有必要进行审查,韩国贸易委员会应当启动审查[⑥],韩国贸易委员会应当完成审查并于审查启动后的6个月内将结果提交至企划财政部。如果韩国贸易委员会认为有必要或者利害关系人以合理的理由请求,可以将期限延长不超过4个月的时间。[⑦] 在得出审查结果后,企划财政部部长应当在审查结果出具之日起的12个月内决定是否采取措施,并依据该决定采取必要措施。[⑧]

任何反倾销税或价格承诺应当从其适用之日或对反倾销措施、价格承诺最近一次的修改之日起5年内终止。反倾销税的征收或价格承诺的接受都应当从反倾销税或承诺执行之日起的5年后停止;如果对倾销或产业损失进行审查,并依据结果对倾销或产业损失的内容进行了修改,那么从修改的内容被提出之日起的5年后,反倾销税或承诺应失去效力(依据《海关法》第56.2条增补——译

① Article 61.7, Enforcement Decree of the Customs Act.
② Ibid., Article 65.1.
③ Article 70.2, Enforcement Decree of the Customs Act.
④ Article 56.1, Customs Act; Article 70, Enforcement Decree of the Customs Act.
⑤ Article 70.3, Enforcement Decree of the Customs Act.
⑥ Ibid., Article 70.4.
⑦ Ibid., Article 70.5.
⑧ Ibid., Article 70.6.

者注)，除非《企划财政部条例》对时间限制的申请做出另行决定。[①]

(二)反补贴措施

反补贴措施是用来抵消因补贴进口产品所造成的有害影响并恢复公平竞争的。反补贴税应当以受补贴的出口价格及不受补贴的出口价格的差价为基础。对由于补贴而造成的产业损失的调查启动、支付补贴的调查、由于补贴而造成的产业损失的调查及结论、反补贴措施的建议及审查等都应当符合《海关法》第57至62条。[②] 韩国贸易委员会负责调查补贴事实或实质性损害事实。

反补贴调查可在所有国内同类商品生产者[③]、生产者组织或负责相关产业的部长提出申请后启动。该申请符合下列三个条件：(1)某一特定产业或公司由外国补贴；(2)由外国补贴的进口产品引起了国内相关产业的实质性损失或使其遭到了实质性损失威胁；(3)外国补贴的进口产品及国内产业的实质性损失存在因果关系。反补贴措施的程序法规与反倾销的程序相似。

五、卫生与动植物检疫措施

韩国是联合国粮食与农业组织(FAO)、世界卫生组织(WHO)、国际食品法典委员会(CAC)、世界卫生动物组织(OIE)，以及联合国粮食与农业组织国际植物保护公约(IPPC)的成员国之一。韩国动植物检疫的法律适用以这些国际标准为基础。对进出口检疫的要求主要规定在《保护植物法》及《防治家畜疫病法》中。国家植物检疫局(NPQS)处理相关植物检疫，以及植物卫生控制；国家兽医研究检疫局(NVRQS)实行动物检疫，以及制定卫生规范。以上两个部门均为农业渔业食品局下属部门。[④]

国家植物检疫局检查进口的植物或植物制品。进口产品必须具备由出口地区主管部门出具的植物检疫证书。进口土壤、带堆土的植物，以及进口植物或植物原料都是被禁止的。出于害虫防治原因，除了日本及中国台湾，从其他任何地区进口稻谷、糠、稻秆都是禁止的。从绝大多数地区进口用于造林的植物也是被禁止或受限制的。[⑤]

---

① Article 56.2, Customs Act.

② Article 24, Act on the Investigation of Unfair International Trade Practices and Remedy Against Injury to Industry.

③ 此处在适用时，在表达同意或反对的国内生产者的全部生产总额中，应当有超过50%的国内生产者表示同意。而在表示同意的国内生产者中，其全部生产总额应超过国内产品总额的25%。WTO. Trade Policy Review—Korea, WT / TPR / S / 268, Aug. 15, 2012: 62.

④ WTO. Trade Policy Review—Korea, WT / TPR / S / 268, Aug. 15, 2012: 62.

⑤ Ibid.

韩国对转基因农产品(GMAPs),如种子、谷粒(《关于转基因生物跨界活动的统一公告》)的指导方针同时适用于国内和进口的转基因农产品。农村振兴厅的厅长必须在申请者的环境风险评估的基础上批准进口和生产。该评估必须提供科学支撑及风险评估资料。政府同样自行进行风险评估,此外在韩国也可要求限制性的田间实验。从 2008 年 1 月 1 日起,韩国开始同意转基因农产品的生产和进口。为了转基因农产品的检测,检疫基金获得了大幅提升。① 2007 年韩国批准了《生物多样性公约》(Convention on Biological Diversity)并于 2008 年 1 月 1 日开始实施。

动物和动物制品都需要进行实验室(微生物学、血清学、病理学)检测,以及流行病学调查来确认这些产品并不来自禁止进口的疫病地区。韩国对国内及进口产品适用同样的检疫方法。②

原产地标签要求同时适用于进口及国内商品。对于食物及许多其他进口产品(674 项 4 位数税目),原产地标签都是强制性的。2005 年 11 月起,韩国关税厅开始运作原产地标签注册及检索系统,该系统记录了进口产品原产地的数字图片,使用户能够通过交易者或商品查询到标签。③ 它通过匹配商品在进口点,以及清关后阶段的原产地标签来保护消费者的权益。韩国关税厅禁止操纵及破坏标签的行为。④

强制生物技术标签要求适用于以下产品:转基因玉米及大豆、含有黄豆芽或新生物技术的马铃薯的加工食物。从 2002 年 9 月起,韩国开始接受经公证的自我声明以证明产品的生物技术要求能够得到豁免,这就取代了以前需要递交完整文档的要求。进口商或厂家必须保持记录达到两年来证明未贴标签但符合转基因生物标签要求的食物不含转基因成分。⑤

六、技术壁垒

韩国从 1992 年 4 月起采用 ISO9000 系统(后修改为韩国标准协会 KSA 9000)作为官方标准系统。韩国技术标准局负责合格评定、颁发证书、注册及检测工业产品是否达到自愿性标准(韩国工业标准,KS)。韩国技术标准局为大多数工业产品制定统一标准。该局与其他民间组织协商以制定统一标准及发证要

① WTO. Trade Policy Review—Korea, WT / TPR / S / 268, Aug. 15, 2012: 62.

② Ibid., 65.

③ Korea Customs Service. KCS launched Origin Mark Registration and Retrieval System, Nov. 21,2005, http:// english. customs. go. kr / kcsweb / user. tdf (last visited on Oct. 5, 2007).

④ WTO. Trade Policy Review—Korea, WT / TPR / S / 268, Aug. 15, 2012: 65.

⑤ Ibid., 66.

求。《韩国产业标准化法》要求新标准实施前需要公告 60 天。[①] 修改后或新的标准、技术要求都要由韩国标准协会公布并发布在其网站上(http://www.kats.go.kr)。2009 年 3 月 1 日,韩国技术标准局发布了《2009 年产品质量及分销检测项目》以加强质量控制。该项目将分销于市场的 116 类 3000 种产品分为用于质量监测的四个类型,即特殊监测、集中监测、普通监测及随机监测。[②]

食物、农业及电信业行业有不同的标准委员会。食品医药安全部(MFDS)制定在韩国境内分销的食品、医疗设备、制药及放射技术的研究、新产品评估、检测方法开发、产品监测等标准。电信技术协会(TTA)则涵盖了电信、信息技术、无线电通信及广播几个方面。该协会设立了工业标准并致力于制定目前的《韩国信息交流标准》。电信技术协会还与国际及国内标准组织合作,如国际电信联盟(ITU)及其他组织。[③]

韩国技术标准局管理韩国实验室授权体系(KOLAS),该体系对检测、校准实验室及检查主体进行授权;同时还管理韩国产品授权机构(KAS),该机构为产品证明主体进行授权。这些授权都符合国际认可的标准。[④]

(一)合格评定

韩国技术标准局为政府及私营企业机构制定了指导方针,用来进行可靠性评估及认证。同时,韩国技术标准局也对带有韩国认证(KC)标志的产品进行市场监督,并处罚不符合韩国认证要求的产品。作为 WTO 成员国,韩国对标准的采用适用公开程序,宣布标准建议,对提议或替代的标准提供足够的信息,此外还允许各国及其他利益相关者在充足的期限内针对所提议的标准的执行提出建议。[⑤]

(二)产品认证

为了提高韩国的进出口量,韩国技术标准局为新技术出具认证标志并认证

---

① U.S. Commercial Service. U.S. Department of State. Doing Business in Korea: 2015 Country Commercial Guide for U.S. Companies, http:// www. iberglobal. com / files / 2015 / corea_ccg. pdf (last visited on May 3, 2016), p. 63.

② Ministry of Commerce of the People' s Republic of China. Foreign Market Access Report 2010, http://images. mofcom. gov. cn / trb / accessory / 201004 / 1271302023785. pdf (last visited on Feb. 15, 2016), p. 13.

③ U.S. Commercial Service, U.S. Department of State. Doing Business in Korea: 2015 Country Commercial Guide for U.S. Companies, http:// www. iberglobal. com / files / 2015 / corea_ccg. pdf (visited on May 3, 2016), 64.

④ WTO. Trade Policy Review—Korea, WT / TPR / S / 268, Aug. 15, 2012: 62.

⑤ U.S. Commercial Service, U. S. Department of State. Doing Business in Korea: 2015 Country Commercial Guide for U. S. Companies, http://www.iberglobal.com/files/2015/corea_ccg.pdf(last visited on May 3, 2016), 74.

由韩国公司生产的产品质量。从2009年7月1日起,韩国技术标准局就对其管辖范围内的产品出具韩国认证标志。该标志用来最大限度地减少不同政府及机构的重复性测试。由于该新体系中冗余的减少,上述标志的统一能够帮助韩国及外国公司节约时间和成本。[①]

(三)授权

韩国实验室认可体系建立于1992年12月,是在韩国技术标准局的技术标准计划部门下设的政府授权主体。更多细节及其他信息,以及授权主体都可在韩国实验室认可体系网站(http://www.kolas.go.kr/english)中看到。[②]

(四)标签及标示要求

商业货运进入韩国需要原产地标签。韩国关税厅公布了编码协调制度所要求的原产地标签要求清单。[③] 原产地证书应当用英语、韩语或法语书面标明商品描述、数量、价格、原产地、进口商及出口商。对于直接从其他原产国运往韩国的商品,原产地证书应当由相关海关部门或商会出具。这些商品应当清楚地标示其原产地。[④]

韩国对特定产品如药物、有机食品、功能食品,以及通过生物技术生产的食品有特殊的标签和标示要求。[⑤] 负责这些产品的政府部门所制定的规章制度中涵盖了更多的标签标示要求。韩国食品药品管理局负责制定以及在食品上贴上韩国标签(畜产品除外)。以上规定由食品农业林业渔业部制定。[⑥]

韩国工业贸易能源部对其管辖范围内的商品出具韩国认证标志,过去有13个强制性标志,其中许多在测试程序和功能上相互重叠。现在这些标志被整合成韩国认证标志,确保了韩国及外国公司都能节省时间和开销。对于特定商品,如药品食品的标签和标示的要求,由负责这些商品的韩国政府部门制定特殊规则。除了必须在清关时标示原产国标志以外,在地方保税区清关前后都可将韩语标签贴在产品上。[⑦]

---

① U.S. Commercial Service, U.S. Department of State. Doing Business in Korea: 2015 Country Commercial Guide for U.S. Companies, http://www.iberglobal.com/files/2015/corea_ccg.pdf (last visited on May 3, 2016), 75.

② Ibid.

③ Ibid.

④ Ibid., 72.

⑤ Ibid.

⑥ Ibid.

⑦ Ibid., 72-73.

第三章 外商直接投资体系和法律

亚洲金融危机爆发后，韩国政府采纳了投资自由化政策，鼓励外国直接对内投资。为了通过提供必要的支持及优惠以促进外国对韩国投资并对国家经济发展做出贡献，韩国于 1988 年制定了《外商投资促进法》(FIPA)。2014 年 1 月修订了《外商投资促进法》以促进外国直接对内投资并从全球吸引投资。① 修订后的《外商投资促进法》允许对《垄断规制及自由贸易法案》适用免责条款。《垄断规则及自由贸易法案》②要求当一家控股公司的子公司通过与外国人共同投资设立孙公司时，该子公司必须全资持有该孙公司的股票。也就是说，尽管《垄断规制及自由贸易法案》做出了上述规定，已修订的《外商投资促进法》允许子公司持有孙公司 50%或以上的股票而外国合伙人则持有该孙公司 30%或以上的股票。③

外商直接投资是指外国人为了建立长期经济联系，收购韩国公司的股票或股份，一般包括参加管理或交换技术。外商直接投资与间接投资不同，外商直接投资的目的是对公司管理产生实质影响。除了现金投资，外商直接投资还包括《外商投资促进法》所定义的具有投资目的的投资。《外商投资促进法》许可所有外商直接投资的类型。根据《外商投资促进法》，外商直接投资包括：收购韩国公司或韩国国有控股公司的股票或股权；为外商投资公司提供长期贷款；对非营利组织做出的贡献等。韩国对外商直接投资采用事前通知体系，管理市场准入并监督外商直接投资的现金流方向。根据《外商投资及技术引进规则》，对于外商直接投资的限制和禁止应当在《对国外投资者的统一政府公报》中公布。④

韩国是国际投资争端解决中心(ICSID)成员国，也是《承认及执行外国仲裁裁决公约》(《纽约公约》)的一员。

---

① Act No. 12225, promulgated on Jan. 10, 2014, enforced since Mar. 11, 2014.

② Korea Trade-Investment Promotion Agency (KOTRA). Doing Business in Korea, KOTRA Document No. 15-30, 2015: 9.

③ Ibid.

④ Ibid.

一、法律与制度框架

《外商投资促进法》的设计是用来通过支持外商投资及提高投资者的便利性以促进外商投资的。该法作为对外投资的基本法，其附属的法规包括《外商投资促进法执行法令》，以及《外商投资促进法实施条例》，这些法规规定了《外商投资促进法》所授权的事务及必要的执行细节，还包括《外商投资及技术引进条例》。

《外商投资促进法》的特点包括[①]：

1. 简化程序，包括外商直接投资的通知及注册；

2. 对高新科技的外商直接投资扩大税收奖励；

3. 减少政府土地（包括地方政府土地）的租金，延长租赁期限；

4. 提高中央政府对地方关于外商直接投资奖励的支持；

5. 在韩国贸易振兴公司中建立“投资韩国”——一站式促进投资中心以帮助国外投资者；

6. 建立申诉办公室以帮助国外投资者。

除非《外商投资促进法》另有规定，否则所有与对外投资有关的外汇，以及对外交易都由《外汇交易法》管辖。对于外商投资，在《特别税收限制法》《特别税收法限制实施细则》《外商投资税收减免规则》中规定的情形下，可以减免税收。根据《外商投资促进法》，适格的外商投资所享有的税收优惠政策由《特别税收限制法》及其他相关税法规定。企划财政部是贯彻《外商投资促进法》和《特别税收限制法》的主要政府部门。此外，外商投资公司及其运营尽管都是外商投资，但都由各种国内法规范，正如依据韩国法设立的国内公司一样。然而，如果是为了征用土地，且外国企业拥有50%或以上股份则该公司被视为是“外国公司”。[②] 由于外商投资公司是依据国内法设立的国内公司，即使该外商投资公司遵循《外商投资促进法》所规定的程序，那么该公司也与纯粹的国内公司适用同样的法律。因此，外商投资公司应当依据国内法获得批准或授权征用土地。[③]

外商直接对内投资主要法规及文件有[④]：

1.《外商投资促进法》及其《执行法令》和《实施条例》；

---

① U. S. Department of State. 2015 Investment Climate Statement: Korea (May 2015), http://www.state.gov/documents/organization/241828.pdf (last visited on Feb. 17, 2016), 4.

② Kiseong You. Investing in Korea, Practical law (posting as updated Mar. 1, 2016), http://uk.practicallaw.com/0-611-1365# (last visited on Mar. 20, 2016).

③ Korea Trade-Investment Promotion Agency (KOTRA). Doing Business in Korea, KOTRA Document No. 15-030, 2015: 10.

④ Ibid.

2.《外商投资及技术引进条例》；

3.《对国外投资者的统一政府公报》；

4.《外商投资税收减免规则》；

5.《特别税收限制法》(第五章 关于外国人投资税收的特别案例等)及其《执行法令》和《实施细则》。

其他相关法律有[①]：

1.《外汇交易法》；

2.《自由贸易区指定及管理法》；

3.《自由经济区特殊指定及管理法》；

4.《金融投资服务及资本市场法》。

根据《自由贸易区指定及管理法》及《自由经济区特殊指定及管理法》，韩国已经指定了特定区域吸引外商投资。这些法律都由工业贸易能源部和自由贸易经济区的特别政府部门规范。韩国设立的自由贸易区，位于东海、顺天、群山、大佛、马山、蔚山、金堤、律村，以及 7 个靠近机场及海港的物流区域，在这些区域的公司可以依靠政府支持来经商，并且免除了惯常的法律义务，例如进出口和关税的审批程序。

外商投资可在三种特别区域进行，即自由经济区(FEZ)、自由投资区(FIZ)，以及保税区(TFZ)，这些区域有税收优惠政策及其他对投资者的支持。自由经济区与其他两种区域不同，该区域被指定为外商投资的重点，它为投资者在该区域内创造一个全面的生活工作环境，包括生物技术、航空、物流、制造业、服务业及其他产业集群，以及国际学校、娱乐设施，还有国际医院。

在 2009 年，国会通过了《自由经济区特别法案》，提高了投资的税收优惠，也提高了自由贸易区基础设施预算，以及确立土地开发批准程序的流水线化。为了振兴外商投资并确保其在国内的多样性，2013 年，韩国政府在清忠北道和江原道指定了新的自由经济区。据自由经济区计划办公室称，2020 年以前，国家计划在基础设施及其更新上投资 140 万亿韩元。[②]

此外，还有 23 个自由投资区，由地方政府指定给国外投资者设立产业容纳点。国外投资者对这些不同的区域选择都有特别的考虑。[③] 韩国各个自由贸易区有一个很好的信息来源即政府运营的“投资韩国”，这是一个在韩国工业贸易

① Korea Trade-Investment Promotion Agency (KOTRA). Doing Business in Korea, KOTRA Document No. 15-030, 2015: 10.

② U.S. Department of State. 2015 Investment Climate Statement: Korea (May 2015), http://www.state.gov/documents/organization/241828.pdf(last visited on Feb 17, 2016), 23-24.

③ Ibid., 24.

振兴公社下发展对内投资的组织。[①]

工业贸易能源部对于外商直接投资的流入负责,而企划财政部则对流出负责。外商投资委员会对外商直接投资的所有重要政策做出决定。外商直接投资委员会(CFDI)由不同的政府部门的代表组成,例如工业贸易能源部、企划财政部、知识经济部,以及相关地级城市政府部门领导,该委员会对外商直接投资做出所有重大政策决定。[②] 工业贸易能源部则管理税务及其他激励措施来刺激技术转让及高科技服务投资。

韩国贸易投资振兴公社是韩国政府建立的非营利组织,用以促进和优化外商直接投资。该组织给国外投资者在投资韩国企业方面提供信息、支持和帮助,并在全世界运营了111个韩国商务中心(KBCs)。其主要的促销手段"投资韩国"为国外投资者提供了"一站式"服务。[③]

二、外商投资的类型

根据《外商投资促进法》,外商投资根据不同的优惠可分为三个类型,即股权收购、长期贷款,以及向非营利组织捐款。

(一)收购国内产业的股份或股权

"收购国内公司的股份或股权"是指外商购买韩国公司(包括正在设立的公司)或者韩国国有公司的股票或股权,通过参与管理活动等建立与该公司长久的经济联系。

根据《外商投资促进法》,外商直接投资需要满足:投资总额应大于1亿韩元;外商应当持有韩国公司或韩国国有公司发行的10%以上的股权或总投资资产。[④]

如果有两位以上国外投资者,每一位都应当满足上述要求。外商投资比例是在投资完成后计算的。投资总额包括外商投资公司已获盈余储备资产化后国外投资者所持有的股份。[⑤] 然而,当一个注册的外商投资公司的国外投资者进行其他投资,那么对于投资额和投资比例并无限制。[⑥] 尽管对于投资额的要求

① U. S. Department of State. 2015 Investment Climate Statement: Korea(May 2015), http://www.state.gov/documents/organization/241828.pdf(last visited on Feb 17, 2016), 24.

② Ministry of Commerce of the People's Republic of China. Foreign Market Access Report 2010. http://images.mofcom.gov.cn/trb/accessory/201004/1271302023785.pdf(last visited on Feb. 15, 2016), 9.

③ WTO. Trade Policy Review—Korea, WT/TPR/S/268, Aug. 15, 2012: 38-39.

④ Article 2.2, Enforcement Decree of the Foreign Investment Promotion Act.

⑤ Article 2.3, Enforcement Decree of the Foreign Investment Promotion Act.

⑥ Ibid.

没有例外,但对外商投资比例允许有例外存在。即使外商投资比例少于10%而投资额达到了1亿韩元以上,当国外投资者已经与国内公司签署了下列合同,该投资仍可被视为是外商直接投资:派遣或任命行政官员的合同;运输或购买原材料或产品已达一年或以上的合同;准备引入技术合同或联合研究发展合同。

(二)长期贷款

下列企业为外商投资公司提供不少于五年期的贷款的(根据第一个贷款合同所规定的贷款期限),可被视为外商直接投资:①

1. 外商投资公司的海外母公司;
2. 与1所述海外母公司有资本投资关系的公司;
3. 国外投资者(个人);
4. 与国外投资者(个人)有资本投资关系的公司。

(三)向非营利组织捐款

当一个非营利组织在科学技术领域有独立的研究设备,并满足下列任一条件时,对于该非营利组织的捐款可视为是外商直接投资:②

1. 常规雇佣的全职研究人员的人数在5人或以上,包括在该科技领域获得硕士及以上学位的研究员,或者在该科技领域获得本科学位但已从事相关研究业务不少于3年的研究员;
2. 根据《特别税收限制法》,实施该研发活动的目的是用于高科技产业。

其他外国人对非营利组织捐款不少于5000万韩元的,如果该非营利组织满足以下条件,并且外商投资委员会承认其为外商投资的,可视为是外商直接投资:③

1. 非营利组织的建立是为了科学、艺术、医疗服务或者教育的发展,并将继续其经营模式以发展相关领域的专业并扩大国际交流;
2. 非营利组织是国际组织的一个区域办公室,从事平民间或政府间的国际商事合作。

---

① Enforcement Decree of the Foreign Investment Promotion Act, at Article 2. 4-5. Korea Trade-Investment Promotion Agency (KOTRA). Doing Business in Korea, KOTRA Document No. 15-30, 2015: 7.

② Ibid., 8.

③ Ibid.

三、对外直接投资的奖励

韩国政府允许对国外投资者采取以下的奖励措施:[①]

对高科技商业计划创建或扩大工作场所给予现金奖励;

对建造研发中心(R&D)给予财政支持;

减少国外投资者租赁土地及预备场地的租金;

授权为外国人建立便利设施;

减少国有或公共财产的租金;

对重要基础设施项目投资进行优先财政支持。

另外,在韩国的八个自由经济区内,税务支持、现金补助、场地支持等绝大部分都生效了。[②]

(一)税务支持

对于符合特定要求的外商投资而言,依据《特别税收限制法》可减少或免除其公司税、营业收入所得税、技术引进费用,以及进口生产资料的关税。对于可以获得税收减免的购置财产或者商业运营,根据《特别税收限制法》所强制的地方政府条例,可减免购置税及财产税。

(二)现金补助

对于满足一定条件的外商投资,韩国中央及地方政府可以提供现金补助。在此过程中,韩国政府需要考虑以下事项:相关外商投资是否涉及先进技术、技术转让的效果、提供就业机会的规模、该外商投资是否与国内投资重合、将要进行的外商投资的财产地点、对地方及国家经济的影响,以及投资的可行性等。

外商投资比例达到或高于30%的外商投资符合下列任意情况可获得现金补助。

为了管理对提高本国工业国际竞争力至关重要的"工业服务商业"或"高科技商业"而安装新的工厂设备或扩大已有工厂设备规模(或者该企业设立时是非制造业)。

根据《专业企业提升特别措施法案》,为了生产在零件及材料行业清单中所列的零件及材料,且该零件及材料满足下列任一条件,则新安装的工厂设备或扩大已有工厂设备规模可获得现金补助:

---

① U.S. Department of State. 2015 Investment Climate Statement: Korea(May 2015), http://www.state.gov/documents/organization/241828.pdf (last visited on Feb. 17, 2016), 12.

② For more details, refer to Korea Trade-Investment Promotion Agency (KOTRA). Doing Business in Korea, KOTRA Document No. 15-030, 2015: 35.

该零件及材料对于最终产品具有极大的附加价值；

该零件及材料要求先进技术或核心高科技且其高科技具有溢出效应或创造出了巨大的附加价值；

该零件及材料是行业基础或具有行业间的联系效果。

(三)工业用地支持

工业用地，即生产活动发生的地方，被分为发展成熟的计划用地和企业选择及发展的个别用地。“计划用地”是指被中央、市政府或私营企业按计划选择用来集中建设或发展工厂的工业用地。它包括了国有工业设施、一般工业设施、城市高科技设施，以及乡村工业设施。另一方面，“个别用地”是指个体企业在工业设施外购买的工厂用地，在获取了必要的许可或证书后将工厂建于该地。

用来增加外商直接投资的计划用地包括了由《外商投资促进法》指定的外商投资区，以及《自由贸易区指定及管理法》所规定的自由贸易区。其中，外商投资区域被分为复合型、个人型和服务型。个人型外商投资区域可被视为是个别用地。根据占有的合格性、目标产业、投资奖励（租金、税务、关税，以及现金补贴）的不同，外商投资区域的地点可能会不一样。因此，即使该场地是计划用地，并且场地上工厂建设的审批程序比其他的要快，还是建议要仔细考察和分析投资地块。

四、外商直接投资的限制

原则上，韩国对国内外投资都没有最小资本要求。但是，《外商投资促进法》则要求通过股权收购的外商投资资金至少有1亿韩元，或者通过向非营利组织捐款的外商投资资金至少需要5000万韩元。

根据《外商投资促进法》的规定①，韩国标准产业分类（KSIC）所列举的1145项商务类别中，有60类外商投资是禁止的，包括公共管理、外交、国防（禁止的商业类别），有29类外商投资是部分允许的（限制性商业类别）。

(一)禁止的商业类别②

禁止外商投资的类别通常具有公共属性，因此难以适用《外商投资促进法》。《外商投资及技术引进条例》和《对国外投资者的统一政府公报》公开宣布了以下外商投资禁止领域：

① Korea Trade-Investment Promotion Agency (KOTRA). Doing Business in Korea, KOTRA Document No. 15-030, 2015: 12.

② Ibid.

邮政服务、中央银行、个人相互救助组织、养老基金、金融市场管理、金融服务活动的辅助活动等；

立法、司法、行政主体，外国使馆人员，治外法权组织或主体；

教育（学前、小学、初中、高中、大学、研究学院、残障学校等）；

宗教、商业、环保宣传、政治、劳工，以及艺术家组织。

（二）限制性商业类别

原则上，外商投资在特定的限制性商业类别中也是禁止的。然而，如果有准入标准，部分外商投资是允许的。《外商投资及技术引进条例》和《对国外投资者的统一政府公报》公开宣布了限制性外商投资类别。外国人不得投资那些不能由外商运营的商业类别的公司，也不可以投资运营仅允许部分外商投资的公司。此外，如果外商想要投资某个公司，该公司正在运营不少于两个仅部分允许的类别，那么国外投资者将会由于超过了该类别外商投资比例而被禁止投资该公司，因为这种情况下获得许可的外商投资比例是最低的。[①]

五、外商直接投资的程序[②]

外商投资包括了以下程序：外商投资的通知、投资基金的汇款、注册公司和商业登记，以及注册外商投资公司。除了两项额外步骤，该适用于外商的程序基本上与适用于韩国公司的程序一致：外商投资通知和注册外商投资公司。当国外投资者注册了一个个体户，那么就不需要经过“注册公司”这一步骤。

（一）外商投资通知

外商投资通知由通知者发出，通知者包括：

通知人，即国外投资者或其代理；

委派代表，即国内银行总部或分支机构、被授权的外国银行的国内分支机构、韩国贸易投资振兴公社或者其海外办公室（韩国商务中心）。

外商投资通知必须立即发出，并且该通知的完成证明也会立刻出具。外商投资通知被分为预先通知（股权收购以前），以及事后通知（股权收购或合同订立后）。

1. 所需文件：

(1) 按出资方式出具两份外商投资通知（收购新股和现有股票、长期贷款等）；

---

① Korea Trade-Investment Promotion Agency (KOTRA). Doing Business in Korea, KOTRA Document No. 15-030, 2015: 12-13.

② Ibid., 15-22.

(2) 证明申请者国籍的文件：

①外国公司或组织：该国政府或其他经授权的组织发出的公司证书或证明该公司或组织的总部在该国。

②外国个人：由该国政府或其他经授权的组织发放的公民证明、护照或其他证明该国外投资者国籍的证明。

如果国外投资者具有韩国国籍，上述文件可替换为该国政府或其他经授权的组织出具的居民身份证明。

2. 按出资方式发出外商投资通知的程序如下：

(1)该外商投资的形式为收购新发行股票或是捐款形式(事前通知，第5条)；

(2)通过收购现有股票进行的外商投资的申请的获批(事前或事后通知，第6条)；

(3)通过收购股票或并购等方式进行的外商投资(事后通知，60日内，第7条)。

(二)投资基金的汇款

原则上，投资基金应当通过国外投资者名下的外汇银行账户汇款。从国内所得的基金不被视为外商投资基金。在支付股票的过程中，银行开具用来支付股票的基金存款证明(用来注册公司)，以及外汇购买证明(用来注册外商投资公司)。

(三)注册公司与商事登记

在准备好所有必要材料后，注册公司与商事登记应当分别在具有管辖权的法院及税务办公室完成。

(四)已缴资金转入公司账户

在公司注册和商事登记完成后，新公司成为合法有效的公司，银行收集了所需文件并将已缴纳的资金转入新设立公司的账户中。

(五)外商投资公司的注册

国外投资者(或代理)或者外商投资公司在下列情况发生日起的30日内应当将该外商投资公司在受委托的机构进行注册：

1. 已支付目标投资的资金(收购新发行股票)；

2. 获取现有股票(收购现有股票)；

3. 要通过并购等方式获取股票(公司分立或使用可转换公司债后收购新发行股票)；

4. 对非营利组织的捐款已完成(以捐款形式获得新发行股票)。

当国外投资者或外商投资公司完成了目标投资资金的支付或已获取了现有股票,则应当依据韩国法律法规的规定向韩国贸易投资振兴公社主席或外汇银行行长申请注册该外商投资公司。公司注册后其股权或公司名称发生变更,需要登记变更事项。同时,如果发生了导致无法注册的事件,那么工业贸易能源部可撤销该注册。

(六)外商投资公司注册的撤销

如果国外投资者已经转移了其在韩国或其中一家韩国公司所持有的所有股票,或者由于资本减少而停止持有外商投资公司的股票,则主管部门应当要求撤销该外商投资公司的注册。外商投资公司或国外投资者可以向被授权的部门请求撤销。此外,除了主动要求撤销外商投资公司的注册,如果外商投资公司的业务出现下列情况,工业贸易能源部也可撤销或取消该外商投资公司的注册:

1.一家外商投资注册公司连续两年停止其业务;

2.已获得工业贸易能源部批准收购现有股票的国外投资者没有采取其他必要措施;

3.注册的外商投资公司因故分解;

4.国外投资者将已获取的证明借给了其他人;

5.外商投资公司通过欺诈手段隐瞒目标投资资金而成功注册的。

六、外商投资的保护

韩国遵循被普遍接受的国际法对征收的规定。韩国法保护外商投资企业的财产不被征收与征用。如果私人财产被征用了,该征用必须是出于公共因素考虑并且依据相关法律以非歧视的方式作出的。财产所有人有权要求符合公平市价的补偿。①

韩国执行不同的计划来保护国外投资者。同时,《外商投资与技术引进条例》和《对国外投资者的统一政府公报》对于外商投资的商业限制已有规定。

根据《外商投资促进法》的规定,韩国对外商直接投资的保护比直接投资证券更为有力。

(一)对外国的汇款担保

关于国外投资者收购股票获得的收益、出售股票获得的收益,资金、利息和

---

① U. S. Commercial Service, U. S. Department of State. Doing Business in Korea: 2015 Country Commercial Guide for U. S. Companies, http://www.iberglobal.com/files/2015/corea_ccg.pdf (last visited on May 3, 2016), 85.

服务费都应当依据《外商投资促进法》所规定的借贷合同支付。根据许可证协议支付的补偿款，在支付这些汇至外国的款项时，应当依照外商投资协议或许可证协议的准许，或者报告规定对上述汇款做出担保。

（二）外汇交易保障条款的免责条款

如果发生自然灾害、战争、武装冲突、国内外经济状况的重大突然变化或者其他类似情况，在不可避免的情况下，企划财政部可暂时停止或限制外汇交易。[①] 然而，根据《外商投资促进法》，上述措施不应当适用于外商投资。[②]

（三）国民待遇

除非韩国法律另有规定，否则在公司经营方面，国外投资者及外商投资公司应当享有与韩国国民及韩国公司同样的待遇。

（四）平等适用《减税规则》等法律

除非韩国法律另有规定，否则税法中关于减免税收的法条适用于韩国国民、韩国公司，也同样适用于国外投资者、外商投资公司、《外商投资促进法》规定的扩大贷款及提供技术的人。

---

① Article 6. 1-6. 3, Foreign Exchange Transactions Act.

② Ibid., Article 6. 4.

第四章　货币银行制度和法律

在韩国，金融服务行业包括银行业，传统上都在政府监督及监管理念下遵循规范的、以规则为基础的调整型框架。近年来，金融监管系统更具前瞻性、灵活性、原则导向性。①

从1990年开始，韩国就提出了各种措施来发展其金融系统，但在完全实现金融自由化及金融开放以前，1997年年末韩国卷入了金融危机。这次金融危机的发生是由于金融自由化及开放的推进并没有匹配的金融基础设施，此外还有金融工具导向的盲目的资本回笼，以及过度借贷之间的竞争。金融改革集中于提升金融基础设施建设以加速金融工具的健全管理，同时带来金融自由化与开放的正面效应。② 这次金融改革被一致认为是2008年全球金融危机后韩国经济迅速恢复的原因之一。③

一、法律与体制框架

韩国的所有银行都在《韩国银行法》《建立金融服务委员会法案》《银行法》中发布的规则和法令下运营。《韩国银行法》优先于《商业法案》及其他法案或从属法规。④

管理银行最主要的法律是《银行法》。《银行法》的立法意图是为了通过追求银行平稳运营、提高佣金功能的有效性、保护储户，以及维护储户结存的秩序来保证金融市场的稳定性，促进国家经济的发展。⑤ 为了实现这个目标，《银行法》规定了银行建立及许可的要求、限制银行结构的控制及管理、制定关于银行业务

① Sang Hwan Lee, Chan Moon Park, Hoin Lee. Chapter 14: Korea, in Jan Putnis (ed.), The Banking Regulation Review, Law Business Ltd., 2010: 179.

② Bank of Korea. Financial Institutions in Korea, Seoul, 2011: 9.

③ U. S. Commercial Service, U. S. Department of State. Doing Business in Korea: 2015 Country Commercial Guide for U. S. Companies, http:// www. iberglobal. com / files / 2015 / corea_ccg. pdf (last visited on May 3, 2016), 92.

④ Article 3, Banking Act.

⑤ Ibid., Article 1.

运营及在韩国的外国银行分支机构运营的框架和规范。[①] 由《银行法》授权的下级执行法令以及实施细则规定了特殊事项。

有关银行体系的主要法律有：

《银行法》和《银行法执行法令》；

《商业银行监管条例》；

《商业银行监管条例细则》；

《韩国银行法》；

《金融业结构优化法案》；

《建立金融服务委员会法案》；

《储户保护法案》。

依据《银行法》授予银行牌照后，银行一般可以从事大部分传统金融业务，包括接受存款、发放贷款、开立担保及收购票据、提供共同分期付款方案、投资、出借，以及借用证券并打包、转售商业或贸易票据。为了开展外汇业务，银行必须要根据《外汇交易法》向企划财政部注册。银行必须从金融服务委员会处获得批准以从事信用卡业务，该业务由《专门信用金融业务法》规范。[②]

大部分金融机构的证券活动都由《金融投资服务及资本市场法》(FSCMA)规范。该法涵盖了许可要求、不同证券业务的操作规范，包括打包及转售证券、招募投资者参与证券业务、与政府或私人证券进行交易、主持衍生交易，以及从事信托业务。尤其要注意的是，该法对于其他金融机构的衍生品经营做出了严格的许可要求，包括资本要求，以及最小制度标准来确保以上机构能够进行复杂的交易。[③]

在韩国，有四个主要的行政主体从事金融机构规范，包括企划财政部、韩国银行(BOK)、金融服务委员会，以及金融监管服务局(FSS)。1950 年 6 月 12 日，韩国银行依据《韩国银行法》成立，成立时的资金为 15 亿韩元，由政府全额认购，但 1962 年《韩国银行法》修正案规定韩国银行作为特殊法人不应持有资本。从 1998 年 4 月 1 日起，为保持银行、证券和保险公司规则责任的统一性，原本韩国银行的银行管理功能改由金融监管服务局作为单一的管理者实行管理。为了加强韩国银行稳定金融的作用，2011 年韩国再次修改了《韩国银行法》。

韩国的金融系统包括银行和非银行金融机构。金融服务委员会和金融监管服务局负责监督和检查所有银行，包括专有的国有银行、证券及保险公司。金融

---

① Sang Hwan Lee, Chan Moon Park, Hoin Lee. Chapter 14: Korea, in Jan Putnis (ed.), The Banking Regulation Review, Law Business Ltd., 2010: 180.

② Ibid.

③ Ibid., 181.

服务委员会和金融监管服务局在金融建设中起到了很大的作用，并巩固了整个财政部门的管理监督体系。①

韩国主要金融机构包括：

韩国银行；

金融服务委员会；

金融监管服务局；

韩国存款保险公司(KDIC)。

(一)外汇体系

根据经济合作与发展组织的基准，韩国逐步放松外汇管制。

一家外国公司根据《外国资本促进法》(FCPA)的条款进行投资，并且向其外汇银行递交审核过的金融陈述书，就可以使用其利润的主要部分。② 管辖外汇交易的基本法律包括《外汇交易法》《外汇交易法执行法令》，以及各种不同类型的外汇控制规则。如果要撤回资金，有资质的证券公司需开具股票估值报告或者韩国估价委员会(Korean Appraisal Board)必须到场。外国公司没有根据《外国资本促进法》进行的投资在获得政府批准后必须通过被授权的外汇银行退回资金。尽管韩国没有常规性地限制汇返，但其仍然在特殊情况下保留了该权力，例如在发生某种情形会损害其国际收支平衡、引起利率或汇率过度浮动，或者威胁其国内金融市场的稳定性时。至今为止，即使在1997到1998年金融危机的时候，韩国政府基于上述原因也没有限制汇返的先例。

在开放投资的类别中，外汇银行必须事先通知需要进行外商投资的申请者。所有的韩国银行都可以开展外汇业务，包括外国银行的分支机构。实际上，这些通知都是形式上的，并且审批都能在三小时以内完成。申请者仅有可能因为特殊原因被拒绝，包括国家安全、社会公序良俗、国际安全义务，以及健康与环境问题。对于符合联营要求的项目类别和分发部门的特定项目，事先通知审批系统是有免责条款的。③

根据《外汇交易法》，只有损害国际和平与公共秩序的交易是受控制的，例如洗钱、赌博等行为。有三类特殊类型的交易是受限的：(1)非居民不允许购买韩元计价的对冲基金，包括货币远期合同；(2)金融服务委员会不得批准无法存活

① U.S. Commercial Service, U.S. Department of State. Doing Business in Korea: 2015 Country Commercial Guide for U.S. Companies, http://www.iberglobal.com/files/2015/corea_ccg.pdf (last visited on May 3, 2016), 103.

② Ibid., 18.

③ U.S. Department of State. 2015 Investment Climate Statement: Korea (May 2015), http://www.state.gov/documents/organization/241828.pdf (last visited on Feb. 17, 2016), 9.

的国内公司借贷外国资金;(3)韩国政府将监督及确保韩国公司有足够信用为外国借贷方提供贷款。韩国政府保留了重新加强限制的权限以防严重的经济或金融突发事件。[①]

公司早在原始投资获批时就有利润汇款的权利。银行控制由《外汇交易法》规定的开放部门进行形式上的审批程序。对于有条件的或部分限制的投资(同样在《外汇交易法》中规定),相关部门必须提供投资与汇款的批准。

当外商支付的特许权使用费或其他款项作为部分技术许可协议被提出,该协议及使用费的预计现金流必须由一家银行或企划财政部批准。事实上该审批是自动的。如果一个投资者想要汇款,必须向银行出示一份经审核的金融陈述书来支付款项。如果要撤回资金,有资质的证券公司需要开具股票估值报告或者韩国估价委员会必须到场。如果外国公司计划向受限行业的投资项目汇款,在说明资金来源的合法性和提供相关完税证明后,还必须要得到管理部门及银行的批准。

韩国一般都同意汇返资金,但保留特殊情况下限制资本外流的权力。例如不受控的资金外流会影响收支平衡、引起利率或汇率过度浮动,或者威胁其国内金融市场的稳定性。韩国政府即使在资金急剧外流的亚洲金融危机或全球金融危机的情况下也没有做出限制。然而,政府建立了一系列名为"宏观审慎稳定政策"的资本控制措施。该措施包括在 2010 年为外国银行分行降低外汇期货限制,在国外投资者购买政府公债方面重新引进了代扣所得税,并且从 2011 年 8 月起要求银行对于外国货币非储蓄金融活动征税。在 2012 年 12 月 3 日,政府再次减少了期货交易限制并且更改了银行征税条款以促进长期融资。2015 年 2 月 27 日,企划财政部发布通知,内容为政府将改变银行征税形式,下半年将豁免短期人民币计价债券的税负。[②]

二、银行体系

想要在韩国设立分行的外国银行必须满足《银行法》规定的要求和金融服务委员会发布的许可指导方针。一般要求外国银行在本国及其金融监管者具有设立韩国分行的业务及运营计划,以及推荐的管理计划、合法构成,并具备良好存续状态。一旦外国银行在韩国设立分行,该分行与韩国银行一样处于同样的受监管状态。[③]

---

① U. S. Department of State. 2015 Investment Climate Statement: Korea (May 2015), http://www.state.gov/documents/organization/241828.pdf (last visited on Feb. 17, 2016), 9.

② Ibid., 9-10.

③ Sang Hwan Lee, Chan Moon Park, Hoin Lee. Chapter 14: Korea, in Jan Putnis(ed.), The Banking Regulation Review, Law Business Ltd., 2010: 181.

许多没有韩国分行的海外银行所进行的跨境活动都受到许可条件及其他规范的限制。一般而言，基于跨境交易而通过海外银行与韩方进行的交易必须在“反向调查”的基础上进行，其在韩国或对韩国居民进行的相关市场活动也是受限制的。①

金融控股公司由在金融机构持有及实行控股权的商业机构管理。这些商业机构受《金融控股公司法》管辖，该法将金融控股公司商业活动的范围限制在从属单位的管理上（包括设立商业目标、评估商业行为，以及决定公司治理体系），和促进从属单位的管理（包括融资、金融产品及服务的联合发展，以及设备的共同使用）。依据小部分限制例外，金融控股公司只能控制其从属单位的管理权，不得从事任何营利业务。由于金融控股公司包括许多金融单位，所以统一受到监督。②

（一）金融服务委员会和金融监管服务局

除非法律另有规定，金融服务公司的设立要求金融服务委员会和金融监管服务局的授权、批准及注册。授权与批准都是合法地授权申请人（自然人或法人）进行商业活动的管理行为。尽管授权及批准在意思上相近且经常通用，但授权更多的是狭义上指准许申请人从事规范的商业活动，而批准则是承认商业行为完全合法。一些金融服务业务仅仅被要求到金融服务委员会和金融监管服务局进行注册，这种情况使申请者满足了设立要求而被赋予不需要任何附加的管理审查的权利。③

金融服务委员会和金融监管服务局关于设立公司的授权：

银行，包括国家银行、地区银行、外国银行分行；

金融投资服务，包括投资交易、投资佣金、集体投资计划（不包括对冲基金）、信托服务；

非银行金融服务，包括共同储蓄银行、信用合作社业务及其他存取款金融服务。

金融服务委员会和金融监管服务局关于设立公司的批准：

非银行金融服务的信用卡公司；

保险，包括人身保险、非人身保险，以及混合保险。

① Financial Supervisory Service, Supervision: Incorporation of Financial Services Companies, http://english. fss. or. kr / fss / eng / wpge / eng2121. jsp(last visited on Mar. 3, 2016).

② Ibid.

③ Ibid.

金融服务委员会和金融监管服务局关于设立公司的注册：

金融投资服务，包括投资咨询公司、自由决定的投资服务公司，以及对冲基金；

保险，包括保险中介机构（包括销售代理、保险代理及中介）、精算师、理赔人及其他提供产品发展或理赔服务的人；

非银行金融服务，包括租赁公司、分期融资公司，以及新科技风险资本公司。

在全面审查设立公司申请者后，尤其在申请者的法律形式、申请者商业建议及计划的可行性、资金可用性、主要股东的组成，以及管理是否能胜任等几方面①，然后再对该公司进行授权或批准。

1. 预先授权和审批

为了确保对公司申请者进行授权审批程序的顺利及高效性，公司法规提供了预先授权审批程序。如果申请者符合所有授权审批要求或者同意授权审批程序加速，则可以不进行预先授权审批程序。法律通过实施特殊时限（审查必须在该时限内完成预先及最终的授权批准）来提供透明、迅速的公司设立程序。如果一位申请者满足所有设立公司条件，就应当迅速地获得授权和批准。如果已授权批准的公司在获得授权批准后不能遵守设立公司的条件，那么金融服务委员会可撤销其授权和批准（或注册）。②

2. 对外国银行分行的授权

为了鼓励外国资本流入和促进韩国进入国际资本市场，韩国首次允许外国银行分行进入韩国是在 1967 年。1984 年，政府开始取消对外国分行的限制，努力为外国银行提供一个公平的竞争环境。1991 年韩国政府显著地减轻了外国银行与韩国银行竞争的压力，政府同意外国银行在与本地银行同等标准及程序下开立多家分行从而与国内银行处于同等竞争地位。传统而言，在韩国的外国银行分行主要从事批发银行业务。不断加强的市场自由化及放松管制的结果就是近年来外国银行与国内银行的竞争越来越普遍了。③

如果一个外国银行想要在韩国设立或关闭分行或代表处，该银行必须要在金融服务委员会或金融监管服务局获得合适的授权。当外国银行分行的外国总部由于并购或转让、因不恰当或非法行为而接受处罚、暂停或终止其银行业务而

---

① Financial Supervisory Service. Supervision: Incorporation of Financial Services Companies, http://english. fss. or. kr / fss / eng / wpge / eng2121. jsp(last visited on Mar. 3, 2016).

② Ibid.

③ Ibid.

不复存续时,该分行的授权可被撤回。发生上述事件后,外国银行分行必须在事件发生之日起7日内向监督机构报告该时间。如果外国银行分行的外国总部丢失其银行许可、终止银行业务或停止其持续经营,那么该外国银行分行所获得的银行许可也将被收回。[①]

3. 银行业务的授权

任何想要从事银行业务的人都应当从金融服务委员会获取授权。根据《银行法》第8条(银行业务的授权),任何人想要获取银行业务的授权都必须满足以下条件:

(1)资产应当至少在1000亿韩元以上,本地银行资本必须在250亿韩元以上;

(2)要求银行业务管理的募集资金的计划必须合理;

(3)股东组成计划应当符合第15条、15-3条及16-2条;

(4)大股东应当有足够的投资资本、稳定的金融地位和社会信用;

(5)商业计划应当可行且可靠;

(6)发起人(仅限于单个人)和高管应当遵守第18条;

(7)应当有人力资源、商业设备、电脑系统,以及其他足以管理银行业务的物质设备。

金融服务委员会可为了金融市场的稳定性在给予授权时要求必要的条件,以确保银行稳定性并保护储户。已获得有条件授权的人在情况发生变化或存在其他可解释的理由时,可向金融服务委员会提出撤销申请或更换条件。在这样的情况下,金融服务委员会应当在两个月内决定是否撤回或改变该条件,并且应立即将结果书面通知给申请者。当银行依据第8条取得授权并开展银行业务后,该银行应当维持其计划的资本用来募集资金以管理银行业务。[②]

(二)银行所有权

1982年12月,《银行法》首次引入了对银行股份所有权的限制,此前采取了一系列银行私有化举措,以防范可能试图通过影响银行的信贷决定而获利的大股东。《银行法》第15-1条明确禁止同一人持有国有银行超过10%的股权,对于地方银行该限制则为15%。股东持有股份意味着该股东合法地拥有相应股份的权利并获益。

《银行法》提出的"同一人"不仅仅包括银行的股东,也包括与股东有特殊关系的人(关联人),例如股东的家庭成员或亲属。此外,如果股东的家庭成员或亲属持有某公司30%以上的股份或作为大股东而有效控制该公司,那么该公司可

---

① 金融监管服务局网站:http://english.fss.or.kr/fss/eng/wpge/eng2121.jsp.

② Article 9, Banking Act.

被认定为是这个股东的关联公司。

1. 10%限制的免责条款

对于上述10%的限制有免责情况。根据《银行法》，由政府官方或韩国存款保险公司持有的股票不受到任何股权限制。类似的是，银行控股公司也被银行持股限制排除在外。同一人在地区银行可持有的股份最多为15%。①

2. 超出股权的处理

当同一方持有的股权超过10%的限制，该超出股权的投票权暂时无效，而对于超出的股份应当立即进行完整的处理。如果股东未能完全处理其超出的股权，金融服务委员会或金融监管服务局可在6个月以内对该超出的股权开具处理命令。如果股东不能遵守金融服务委员会或金融监管服务局发出的命令，可能会导致股东被处以超出股权的票面价值0.03%的罚款。②

尽管《银行法》对于同一方持有股份10%的限制规定了免责条款，在额外股权购买获得批准前，它们仍然要求对以下考虑做出评估③：股东对银行稳定性所构成的风险；股东的资产规模及金融稳定性；银行给予股东的信用证金额（如果有的话）；股东对银行做出贡献的能力。

（三）非金融机构的银行所有权④

非金融机构所持有的国有银行股份限额为9%（地区银行为15%）。对于非金融机构持有银行股份做出限制的法理是在银行与商业分离的原则上防止非银行企业不恰当地对银行的管理与运营产生影响。⑤

《银行法》中对非金融机构的定义如下：⑥

①同一方（股东及其关联方）在非金融机构的总资产超过了其总资产（股东权益）的25%；

②一方（股东及其关联方）在非金融机构的总资产超过了2万亿韩元；

③上述①或②项持有投资公司9%以上的股权；

④上述①或②或③项作为私募股权基金的有限合伙人与其关联方持有该私募股权基金18%及以上的实缴资本；

⑤受制于连锁控股的私募股权基金集团企业的关联方的总资产构成了

---

① Financial Supervisory Service. Financial Firm Ownership, http://english.fss.or.kr/fss/eng/wpge/eng2122.jsp (last visited on Mar. 4, 2016).

② Ibid.

③ Ibid.

④ Ibid.

⑤ Ibid.

⑥ Ibid.

该私募股权基金36%及以上的实缴资本；

⑥私募股权基金在上述④⑤⑥的特殊目的公司持有该公司9%以上的股权或资产并且实际上行使对该特殊目的公司管理的控制权。

1. 非金融机构收购超过4%的股权

如果一家非金融机构试图收购国有银行超过4%的股权，并希望成为该银行的大股东或参与该银行的管理（担任命银行董事或高管），该机构必须要获得金融服务委员会或金融监管服务局的批准。非金融机构在免责情况下收购超过4%的股权必须获得事后批准，免责情况包括其他股东进行股权处理或者减低账面价值，该机构在收购之日起5日内必须将此次收购向金融服务委员会或金融监管服务局报告。[①] 随后该机构必须在收购之日或处理超额股权之日起6个月内获得金融服务委员会的批准。如果非金融机构未能在6个月内遵守4%的限制，其所超出的投票权暂时无效，金融服务委员会可以对超额的股权出具股权处理命令。

2. 收购9%股权的限制

根据规定，非金融机构不得持有超过9%的国有银行股权（地区银行限制为15%的股权）。如果一家非金融机构放弃了超出9%的部分的股权权益并符合财务稳健标准，经金融服务委员会批准，该上限可提至10%。

3. 超过4%股权的报告

根据《银行法》第15-2条，股权报告必须在以下情况下5日内提交至金融服务委员会或金融监管服务局：

(1)同一方持有国有银行4%以上的股权；

(2)同一方在上述(1)情况下成为国有银行的大股东；[②]

(3)同一方在上述(1)的情况下的总资产增长或下跌超过了1%；

(4)持有国有银行4%以上股权的私募股权基金的合伙人变更（一般合伙人或有限合伙人）；

(5)持有国有银行4%以上股权的特殊目的公司的股东或合伙人变更（一般合伙人或有限合伙人）。

大股东发起的银行股权收购限制在银行股东资产的1%以内，对于未上市的股票，上限为0.5%。此外，上述股权收购如果低于银行股东资产的0.1%或50亿

---

① Article 15-2, Banking Act.

② 《银行法》第2-1(10)中所定义的银行大股东为：(a)持有国有银行10%以上有投票权股份的股东（地区银行为15%）；(b)持有国有银行4%或以上有投票权的股份并且是该银行的大股东：(i)有效地通过指定银行董事或高管行使对银行管理决定的影响；(ii)作为非金融机构通过指定银行董事或高管来积极地参与银行管理。

韩元，则需要银行董事会全体一致同意，报告金融服务委员会并公开披露。[①]

三、监督

作为韩国综合的监督机构，金融监督服务局对银行、非银行金融公司、金融投资服务提供者，以及保险公司进行审慎的监督以确保上述机构可以遵循安全稳定的指导方针、标准、要求及保障措施（见表 5-1）。除此之外，金融监督服务局还行使资本市场监督、消费者保护，以及其他监督和金融服务委员会授权或采取的强制措施。在资本市场监督中，金融监督服务局为监督资本市场所要采取的行动大致区分为以下四个领域：公司披露、证券市场、证券违规及审计调查。[②]

表 5-1　金融监督服务局监督的金融公司

<table>
<tr><td rowspan="8">银行</td><td rowspan="7">国内银行</td><td rowspan="2">商业银行</td><td>国有银行</td></tr>
<tr><td>地区银行</td></tr>
<tr><td rowspan="5">特别银行</td><td>韩国开发银行</td></tr>
<tr><td>韩国进出口银行</td></tr>
<tr><td>韩国实业银行</td></tr>
<tr><td>农协银行</td></tr>
<tr><td>信用合作社</td></tr>
<tr><td colspan="3">外国银行</td></tr>
<tr><td rowspan="9">非银行金融机构</td><td colspan="3">共同储蓄银行</td></tr>
<tr><td rowspan="4">特殊信用金融公司</td><td>信用卡公司</td><td></td></tr>
<tr><td>租赁公司</td><td></td></tr>
<tr><td>分期融资公司</td><td></td></tr>
<tr><td>新技术风险资本公司</td><td></td></tr>
<tr><td rowspan="4">共同信用合作社</td><td>信用合作社（国家信用合作社）</td><td></td></tr>
<tr><td rowspan="3">合作社</td><td>农业合作社（国家农业合作社联盟）</td></tr>
<tr><td>渔业合作社（国家渔业合作社联盟）</td></tr>
<tr><td>森林合作社（国家森林合作社联盟）</td></tr>
</table>

① Financial Supervisory Service. The FSS-Supervised Financial Institutions, http://english.fss.or.kr/fss/eng/wpge/eng211.jsp (last visited on Mar. 3, 2016).

② Ibid.

续表

金融投资服务局	交易
	代理人业务
	收集投资计划
	投资建议服务
	自由裁量性投资服务
	信托服务
保险公司	人身保险公司
	非人身保险公司

资料来源:金融监管服务局网站(2016)

第五章　基础设施建设制度和法律

项目融资的目的是为了给大规模投资提供资金，大部分韩国的社会间接资金项目都是通过项目融资获得资金的。基础设施项目的发展是通过以下三种方式实现的：政府全额出资；政府与私人企业共同出资的公私合营；私人企业全额出资。① 公私合营是指传统上由政府建设与运营的基础设施如公路、海港、铁路、学校和环保设施，用私人资本进行建设和运营，以此加入了私营部门的创造性和高效性。“基础设施”是指比“社会间接资金项目”范围更广泛的设施。例如，社会间接资金项目包括经济基础设施，如公路、铁路、海港、机场、水源，以及工业联合企业，而“基础设施”则包括经济基础设施和社会基础设施，例如学校、环境设施和国防设施。②

韩国的基础设施建设在快速发展与扶贫方面起到了重要作用。在不同的领域各种基建都在不断落实。第一，在 20 世纪 60 年代，满足最紧迫的基础设施需求是排第一的，尤其在交通和能源方面。第二，在 20 世纪 70—80 年代，在中长期发展框架下，优先购买及充分供应的基础设施可以投入使用了。第三，在 20 世纪 90 年代以后，为了解决政府基础设施建设预算有限的问题，公私合营项目开始被广泛地采用。③

韩国政府对公私合营有如下期待：(1)能够成为面临金融约束的政府的有效替代者；(2)利用私营企业的专门技能和创造性提供更多高效的公共服务；(3)通过提供安全可靠的投资环境来为私人投资者创造稳定和长期的投资机会。为实现此目的，政府在公私合营项目中的角色是计划、评估、批准特许权获得者执行计划的细节，以及支持项目的实施。而私人企业的角色则是设计、建设、融资、运

---

① Michael Chang, Sang-Hyung Lee, Seung-Gyu Yang. Chapter 18: Korea, in Julio Cesar Bueno (ed.), The Projects and Construction Review (2nd edition), Law Business Research Ltd., UK, 2012: 223.

② Jay-Hyung Kim, Jungwook Kim, Sung Hwan Shin, etc. Public-Private Partnership Infrastructure Projects: Case Studies from the Republic of Korea (Vol. 1), Asian Development Bank, 2011: 3.

③ Okuy Kwon. The Republic of Korea's Infrastructure Development: Experience and Some Lessons for Africa's Developing Economies, Working Paper No. 1, The Growth Dialogue, Washington DC, 2011: 9.

营这些设施。①

早在1994年,韩国公私合营的法律框架就在《促进社会间接资本的私人资产投资法案》的制定中得以落实。该法案由《民间参与基础设施投资法案》(PPP Act)于1997年金融危机后的1998年进行全面修订,并于2005年再次进行了修订。②

《民间参与基础设施投资法案》列举了48个项目,包括公路、铁路、海港、电信、能源、环境、机场和文化设施。此外,根据采购项目方案,还提供建设—移交—运营(BTO)、建设—移交—租赁(BTL)、建设—运营—移交(BOT),以及建设—持有—经营(BOO)的运营模式。③

一、法律与体制框架

韩国在1994年通过制定《促进社会间接资本的私人资产投资法案》引进了公私合营项目。在适用这部法律以前,政府引入了《成本管理系统整体项目》,通过设计自动调整条款及其变更来控制不断增长的基础设施投资成本。1994年《促进社会间接资本的私人资产投资法案》引进公私合营时,政府似乎考虑将该法案以现存的由政府强有力的自由裁量权决定的商业准入为基础。然而,当韩国第一个公私合营项目——仁川机场高速公路项目动工后,该项目是以一项执行协议为基础的。这项执行协议对一些重要的市场导向的协议内容包括营利能力等做出了定义。从那以后,每年政府都为公私合营规划《基本计划》,但实际上着手的项目数目并不多。1998年,法案被修订,其明确地规定了公私合营项目应当以相关部门及特许权获得者之间的执行协议为基础。在该协议中,特许公司的责任有所增加,同时特许公司还采取了一些辅助措施,如最低收入保障、政府买断申请、信贷担保扩张等。特别是在政府智囊团韩国土地研究所之下设立韩国私人基础设施投资中心(PICKO),以进行可行性研究和提供其他必要的服务。由于采取了这些改革措施,公私合营合同可以具有更多的市场合同特征,通过公众参与程序实现公开、公平的竞争。2003年韩国允许采取其他市场类型的

---

① Okuy Kwon. The Republic of Korea's Infrastructure Development: Experience and Some Lessons for Africa's Developing Economies, Working Paper No. 1, The Growth Dialogue, Washington DC, 2011: 9.

② Jay-Hyung Kim, Jungwook Kim, Sung Hwan Shin etc. Public-Private Partnership Infrastructure Projects: Case Studies from the Republic of Korea (Vol. 1), Asian Development Bank, 2011: 8.

③ Michael Chang, Sang-Hyung Lee, Seung-Gyu Yang. Chapter 18: Korea, in Julio Cesar Bueno (ed.), The Projects and Construction Review (2nd edition), Law Business Research Ltd., UK, 2012: 224.

措施，包括金融家的参与、基础设施基金的引入、特许公司退出补偿计划的提议、特许权获得的放宽等。2005 年韩国采取了更多的改革措施。在没有有效竞争的情况下，公私合营项目不进行私人提案的选择和评估，价格因素的比重达到了 50%以上。①

《民间参与基础设施投资法案》提供了非常清晰的公私合营框架。根据该法，企划财政部是主要管理者，负责制定公私合营项目的基本方案，并且指导政府政策方向。该法还清晰地定义了程序、权利与义务的执行，以及风险分担机制，有效地为私人参与者减少潜在的商业风险。②

公私合营法律安排的层级：③

1.《民间参与基础设施投资法案》；

2.《民间参与基础设施投资法案执行法令》；

3.《一般指导方针：公私合营项目基本方案》(企划财政部)；

4.《个人意见基本方案》(主管部门)。

《民间参与基础设施投资法案》规定了《公私合营项目基本方案》及《公私合营项目执行的指导方针》，他们共同从细节上确定了政策导向、项目获取步骤和政府支持。根据《民间参与基础设施投资法案》，企划财政部及公私基础设施管理中心发布《公私合营项目基本方案》。该基本方案为公私合营项目提供政策导向、公私合营项目执行程序、融资与再融资的选择、风险分配机制、政府补贴付款方式，以及文件指导。为提高公私合营项目执行的透明性及客观性，公私基础设施管理中心对公私合营项目执行指导。该法案及相关法规的持续发展证明了政府为强化私人企业对公私合营项目的信心的强有力承诺。④

如果大规模的基础设施项目将要施工，如公路、铁路、海港，公私合营项目公司必须从相关公共机关处获得授权及批准。为了减少关于公私合营项目授权及批准的时间和成本，《民间参与基础设施投资法案》作出规定，如果主管部门出具了《工程及设计计划实施细节》的公告，那么则视为该项目已获得相关法律所规定的授权与批准。此外，还要求出具《工程及设计计划实施细节》符合相关法律的公告要求。⑤

---

① Michael Chang, Sang-Hyung Lee, Seung-Gyu Yang. Chapter 18: Korea, in Julio Cesar Bueno(ed.), The Projects and Construction Review (2nd edition), Law Business Research Ltd., UK, 2012: 11.

② Ibid., 11.

③ Ibid., 8.

④ Jay-Hyung Kim, Jungwook Kim, Sung Hwan Shin, etc. Public-Private Partnership Infrastructure Projects: Case Studies from the Republic of Korea (Vol. 1), Asian Development Bank, 2011, Executive Summary.

⑤ Ibid., 9.

为了促进公私合营项目的实施,《民间参与基础设施投资法案》授予特许权所有人以土地权利。该特许权所有人可委托主管部门或当地政府承担以下责任:完成土地收购;损害赔偿;重新安置居民及其他人。《土地征用法》规定了公共工程(如基础设施和公共建筑)的总体过程和征地或征用。除非《民间参与基础设施投资法案》或相关法律存在特殊条款,否则《土地征用法》的程序适用于征收或用于公私合营项目执行的土地。根据《土地征用法》的规定,土地征用由特许权所有人提出。①

管理公私合营项目的主要机构有企划财政部、公私合营项目审查委员会,以及公私基础设施管理中心。

(一)企划财政部

企划财政部负责指导及协调重要经济政策,并规划财政政策,包括预算制定、财产管理和税务。作为负责国有公私合营项目的中央主体,企划财政部的主要任务包括确定公私合营项目政策和制定综合投资计划。企划财政部负责实施《民间参与基础设施投资法案》及其执行法令,还有《公私合营项目基本方案》。②

(二)公私合营项目审查委员会

根据《民间参与基础设施投资法案》,公私合营项目审查委员会是在企划财政部的管理下成立的。公私合营项目审查委员会成员包括企划财政部部长,负责实施公私合营项目的副部长和对公私合营项目有经验的私企专家。公私合营项目审查委员会仔细研究关于主要的公私合营项目政策建立的事项,以及对大型公私合营项目的实施做出关键决策。③ 该审查委员会的主要职责是研讨以下事项:

1. 主要公私合营项目政策的确立;

2. 建立和修改公私合营项目的基本方案;

3. 大型公私合营项目的确定和取消(项目全部开销在2000亿韩元及以上的项目);

4. 提出及修改大型公私合营项目的申请;

---

① Jay-Hyung Kim, Jungwook Kim, Sung Hwan Shin, etc. Public-Private Partnership Infrastructure Projects: Case Studies from the Republic of Korea (Vol. 1), Asian Development Bank, 2011, Executive Summary xix.

② Okuy Kwon. The Republic of Korea's Infrastructure Development: Experience and Some Lessons for Africa's Developing Economies, Working Paper No. 1, The Growth Dialogue, Washington DC, 2011: 21.

③ Ibid.

5.企划财政部提出的积极促进公私合营项目的其他事项。[①]

项目部门负责建立和协调特别产业的公私合营项目投资计划和政策,同时也执行和监督公私合营项目。

(三)公私基础设施管理中心

公私基础设施管理中心的任务和角色为:

1.支持企划财政部制定公私合营项目基本方案;

2.支持主管当局及部门的流程,包括评估潜在公私合营项目的可行性及现金价值、提出申请、指定特许权所有人、私人公司评估计划提案、与潜在特许权所有人谈判;

3.提高外商对公私合营项目的投资,提供咨询服务及相关活动;

4.致力于国有企业从业者的能力建设。

除了上述技术帮助,公私基础设施管理中心还进行关于公私合营项目的政策研究,并向企划财政部和相关部门提供政策建议。[②]

二、项目方法

项目方法根据公私合营项目的结构被分为建设—移交—运营和建设—移交—租赁,其他项目方法如建设—运营—移交和建设—持有—运营也同样适用。公私合营项目根据谁发起该项目分为请求项目和主动提出项目。请求项目是由私企提出请求提议,主管部门、中央或地方政府对该潜在的公私合营项目进行评估。而主动提出项目则由私营企业评估一个潜在公私合营项目并请求主管部门指定该项目作为公私合营项目。特许权所有人是在竞争性招标程序中选出的,发起的支持者可能会在标书评审中获得额外的得分。[③]

(一)建设—移交—运营

在建设—移交—运营项目中,私人合伙人通过收取用户费用来获得合理的回报,而建设—移交—租赁项目则是私人合伙人通过中央或当地政府支付费用而获得自己的投资回报。[④] 设备的所有权在施工完成的基础上转移至政府,而

① Jay-Hyung Kim, Jungwook Kim, Sung Hwan Shin, etc. Public-Private Partnership Infrastructure Projects: Case Studies from the Republic of Korea (Vol. 1), Asian Development Bank, 2011: 10.

② Ibid., Executive Summary.

③ Ibid., Executive Summary.

④ Okuy Kwon. The Republic of Korea's Infrastructure Development: Experience and Some Lessons for Africa's Developing Economies, Working Paper No. 1, The Growth Dialogue, Washington DC, 2011: 22.

特许权所有人则被授权运营该设备并获取投资回报的权利。[①] 由于特许权所有人直接从用户付费中获取其投资收益，所以商业可行性对于特许权所有人实施建设—移交—运营项目至关重要。大部分建设—移交—运营项目都是交通设施，如公路、铁路，以及海港。[②]

（二）建设—移交—租赁

在建设—移交—租赁项目中，私人合伙人从中央或地方政府支付的费用中回收自己的投资资金。设备的所有权在施工完成的基础上移交至政府，而特许权所有人则在特定时间内运营表现的基础上被授予运营该设备并获取投资回报的权利。[③] 建设—移交—租赁项目用在特许权所有人即使收取用户费用也难以收回投资成本的设施上。建设—移交—租赁项目主要应用于社会基础设施，例如学校、福利设施、环境设施、军队住宅等其他设施。[④] 两种模式的对比见表5-1。

表 5-1　建设—移交—运营与建设—移交—租赁的比较

类型	建设—移交—运营	建设—移交—租赁
投资回报	特许权所有人收取用户费用以覆盖成本以及协议知识产权	政府统一支付费用包括施工开销、利润以及运营成本
设施类型	公路、铁路、海港等	住宅、水管等
项目风险	相对较高	相对较低
回报	相对较高	相对较低

资料来源：公私基础设施管理中心

（三）建设—运营—移交

特许权所有人在施工完工后的一段特殊时期内拥有基础设施设备的所有权。特许权期限结束后，所有权转移至政府。[⑤]

（四）建设—持有—运营

特许权所有人在施工完工的基础上持有并运营该基础设施。

---

① For more information, refer to the website of PIMAC, http://pimac. kdi. re. kr / eng.

② Jay-Hyung Kim, Jungwook Kim, Sung Hwan Shin, etc. Public-Private Partnership Infrastructure Projects: Case Studies from the Republic of Korea (Vol. 1), Asian Development Bank, 2011: 11.

③ For more information, refer to the website of PIMAC, http:// pimac. kdi. re. kr / eng.

④ Jay-Hyung Kim, Jungwook Kim, Sung Hwan Shin, etc. Public-Private Partnership Infrastructure Projects: Case Studies from the Republic of Korea (Vol. 1), Asian Development Bank, 2011: 11.

⑤ Ibid., 12.

主管部门在公私合营项目的申请时和私营企业在项目意见书内可使用其他方法。其他模式或替换方法包括建设—租赁—移交、复权—运营—移交[①]、复权—持有—运营，以及复权—移交—租赁。

三、公私合营项目的类型

《民间参与基础设施投资法案》及其执行法案定义了 15 类 46 种设施作为公私合营项目适格的基础设施类型(见表 5-2)。

表 5-2　适格的基础设施活动类型[②]

设施类型	基础设施类型
公路(4)	公路及辅助设施、非公路停车设施、智能交通系统、转移中心
铁路(3)	铁路、铁路设施、城市轨道
海港(3)	海港设施、渔港设施、合适的新港建设设施
机场(1)	机场设施
水源(3)	多功能水坝、河流附属建筑、水道设备
交流(5)	电子通信设备、信息交流系统、超级高速公路信息、地图信息系统、覆盖城市建设
能源(3)	电子能源设备、石油供应设施、收集能源设备
环境(3)	排泄物治理设施、公共牲畜饮用水治理设施、公共饮用水治理设施
物流(2)	货车终点站、乘客终点站
文化与旅游业(10)	游客点、青年训练设施、公众或专业运动设施、图书馆、博物馆、画廊、国际会议设施、文化中心、科学博物馆、城市公园
教育(1)	学校设施
国防(1)	军队住宅设施
住宅(1)	公共租赁住宅
福利(4)	高级住家及药品福利设施、再婚老人福利设施、公共健康及医药设施、照顾儿童的自然设施
林业(2)	自然娱乐度假区、植物园

① 建设—租赁—移交是指特许公司将设施租给他人一段时间，在租约终止时，所有权转让给中央或地方政府。

② Okuy Kwon. The Republic of Korea's Infrastructure Development: Experience and Some Lessons for Africa's Developing Economies, Working Paper No. 1, The Growth Dialogue, Washington DC, 2011: 22.

在韩国,建设—移交—运营和建设—移交—租赁两种方法在公私合营项目的执行中使用得最广泛。一开始,公私合营项目用建设—移交—运营的方法进行交通基础设施建设。2005 年《民间参与基础设施投资法案》修订后,公私合营项目同样也采用建设—移交—租赁的方法来进行社会基础设施项目的建设,如学校、医疗保健设施、文化体育中心,以及公众租赁住宅。在建设—移交—运营项目中,私人合伙人通过收取用户费用来获取合理的回报,而在建设—移交—租赁项目中,私人合伙人从中央或地方政府支付的款项中回收自己的投资资金。

四、程序

《民间参与基础设施投资法案》及其执行法令规定了一般公私合营项目的项目程序。《公私合营项目基本方案》按照项目类型及发起提供了详细的执行流程,同时定义了相关方的角色以及流程中的每一步,相关方包括主管部门、私营公司、项目部门,以及企划财政部及公私基础设施管理中心。①

项目程序是用来确保或提高公私合营项目的现金价值的。在计划阶段会对潜在项目做一项评估,即确保对公私合营项目的现金价值与传统公众项目的现金价值作比较。在选择出价环节,投标人请求项目及主动提出项目有竞争力的出价是必需的。这样通过鼓励投标人提供更高的服务质量、减少项目成本来提高项目的现金价值。为确保公私合营项目与国有基础设施投资计划和政策的可说明性及统一性,任何时间该项目符合资质满足要求,即进入下一个步骤,企划财政部和公私合营项目审查委员会对大型公私合营项目仔细审查。此外,公私基础设施管理中心对于标准的指导方针进行了细化,例如进行一项自愿基金研究、拟订一项自愿基金和一项购买力平价合同,以便利采购过程并加强一致性。②

(一)建设—移交—持有项目

在评价潜在项目是否可作为公私合营项目的现金价值测试后,主管当局宣布征求意向书,并对选择建议书进行评估。提案申请包括项目计划和执行条款、条件,如项目大纲、项目总成本、运营利润、建设及运营计划,以及政府支持。③

---

① Jay-Hyung Kim, Jungwook Kim, Sung Hwan Shin, etc. Public-Private Partnership Infrastructure Projects: Case Studies from the Republic of Korea (Vol. 1), Asian Development Bank, 2011, Executive Summary.

② Ibid.

③ Okuy Kwon. The Republic of Korea's Infrastructure Development: Experience and Some Lessons forAfrica's Developing Economies, Working Paper No. 1, The Growth Dialogue, Washington DC, 2011: 24.

(二)建设—移交—租赁项目

建设—转移—租赁是由主管部门发起的项目,企划财政部审查以决定该项目的总投资上限,然后由国民大会审批。建设—移交—租赁项目的投资上限是指会计年内该项目的总投资成本。所有建设—移交—租赁项目关于闲置的细节,以及每一处设施类型的限制都与预算计划一起上交至国民大会。①

五、融资

关于融资,从金融机构贷款是最典型的形式。贷款金额是由不同的因素决定的,例如建设成本、储备金,以及建设期间的利息。此外,考虑到业务期间资金可能不足,项目公司需提前签订周转金贷款协议,并订立其他融资协议,以担保这类贷款的债务。在韩国,项目公司发行债券融资是很少见的。这是因为《商法》限制了公司债券总额不能多于目前最终资产负债表中净资产的 4 倍。该限制引发了一项实务中的难题,即发行担保债权限制了作为一种融资资源的债券的使用。2012 年 4 月 15 日,《商法》的修订取消了公司债券的限制,然而难以运用担保债权仍然妨碍了债券成为一种普及的融资方式。此外,韩国的公私合营项目一般缺乏或只有有限的自愿,赞助商有时候要求通过净值贷款或附属贷款等现金差额支持,尤其是为了收回成本。②

再融资是改变项目财团的股权结构、投资份额、债务资金筹措等的过程。再融资条例于 2004 年被加入至《公私合营项目基本方案》(以下简称《基本方案》)。然后在 2007 年,公私基础设施管理中心为说明再融资的细节信息出台了《再融资指导方针》。根据《民间参与基础设施投资法案》,主管部门应当与项目公司平等地分配再融资的收入。主管部门针对再融资收入分配的使用来降低用户费。然而,考虑到私人项目的特点,如果主管部门发现降低用户费不合适,它可以采取降低最低收入保障等级、缩短特许期或其他类似措施来适用再融资收入。③公私基础设施管理中心在再融资中起到重要作用。根据《基本方案》,该中心应

① Okuy Kwon. The Republic of Korea's Infrastructure Development: Experience and Some Lessons forAfrica's Developing Economies, Working Paper No. 1, The Growth Dialogue, Washington, D. C., 2011: 24.

② Michael Chang, Sang-Hyung Lee, Seung-Gyu Yang. Chapter 18: Korea, in Julio Cesar Bueno (ed.),The Projects and Construction Review (2nd edition), Law Business Research Ltd., UK, 2012: 225.

③ Jay-Hyung Kim, Jungwook Kim, Sung Hwan Shin, etc. Public-Private Partnership Infrastructure Projects: Case Studies from the Republic of Korea (Vol. 1), Asian Development Bank, 2011, Executive Summary.

当在争端中提供建议或作为调解者。按照指导方针的规定，公私基础设施管理中心必须审查及确认金融模型、再融资收入预估，以及在谈判前使用再融资收入的其他方法。①

政府提供以下不同种类的政策来促进基础设施融资：(1)施工津贴；(2)基准成本补贴；(3)基础设施信用担保基金提供的基础设施信用担保；(4)税收鼓励；(5)提早结束付款指导。②

(一)施工津贴

根据《民间参与基础设施投资法案》③，如果为了维持用户费在可支付水平，政府可以给特许权获得者发放施工津贴。发放津贴的时间是由特许协议的条款和特许权获得者的股权投资协议决定的。该津贴每年或每季度发放且不可推延至第二年。发放时间反映了项目的完成程度和债务权益处理的安排及范围。④

津贴数额是由每一个特许协议决定的。当获知了某个项目时，政府首先应当披露其愿意补贴的施工开销的合适比例。确切的施工开销津贴比例是通过磋商和特许协议的规定来确立的。因此，每个项目都会得到不同数额的津贴。如果施工开销的津贴比例由《民间参与基础设施投资法案》或该法案的执行指导方

---

① Jay-Hyung Kim, Jungwook Kim, Sung Hwan Shin, etc. Public-Private Partnership Infrastructure Projects: Case Studies from the Republic of Korea (Vol. 1), Asian Development Bank, 2011, Executive Summary.

② Ibid.

③ 《民间参与基础设施投资法案》及其执行法令对津贴的规定如下。

《民间参与基础设施投资法案》第 53 条(金融支持)：

对于正在有效实施项目的应归还设施，如有必要，国家或当地政府可根据执行法令的规定对特许权获得者给予补贴或延长其长期贷款。

《民间参与基础设施投资法案执行法令》第 37 条(金融支持)：

(1)根据《民间参与基础设施投资法案执行法令》第 53 条，在委员会审慎考虑后，以下事件发生时，国家或当地政府可在预算范围内给予补贴或长期贷款。然而，如果该津贴是由地方政府预算出资或某一项目的主管部门是当地政府并被授予了不少于 300 亿韩元时，委员会的审慎考虑则不是必要的。

(i)当公司解散无法避免时；

(ii)当在不可避免的情况下要收取用户费时；

(iii)如果由于支付使用土地的高额费用导致项目的低利润性从而难以引进民间资本时；

(iv)如果实际运营收入(指用户费乘以设施的使用量所得总数)比《特许协议》中预计的运营收入少，并且正常运营该设备存在困难时；

(v)当为施工成本融资的外国货币的放款受到汇率波动影响而导致亏损时。

根据上述(1)中第(v)项关于授予津贴的条款中，国家或地方政府应当通过使用参照决定预估价格的方法及根据本法第 2 章、第 5 章关于国家作为合同一方的合同或第 7 章财政法调整合同价格的方法计算出执行该项目的费用，并在上述计算出的费用范围内发放津贴。

④ Jay-Hyung Kim, Jungwook Kim, Sung Hwan Shin, etc. Public-Private Partnership Infrastructure Projects: Case Studies from the Republic of Korea (Vol. 1), Asian Development Bank, 2011: 12.

针所规定，那么津贴比例应在政府的公告中有规定。如果上述法律未对此进行规定，则津贴比例不会出现在政府公告中。政府设定公路项目的参考津贴在项目总开销的 20%～30%，而铁路的参考津贴占项目总开销的 50%。环境项目建设开销的津贴比例由法律规定，因此该比例在政府公告中可查阅。①

（二）最低收入保障和超额收益赎回

除了施工补贴，直到 2009 年 10 月出台《基本方案》为止，政府一直通过最低收入保障和赎回协议提供运营收入补贴。基本上，最低收入保障系统是为私人参与者及政府分担可能的收入风险的方法。最低收入保障的水平越高，越多风险从私人参与者转嫁到政府身上。最低收入保障和技术协议是由两部分结构组成的。协议中对高收入和低收入做出了限制。如果运营收入达不到低收入限制，政府则补足低收入限制与实际收入之间的差额。但是，如果收入高于上限，那么政府赎回差价，也就是说收取实际收入超出上限的部分。②

（三）基础设施信贷保证基金

从 1994 年开始，基础设施信贷保证基金就为想要为公私合营项目从金融机构处获取贷款的特许权获得者提供了信贷保证。根据《民间参与基础设施投资法案执行法令》第 30 条，基础设施信贷基金由韩国信贷保证基金管理。基础设施信贷保证基金包括政府年津贴、保证金，以及投资回报。如果由基础设施信贷保证基金担保的项目违约，那么由基础设施信贷保证基金替代项目公司。如果基金不够，政府可额外给予补贴。③

（四）税收优惠

根据《特别税收限制法》和《地方税法》的规定，对于上述法律规定范围内的投资，国家或地方政府可以减免税收以提高私人投资。④ 为促进基础设施融资，政府根据《民间参与基础设施投资法案》的规定提供税收优惠。税收优惠的细节同样在《基本方案》中，并分为四类：特别税、公司税、地方税，以及免税事项。⑤

《民间参与基础设施投资法案》指导政府为下列情况制定特别税：基础设施债券、增值税、外商投资区域、基础设施基金。基础设施债券所得利息收入的税

① Jay-Hyung Kim, Jungwook Kim, Sung Hwan Shin, etc. Public-Private Partnership Infrastructure Projects: Case Studies from the Republic of Korea (Vol. 1), Asian Development Bank, 2011: 18.

② Ibid., 20.

③ Ibid., 23.

④ Article 57, PPP Act.

⑤ Jay-Hyung Kim, Jungwook Kim, Sung Hwan Shin, etc. Public-Private Partnership Infrastructure Projects: Case Studies from the Republic of Korea (Vol. 1), Asian Development Bank, 2011: 24.

率为14%,而基础设施设备或施工服务的增值税为0。减免的税类包括外商在外商投资区域的公司税、收入税、收购税、注册税、财产税等。对于基础设施基金分配的股利收益,低于3000万韩元股本投资部分的股利收益税率为5%,而超过3000万韩元的部分的股利收益则为14%。

(五)提前终止付款

如果特许权获得者因为任何理由不能按照协议的规定维持设施,该特许权获得者可以要求政府终止特许协议并且支付预先确定的终止款项。当终止款项发生时,政府则接管了运营该基础设施的权利。关于计算终止协议的总款项的方法及原因都在特许协议中有相关规定。①

六、外商投资及跨境事务

主要管理韩国外汇交易的法律是《外汇交易法》及其执行法令和法规。根据这些法律法规,大部分有关外国国有或外国货币(包括贷款、担保、债券、发行证券、收购国内不动产等权利)的大型投资都被要求提前报告给企划财政部(或在特定情况下向指定外汇银行或韩国银行报告)。如果没有上述相关报告,企划财政部可以暂停或限制外汇交易的展开。②

根据《外国人征用土地法》,外国公民需要向相关政府部门报告才可以征用土地。如果外国公民想要通过收购一家韩国公司的股票来投资,该外国公民应当在投资前向知识经济部报告以获取《外商投资促进法》规定的收益。该外商投资报告的收益包括投资总额回收的担保。③

然而,在一些特定产业,外商投资是被禁止或限制的,例如,外商投资核电厂、邮局服务是被禁止的。而如果能符合一定条件或特定比例内的投资,那么对于能源计划(非核电厂)、能量转换与供应、客运服务或外国运输、空中交通、通信服务等是被允许的。④

---

① Jay-Hyung Kim, Jungwook Kim, Sung Hwan Shin, etc. Public-Private Partnership Infrastructure Projects: Case Studies from the Republic of Korea (Vol. 1), Asian Development Bank, 2011: 25.

② Ibid., 231.

③ Ibid.

④ Ibid., 221.

第六章 劳工管理及待遇的法律

韩国法律赋予劳工自由联合的权利并允许公职人员组织工会。《劳工法》修订于2011年,保障了工会组织的多样化。2010年修订、2011年出台的《工会与劳工关系调整法》限定了劳工工会全职工作者的数目,并且禁止雇主给这些在工会的工作者发放工资报酬。该法的修订同时允许同一工作场所存在多种形式的工会。韩国有三个国家劳工联盟,最大的联盟是全国民主工会总联盟,然后是韩国总工会和最小最新的韩国劳工工会联盟。

一、法律与制度框架

所有雇佣及劳工法都适用于在韩国工作的外国公民。《宪法》第32条建立了雇佣法基本原则,包括所有公民都有工作的权利、立法对基本公司和工作环境作出规定来保证人格尊严、禁止在雇佣和工作中性别歧视、允许对未成年人工作的特殊保护,以及允许给予军队人员、警察或在执行任务中受伤、牺牲的警察家属优先工作机会。《劳工标准法》主要规范各种工作环境的最低标准。这些标准取代了所有在雇佣合同、劳资谈判协议或雇佣规定中从劳动者角度看来不利于劳动者的条款。[①]

劳工部与劳工有关的法律总共有40部。主要劳工法按照不同领域划分(见表6-1)。[②]

---

① Jeong Han Lee, Anthony Chang. Employment and employee benefits in Korea: Overview, Practical Law: Global Guide 2015 / 2016, Thomson Reuters, http:// us. practicallaw. com / 6-508-2342 (last visited on Feb. 2, 2016), 1.

② Ministry of Employment and Labour. Employment and Labour Policy in Korea (2015—2016), http://www. moel. go. kr/english/pas/pasPubli_view. jsp? idx=1173 (last visited on Mar. 2, 2016), 48-49.

表 6-1　韩国主要劳工法

领域	法规名称
就业政策	《就业政策基本法》 《就业保险法》 《外国工人就业法》 《社会企业促进法》 《平等就业机会及工作家庭平衡支援法案》
技术与发展	《劳工职业技能发展法》 《职业教育与训练促进法》 《韩国人力资源发展服务法》 《资格基本法》
劳工标准	《劳工标准法》 《有资质的劳工事务咨询法》 《职工退休金保障法》 《劳工福利基本法》 《工资索赔保障法》 《最低工资法》 《保护固定期限及兼职职工法》 《保护派遣职工法》
劳资关系	《经济社会发展三边委员会法》 《劳工关系发展支援法》 《劳工关系委员会法》 《工会与劳工关系调整法》 《工会公共职员建立和运作法》 《教师工会建立和运作法》
职业安全与健康	《工伤赔偿保险法》 《职业安全与健康法》 《尘肺病预防及尘肺病人保护法》 《韩国职业卫生健康机构法》

劳工部负责管理整体雇佣政策、雇用保险、职业技能发展训练、工作环境标准、职员福利、劳工关系协调、职业安全与健康、工伤赔偿保险，以及其他劳工商业事务。[①]

二、雇佣合同

在签署或修改雇佣合同时，雇主应当起草书面合同并交给相关职工。雇主

① Ministry of Employment and Labour. Employment and Labour Policy in Korea (2015—2016), http://www.moel.go.kr/english/pas/pasPubli_view.jsp?idx=1173 (last visited on Mar. 2, 2016), 48-49.

应当在书面合同中详细说明工资组成、工资计算和支付方法、工作时间、每周假期，以及年薪假。如果雇佣合同的条款比《劳工标准法》的标准低，那么这些条款则自始无效且由《劳工标准法》相对应的条文替代。[①]

(一)雇佣规则

雇佣规则是由雇主及相关合同工作条件或一般对其职工有约束力的工作守则所设计的一套规则。如果一个公司雇用了 10 人及以上职工就应当制定雇佣规则。当雇主想要设计或修改雇佣规则时，应当向代表多数职工的工会进行咨询。如果修改后的雇佣合同不利于职工，雇主必须获得多数工会或多数职工的同意。雇佣规则不能与法律或适用于商业或工作场所的集体协议相冲突。如果雇佣合同的条款没能达到雇佣规则中设立的标准，那么这些条款则被视为无效条款，且应当由雇佣规则中相对应的条文替代。[②]

(二)雇佣合同的期限

雇主可以在雇佣合同中设定特定期限的或无特定期限的条款。在提供了固定期限的合同中，合同期限可以在《保护固定期限及兼职职工法》规定的固定期限范围内(2 年)自由设定。如果签署了固定期限合同，该合同下的雇佣关系将在固定期限到期时自动终止。[③]

(三)试用期

雇主可以在职工签署雇佣合同后的一段时间内规定试用期，这段期限内职工可提高工作能力及适应能力。没有正当理由，雇主不得解雇试用期内的职工。然而，在试用期 3 个月过后，只要有正当理由，雇主可不需要事先通知而解雇该职工。[④]

(四)劳动者的类型

只要雇佣合同有效，固定期限及兼职人员就受到《保护固定期限及兼职职工法》的管辖。雇主不可规定超过 2 年的固定期限。固定期限职工如果被雇用的期限超过 2 年则视为已与雇主签订了无固定期限合同。然而，超过 2 年的固定期限合同在以下情况下是例外有效的[⑤]：

雇主为完成某个特定交易或任务而已经决定了所需的雇佣期限；

如果职工请假或被派遣到其他工作地点，在该职工回来工作前，雇主有必要

① KOTRA. Labour Law Guide for Foreign Investors (2014), 8-9.

② Ibid., 31.

③ Ibid., 8.

④ Ibid.

⑤ Ibid., 9.

雇用别人来替代该职工的；

职工要求一段时间来完成学习或训练并在这段时间进行学习或专业训练；

雇主雇用的工作人员是根据该法案颁布的总统令中详细规定的具有某项专业知识或技术的人。①

雇主不雇用“被派遣劳动者”，但可在与直接雇用该劳动者的雇主及派遣公司签订的租借合同的基础上雇用该派遣劳动者。被派遣劳动者在以下情况下可被雇用：

当雇主想要聘请拥有必要且专业的知识、技术、经验的员工来完成工作，除了那些与制造业生产有直接关系的岗位，根据总统令制定的《保护派遣职工法》的指定，该职工派遣是合适的。

如果员工由于分娩、生病、受伤而出现职位空缺，或者雇主对于某临时或间断工作有明确需求，这时，被派遣劳动者可以填补该职位空缺，也可以在与制造业生产有直接关系的岗位工作。依据《职业安全与健康法》，被派遣劳动者在任何情况下都不能从事施工工作、在海港或铁路装卸货、航海等有害的或危险的工作。②

如果雇主持续雇佣被派遣劳动者 2 年以上或雇主要雇佣的职工由于工作性质不可被派遣，那么该雇主应当直接雇佣该被派遣劳动者。

可雇用的被派遣劳动者的工作类型③：计算机专业人员、专利专业人员、图书管理员及相关专业人员、译者与口译者、创造和表演艺术家、电影戏剧传播专业人员、光学设备及电子设备操作员、非正式教育学校辅助专业人才、管理辅助专业人才、后勤工作者、出版及邮政相关工作人员、收账员及其他相关工作者、客户服务工作者、厨师、导游、电话销售员，以及送货运输工作者等。

（五）工资

《劳工标准法》提供了两种不同概念的工资：普通工资及平均工资。两者用来计算不同种类的工资和津贴。普通工资意味着向符合一定条件的职工支付特定工作相应的工资（在约定的小时数或天数内完成）。它用来计算加班时间、节假日及夜班的劳动工资，以及解聘的离职工资。平均工资则是指自发生必须计算平均工资的情况之日前 3 个月间，该劳动者所支付的工资总额除以该期间的

---

① 《保护派遣职工法》的总统令规定了以下工作需要专业知识和技能：
(i)一个拥有博士学位的人（包括国外取得博士学位）从事于相关领域；
(ii)一人持有《国家技术资格法案》所规定的技术员等级的国家技术资格；
(iii)一人持有专业资格，如律师、有合格证的会计师、医师等，并从事于相关领域。

② KOTRA. Labour Law Guide for Foreign Investors (2014), 10.

③ Enforcement Decree of the Act on the Protection of the Dispatched Workers.

总天数得到的金额，适用于退职金、停工支付、工伤赔偿金等。两种工资都可用来计算未用过的年假津贴。[①]

最低工资由劳工部每年制定和公布。从 2016 年 1 月 1 日到 12 月 31 日，法定最低工资为每小时 6030 韩元。雇主以年为基准，应当给予职工至少达到最低工资标准的工资。如果雇佣合同所提供的工资比最低工资低，该合同应当被视为无效合同。正如《劳工标准法》的定义，最低工资标准适用于“一位职工”，不管雇佣类型或国籍。因此，最低工资比例不仅适用于普通职工，也适用于临时的、按日的、按小时的，以及外国劳动者。[②]

（六）工作时间

法定工作时间为一天 8 小时，一周 40 小时。每周 40 小时政策适用于雇用了 5 人及以上劳动者的业务或工作场所。职工在工作时，雇主对于每连续 4 小时的工作应当提供 30 分钟或更长的休息时间，对每连续 8 小时的工作应当提供 1 小时或更长的休息时间。休息时间不算入工作时间内。加班工作是指超过正常工作时间完成的工作。根据雇主与职工的协议，加班时间每周最多可达到 12 小时。作为例外，只要雇主与职工代表签署了书面协议，以下业务每周可加班超过 12 小时：运输、商品销售及存储、金融与保险、电影产品及娱乐、通信、教育学习和研究、广告、医疗及卫生服务、酒店和餐厅、焚烧与清洁服务、理发师和美容院、社会福利等。[③]

原则上，怀孕的职工不可加班工作。女性职工在分娩后一年内每天不应当加班超过 2 小时，每周不超过 6 小时，每年不超过 150 个小时。夜班是指从晚上 10 点到第二天早上 6 点完成的工作。对于超过法定工作时间的加班，雇主应当支付职工每小时普通工资的 50％的作为加班费。而对于夜班或节假日加班的，雇主应当按普通工资加上额外的 50％支付职工加班费。加班时，如果夜班和节假日加班重合的，加班费应当根据工作类型分开计算并支付给职工。[④]

弹性工作制是用来提高劳动力工作效率的体系，通过调节工作时间以应付周期性、每月或每天变动的工作量。在这个体系下，职工可能不用每天工作超过 8 小时或每周超过 40 个小时，雇主对于职工加班也可不用支付加班费，只要职工在一段时间内平均每周工作时间不超过 40 小时即可。基于最多 2 周的弹性工作制可以通过修订雇佣规则来适用，该特定时间内每周的工作时间不应超过

① KOTRA. Labour Law Guide for Foreign Investors (2014), 14.

② Ibid., 15

③ Ibid., 18.

④ Ibid., 19.

48小时。基于最多3个月的弹性工作制可通过与职员代表签署书面协议适用。这段时间内每周工作不应超过52个小时，每天不应超过12个小时。[①]

在可以自由选择的工作时间体系中，雇主可授权职工决定怎样及什么时候从事他的工作。由于雇主与职工代表之间签署了书面协议确定了工作量，不管实际工作时间是多少，这位职工被视为已经完成了协议所规定的工作量。这个体系可在以下工作中被适用：研究与开发新产品或新科技、人类及社会学或自然科学研究学习、信息处理系统的设计和分析、写作或编辑新闻、传播或出版、服装设计、室内空间设计、制作产品和广告材料、制作及指导电视电影项目。[②]

（七）假期及请假

韩国依据法律确定法定假日，包括周假及劳动节（5月1日）。此外，雇主可以在雇佣规则或集体协议中详细说明与职工约定的假期。这些额外的假期是否带薪都由雇佣规则或集体协议规定。[③]

1. 周假

职工在本周所有约定的工作日都按时工作（按照雇佣规则中的规定等），雇主应当平均每周至少给职工放一次带薪周假。如果职工在工作日缺席则可使用无薪周假日。周假不一定是周日这一点，应当在雇佣规则或其他形式的公司规则中陈述清楚。在周假日工作的职工应当按额外工作时间获得普通工资额外的50%。[④]

2. 年假

职工在前一年达到80%及以上出勤率的，雇主应当给予其15天的带薪年假。对于进入公司不到1年的职工，如果当月全勤，雇主应当给予其该月1天的带薪假。如果第1年已经使用了假期，那么职工第2年应有的15天年假将会被作为已用假期扣除。对于工作满3年及以上的职工，雇主应当在第4年多给1天带薪假，并且从那以后每2年加1天带薪假。带薪年假天数应当限制在25天以内。雇主应当在职工想要用年假的时候批准其年假。然而，如果雇主认为职工请的年假天数会严重损害公司业务，那么雇主可以重新安排年假休息时间。[⑤]

如果职工在获得年假后的1年内没有使用年假，那么其应当得到以平均或普通工资为基础的未使用年假的薪酬。如果雇主承诺提高年假的使用率，职工

---

① KOTRA. Labour Law Guide for Foreign Investors (2014), 20.

② Ibid., 21-22.

③ Ibid., 22.

④ Ibid., 22.

⑤ Ibid., 22-23.

没有用他们的年假，那么该雇主则可豁免提供未休年假金钱补偿的义务。为了达到该豁免要求，雇主应提前6个月到1年的时间，通知每一位职工他们尚未使用的年假天数，并要求职工在10天时间内以书面形式将未休年假的计划提交给雇主。职工收到雇主询问未休年假计划时，如果没能在10天内书面递交未休年假使用计划，雇主应当安排职工使用假期并在1年使用假期期满之前的2个月内将该计划以书面形式发回给职工。[①]

3.其他

女职工可享受每月一天的例假，例假可以是无薪的。[②] 雇主还应当给予怀孕职工90天的带薪产假。由于90天指的是日历日，它包括了在产假期间的周假和其他类型的假期。雇主应当给予产假职工前60天的工资，劳动保险基金将支付剩下30天的工资。即使怀孕职工已经使用了超过45天的产前假期，她仍然可以休45天的产后假。超过90天的假期将没有工资。[③]

流产女职工同样享受产假，其产假规定见表6-2。

表6-2　女职工流产时应享受的产假

状态	从流产或死产之日起
怀孕11周以内	5天假期
怀孕12～15周	10天假期
怀孕16～21周	30天假期
怀孕22～27周	60天假期
怀孕28周或以上	90天假期

4.儿童保育假

如果职工请假照顾不满8岁或低于小学2年级的孩子，雇主应当给予儿童保育假。儿童保育假不能超过一年并且包括在职工的连续服务期内。雇主不得以员工请育儿假为由解雇或给予其任何不利待遇，也不得在育儿假期间解雇该工人。在假期的最后，雇主应当保留职工离开前的工作或与原工作同等水平工资的其他工作。[④]

---

① KOTRA. Labour Law Guide for Foreign Investors (2014), 23.

② Ibid.

③ Ibid., 24.

④ Ibid.

三、解雇

(一)理由正当的正常解雇

如果不能给出合理的理由，雇主不得解雇职工或对职工采取强制处分。雇主可以解雇职工或对职工采取强制处分，但应当在雇佣规则或集体协议中声明。解雇或采取强制处分的正当理由的案例应当也在雇佣规则或集体协议中声明。解雇及其他强制处分的正当原因都应在雇佣规则或集体协议中作出声明。①

正当理由包括：②

1. 不能遵守工作指示或人事管理；
2. 擅离职守；
3. 无故早退、疏忽大意；
4. 工作表现不佳；
5. 工作无规律；
6. 工作中实施身体或语言暴力；
7. 工作地点外刑事犯罪；
8. 妨碍公务、导致公司财产受损；
9. 破坏公司名誉；
10. 违反工作守则和安全规则；
11. 篡改教育或专业成就。

(二)解雇的程序

雇主想要解雇职工时，应当书面通知解雇原因及解雇日期等。如果解雇时没有书面通知，该解雇是没有法律效力的。如果雇佣规则或集体协议专门设定了解雇的程序，雇主在解雇职工时应当按照该程序进行。如果未能完全遵守该流程，那么解雇或强制处分可能无效。③

想要解雇职工的雇主应当给职工一个“30 天通知”或支付 30 天的普通工资(解雇代通知金)。然而，对于以下职工，雇主不需要提前给予他们上述通知：④

1. 工作不超过 3 个月的日薪劳动者；
2. 工作不超过 6 个月的月薪劳动者；
3. 固定工作期限为不超过 2 个月的劳动者；

---

① KOTRA. Labour Law Guide for Foreign Investors (2014), 28.

② Ibid.

③ Ibid., 28-29.

④ Ibid., 29.

4. 还在试用期(不超过3个月)内的劳动者；

5. 固定工作期限为不超过6个月的季节性工作劳动者。

以下情况下，雇主豁免了提前发通知的义务：1. 由于国家灾难、战争或其他不可避免的原因，雇主不可能继续经营业务；2. 职工故意给雇主造成严重的业务问题或巨大的财产损失，这些行为在《劳动标准法实施细则》第4条中已有相关规定，例如向竞争者披露商业机密、偷盗产品或材料等。[①]

(三)由于经济原因解雇

如果雇主符合以下条件，那么由于经济原因解雇职工是正当的：[②]

1. 迫切的经济需要。破产或其他类似的公司紧急事件、转移业务、兼并与收购等以防止财政恶化。

2. 采取一切努力避免解雇。例如，限制加班、鼓励自发使用假期、削减工作时间或工资以减少劳动者成本、冻结招聘、暂停与临时职工续签合同、鼓励提前退休、缩小办公场所、冻结高管工资等都被视为避免解雇所做出的努力。

3. 在选择解聘的职工时应遵循合理公平的标准。在设置解雇标准和选择过程中不得性别歧视。

4. 雇主已经真诚地与职工代表进行了协商。提前给职工代表"50天通知"，该通知包括避免解雇的办法、选择解雇职工的标准，以及用该方法及标准真诚地咨询职工。

四、对养老金的贡献

劳工部负责监督辅助养老金计划的实施。根据1986年的《国家养老金法》，该法的制定是为了建立全国社会保险体系，雇主和职工目前都要求共同平等支付职工每月标准工资的9%。根据韩国所得税法，雇主缴纳的款项可全额抵税。职工可以按以下形式获取救济金：退休年金、伤残养老金、抚恤金，并一次性付清。这些救济金与法定分别支付或通过养老金计划所支付的救济金相比是额外且独立的。除非在退休养老金计划中已经表明，否则从2010年12月1日起，所有公司必须向在公司工作至少1年的离职职工支付法定离职金，不管其基于何种情况离开。对于雇主，法定最低离职金的支付义务为30天平均工资，"平均工资"是指雇主向离职或解雇的职工支付的3个月工资除以总天数所得的数目。政

① KOTRA. Labour Law Guide for Foreign Investors (2014), 29.

② Ibid., 30.

府拨款的养老金不需要缴税。每月政府养老金数额是职工每月工资标准的9%。[①]

为了应对韩国老龄人口增长的趋势,《职工退休金保障法》于2005年制定。它允许雇主使用私人投资来为职工创设退休救助金。根据该法,雇主应当至少采用一个以下退休金计划:离职计划;以固定福利计划为形式的退休金计划;以固定缴款计划为形式的退休金计划。2012年7月26日或以后设立的企业单位必须在设立后的一年内向大部分职工(或者代表大部分职工的工会)询问,是采取固定福利形式的退休金计划,还是固定缴款形式的退休金计划。在选择这些退休金计划的时候,雇主必须要取得绝大多数职工或代表绝大多数职工的工会的同意。[②] 假设使用了固定缴款形式退休金计划,它关系到整体养老金拨款数额;而如果使用固定福利形式的退休金计划,则关系到一定比例的养老金拨款数额。劳动者对于辅助退休金的贡献有资格作为在计算工资收入的个人所得税或一般所得税时的最多400万韩元的可减免费用。[③]

五、工伤赔偿

(一)工伤赔偿保险

关于工伤赔偿的事务是由《工伤赔偿保险法》管理的。该法适用于所有劳动者,无论他们的工作地位如何,也包括外国劳动者。雇主在得到韩国职工补偿和福利服务机构(Korea Workers' Compensation & Welfare, COMWEL)的批准后为其出国的职工投保。工伤赔偿保险是强制性保险体系,保护劳动者及遭受工伤的劳动者家庭,在劳动者遭受工伤、疾病、身体残疾或死亡时进行赔偿。[④] 所有雇用了一个或以上劳动者的企业都必须购买工伤赔偿保险。[⑤]《工伤赔偿保险法》于1964年7月生效。

工伤赔偿保险保护劳动者免受工伤或疾病造成的损失。已经投保工伤赔偿保险并缴纳保险费的雇主免除了对于因工受伤或残疾的职工的补偿责任,政府直接赔偿给该受伤或生病的职工。工伤赔偿保险有两个作用,一是防止意外发

---

① Chung Wook Hyun, Weon Jung Kim, Matthew F. Jones, etc. Practical Law, Pensions in South Korea: Overview, Practical Law: Multi-Jurisdictional Guide 2013 / 2014, Thomson Reuters, http://us.practicallaw.com / 6-543-3585 (visited on Mar. 5, 2016).

② Ibid.

③ Ibid.

④ Korea International Labour Foundation (KOILAF). Labour Management Manual for Foreign Investors, 2011: 175.

⑤ Ministry of Employment and Labour. Employment and Labour Policy in Korea, 2009: 131.

生，二是对工伤受害者提供保险金及复原的福利项目。①

劳工部确立政策和项目。韩国职工补偿和福利服务机构支付保险金及提供复原和福利项目。韩国职业安全与健康部门开发并执行项目以防止工伤事件的发生。②

(二)工伤赔偿保险金

如果已投保的雇主的职工遭受了工伤或感染了疾病，该工伤或疾病要求4天及以上的治疗，又或者由于工作原因死亡或残疾的，该职工或其家庭提交申请索赔时，工伤赔偿保险金应当赔付。③

工伤赔偿保险金包括疾病补助费、停工费、伤残疾病补助年金、残疾费、遗属抚恤金、照料补助、殡葬补贴、职业康复金。在因工受伤的职工获得工伤赔偿保险金时，按照《劳工标准法》，雇主应当被免除补偿该职工在同一事件中的损失的责任，而且也应当免除《民法》及其他相关法条下的工伤赔偿保险金范畴内的损害责任。④

(三)工伤赔偿程序

如果职工在工作时受伤或染病，又或者遭受了与工作相关的伤害或疾病(包括死亡)，职工或其遗属想要为此获得工伤赔偿保险金的话，应当向韩国职工补偿和福利服务机构递交疾病补助费申请或遗属抚恤金申请。⑤

收到上述申请后，韩国职工补偿和福利服务机构应当根据相关法规审查该申请或索赔，决定申请或索赔中所述的受伤、疾病或死亡是否与工作相关，然后将其决定通知给申请者(职工或其遗属)。如果申请或索赔的伤害、疾病或死亡确实与工作有关，那么职工应当获得疾病补助费，在治疗期间工作津贴暂停，如果治疗完成后致残，那么同样应当获得残疾费。在因公死亡的情况下，遗属抚恤金和殡葬补贴都应当赔付给遗属。⑥

如果韩国职工补偿和福利服务机构认为涉及的受伤、疾病或死亡与工作无关，且申请者没有资格获得补偿，申请者可以要求该机构在做出否决或不支付决定之日起的90天内对申请进行审查。如果申请者拒绝审查结果，应当在收到该

---

① Ministry of Employment and Labour. Employment and Labour Policy in Korea (2009), 131.

② Ibid.

③ Korea International Labour Foundation (KOILAF). Labour Management Manual for Foreign Investors (2011), 180.

④ Ibid.

⑤ Ibid., 181.

⑥ Ibid.

结论之日起90天内提出申请要求行政审查或提起行政诉讼。[①]

六、其他

(一)禁止歧视

《劳工标准法》和《平等就业法》禁止下列形式的歧视:[②]

1.雇主不可以出于性别、国籍、宗教及社会出身等原因在决定职工工作时歧视职工;

2.雇主不应当由于性别歧视应聘者。尤其在招聘女性职员时,雇主不应列出特定的对工作不必要的条件,如外表、身高、体重或婚姻状态等;

3.雇主对于同样工作岗位的工作应当支付同样水平的薪资;

4.如果雇主为其职员在工资以外额外提供现金、其他有价物品或贷款来帮助他们的生计,该雇主不得因为他们的性别而区别对待;

5.雇主不应与女职工签订将婚姻、怀孕或分娩作为解聘理由条款的雇佣合同;

6.如果雇主由于迫切的经济原因决定解聘职工,其应当为解聘和选择解聘员工建立合理和公平的标准,并按照该标准进行解聘或选择解聘员工,不应存在性别歧视;

《禁止就业年龄歧视法》和《老龄职工促进法》禁止在招聘、雇佣、工资或其他有价物支付、福利、培训和教育、调度、调任、升职、退休及解聘过程中没有合理原因而基于年龄的歧视。

(二)工作中的性骚扰

雇主、上级或同事不应当在工作中进行性骚扰。雇主、上级或同事作出以下行为构成对职员性骚扰:如果前者利用工作中的职务之便或在工作相关的活动中对职员做出行为上或口头上的性挑逗,使得后者感到受到侮辱的,或者由于后者没有接受前者的性骚扰行为,前者对后者职业上造成不利。工作中性骚扰的受害者包括男人和女人。求职人员在应聘的过程中遭到性骚扰同样也算是性骚扰受害者。雇主应当教育员工在工作中避免性骚扰,至少每年一次,每次一小时。雇主应当为该教育提供内部资料或人员,或者委托由劳工部指定的户外培

---

① Korea International Labour Foundation (KOILAF). Labour Management Manual for Foreign Investors, 2011: 180.

② Ibid., 32.

训提供者进行培训。[1]

如果在工作中构成性骚扰，考虑到性骚扰的强烈性和持续性，雇主应当惩罚该违法者或采取其他合适的措施。雇主不应当解雇性骚扰受害者或者对受害者采取任何不利的措施。雇主收到职工关于性骚扰的投诉后，应当在收到投诉之日起 10 天内自行解决该问题或者将投诉提交至劳工管理部门理事会调解。[2]

① Korea International Labour Foundation (KOILAF). Labour Management Manual for Foreign Investors，2011：32.

② Ibid.

第七章　环境法

韩国10万平方千米的领土上有大约5000万人口，人口密度非常大。人口增长、城镇化及工业化都伴随着空气和水污染，废物排放增加，加剧了生态环境的破坏。韩国的季风气候使得每年有超过60%的降雨集中在雨季，即从6月中旬到7月。这不仅使得韩国遭遇水灾的风险很高，也同时导致了空气质量难以管理，以及保护生物多样性问题。[①] 韩国提出各种政策措施来克服这些固有的不利因素，提高国家的环境质量，在许多领域都获得了显著的成就。[②] 韩国配备了保护环境的基础设施。《1995年绿色愿景的21个文件》承认韩国为恢复环境所做出的必要的重要的努力，并提供了一份在经济腾飞、环境形势不乐观的情况下，加强环境保护的艰巨的计划。[③]

韩国《宪法》第35条规定所有人有权利生活在健康愉快的环境中，政府及人民应当努力保护环境。该法条还提出"环境权的内容和实施应当由法律规定"，从而授权给《环境法》。《环境法》可以被视为是由《宪法》所保障的详细规范人民权利的法律，也就是说人民有权利生活在稳定和健康的环境中。[④] 韩国的管理体系特点是普遍适用的规则与保护脆弱的环境所需的地方手段的结合。[⑤]

保护环节的主要工具是排污许可证、环境标准，以及特殊情况适用的区域指定。正式的执行系统是包括检查、处罚和申诉的。近年来，一些标准的数字和限制在逐渐收紧。[⑥] 国家没有通用的完全的许可系统。根据《环境法》，不同的排污类型一般需要不同的许可。然而，如果已经授予许可并且该许可在其他领域可被承认，那么对于上述规定则有例外情形。例如，根据《水管理法》，只要污水

① Ministry of Environment. Republic of Korea (2015), 1.

② Ibid.

③ OECD. Conclusions and Recommendations: Korea Approved by the Group on Environmental Performance, 1997.

④ Ministry of Environment of the Republic of Korea. Environmental Laws of the Ministry of Environment, 2001, http://unpan1. un. org / intradoc / groups / public / documents / APCITY / UNPAN009445. pdf (last visited on Mar. 6, 2016).

⑤ OECD. Conclusions and Recommendations: Korea Approved by the Group on Environmental Performance, 1997.

⑥ Ibid.

处理设备的安装获得了许可，则被视为《洁净空气保护法》《水质量和生态环境保护法》要求的许可已经被授予了。①

一、法律与制度框架

韩国在环境管理方面的体系包括法律、执行法案、部门法，以及一般环境事项，包括自然环境保护、空气质量保护、水质保护、供水排水管理、水循环治理，以及绿色发展等法规(见表 7-1)。②

表 7-1　按领域划分的主要环境法律

领域	法律
一般的环境	《环境政策基本法》 《环境健康法》 《有毒化学物质控制法》 《可持续发展法》 《控制环境违法行为特别措施法》
自然保护	《自然环境保护法》 《环境影响评估法》 《石棉伤害救济法》
空气质量保护	《洁净空气保护法》 《提高环境质量及生态保护特别法》
水质量保护	《水质量和生态环境保护法》
供水排水管理	《供水及自来水安装法》 《排水法》 《饮用水管理法》 《地下水法》 《土地环境保护法》
水循环治理	《水管理法》 《促进节约循环资源法》 《促进污水处理设备安装及帮助等至毗邻区法》
绿色增长	《绿色增长基本法》

① Kuem Sub Park, Se Dong Min, Mi Hyun Kim. Environmental Law and Practice in Korea: Overview,Practical Law Q & A, Thomson Reuters, http://us. practicallaw. com / 2-508-8379 (last visited on Feb. 2,2016).

② Kuem Sub Park, Se Dong Min, Mi Hyun Kim. Environmental Law and Practice in Korea: Overview, Practical Law Q & A, Thomson Reuters, http://us. practicallaw. com / 2-508-8379 (last visited on Feb. 2, 2016).

环境部(MoE)是主要负责制定环境政策和实施环境法的政府机关。此外,每个城市或地方政府在执行环境部指定的法定任务如制定当地环境法规、管理环境许可及执行环境法上起到了非常重要的作用。以下部门也同样参与环境事务:食品农业林业渔业部,该部门管理农田森林的使用、发展和保护;土地部;运输与海事事务部,该部门处理河流以及韩国领土水域的使用、开发及保护,以及环境分区事务;检察院办公室及警察,负责调查和控告起诉违反环境法的刑事行为。①

韩国试图用经济手段来确保人们遵守环境法规,包括征收排污费,提高环境质量费、交通堵塞费、能源税,建立废品回收系统,以及提高废物处理费。②

监管者采用的典型的执行方法是:(1)审查环境许可、证书或报告的申请,以及出具接收函;(2)对于需要环境许可、证书或报告的设施进行例行或非例行调查;(3)实施行政处罚(包括整改令、停止运营相关设施命令或行政处罚);(4)实施刑事处罚(包括监禁或者罚款)。③

如果情形加重的话,除了相关环境法的处罚以外,违法者应当接受刑罚处罚。④ 作出以下行为的违法者应当判处不少于三年的监禁:通过非法排放污染物使得公众的生命、健康处于危险状态,或污染水源导致公共饮用水处于危险状态。如果在指定的环境保护区犯下违法事项,那么监禁时间应当增加 50%。⑤

二、气候变化

韩国是《联合国气候变化框架公约》和《京都议定书》成员国之一。由于韩国不是《联合国气候变化框架公约》附录 1 中的国家,它不必受限于减少二氧化碳排放量的强制要求。然而,在《京都议定书》中,韩国可能会被划分到附录 1 国家并且受到减少二氧化碳排放量强制要求的限制。韩国从 1999 年起制订了 4 个

---

① Kuem Sub Park, Se Dong Min, Mi Hyun Kim. Environmental Law and Practice in Korea: Overview, Practical Law Q & A, Thomson Reuters, http://us. practicallaw. com / 2-508-8379 (last visited on Feb. 2, 2016).

② OECD. Conclusions and Recommendations: Korea Approved by the Group on Environmental Performance, 1997.

③ Kuem Sub Park, Se Dong Min, Mi Hyun Kim. Environmental Law and Practice in Korea: Overview, Practical Law Q & A, Thomson Reuters, http://us. practicallaw. com / 2-508-8379 (last visited on Feb. 2, 2016).

④ Article 3. 1, Act on Special Measures for the Control of Environmental Offences and Aggravated Punishment.

⑤ Kuem Sub Park, Se Dong Min, Mi Hyun Kim. Environmental Law and Practice in Korea: Overview, Practical Law Q & A, Thomson Reuters, http:// us. practicallaw. com / 2-508-8379 (last visited on Feb. 2, 2016).

版本的《适应气候变化的全面计划》。第一个(1999—2001年)和第二个(2002—2005年)全面计划仅仅涵盖了减缓气候变化的措施,但第三个(2005—2007年)全面计划开始加入了适应气候变化的措施。2008年12月,在韩国13个政府部门的共同努力下,制订了《国家适应气候变化的全面计划》(2007—2030年),形成了一个全国性的完整的适应气候变化计划:《绿色增长和五年计划的国家战略》。根据该计划,绿色增长委员会宣布了2009年7月"增强适应气候变化能力"成为国家的十个主要政策任务之一。韩国气候变化适应中心同月成立,该中心的成立是为了帮助国家适应气候变化从而提出战略研究和政策支持。韩国气候变化适应中心帮助制订政府适应计划,使国家增强适应气候变化的能力。该中心分析了极端气候现象的影响,进行了脆弱性评估,分析扩大的灾害来为政策决定者提供必要的气候变化信息。该中心建立多个部门与辅助部门,积极推动适应气候变化的工作。

2009年11月,韩国设定并宣布了一个自发的中期目标,该目标作为"国家适当减排行动"号召的一部分,要求在2020年以前将温室气体排放量在正常水平的基础上减少30%。这个目标相当于政府间气候变化专门委员会建议的发展中国家最高减排水平(15%~30%)。作为一个独立提出而非由发达国家提供帮助的减排活动,该目标符合国际关注与预期。该目标在2009年11月哥本哈根的气候变化大会上正式提出,并在2010年1月向《联合国气候变化框架公约》递交了书面文件。[①] 2011年7月,这个中期减排目标进一步被细分为各个部分(7个)、产业(25个),以及完成年度。预计2020年(正常情况下没有额外的减排要求)可以实现,目前看来二氧化碳排放量将达到77.6万吨,而这个全国性的减排30%的目标将会由以下部分达成:18.2%的工业领域、26.7%的发电、34.4%的交通、26.9%的建筑、5.2%的农林渔业、12.3%的水资源、25%的公共等其他部分。[②]

"实现国家温室气体减排目标的路线图"[③]中对于达到2009年制定的、2014年宣布的全国温室气体减排目标,阐述了详细的实施方案。它涵盖了从2014到2020年减排年各个部门的实施计划、执行措施、评估方法。每一个部门的减排目标都依年份具体规定,并且还提供了详细的执行措施。[④]

2010年4月,《绿色增长基本法》生效,规定政府制订国家适应计划的责任。

---

① Ministry of Environment, ECOREA (2015) Volume 1, 1.

② Ibid., 2.

③ 该路线图由多个部门共同制定,包括环境部、工业贸易能源部、土地基建交通部、科技通信规划部、农业粮食乡村事务部和海洋渔业部。Ibid., 12.

④ Ibid., 13.

接下来,2010年10月13个联合政府部门在环境部监督下设立了第一个韩国合法规范的适应政策:《国家适应计划》(2011—2015年)。该计划是一个总体蓝图。在这个总体计划的基础上,每一个政府部门都有详尽的执行方案。考虑到特殊区域的特点,每个地方政府也都会有各领域的执行方案。该计划将以五年滚动为基础,以确保对于环境变化现象的多变性做出灵活应对,也能反映出环境变化监督与预测技术的提升。该计划涵盖了10个部门87项任务,包括健康、疾病、农业、林业、海事及渔业、水务管理、生态环境、气候变化监督与预测、产业及能源适应力、教育与提高以及国际合作。它涉及以年为基础的气候环境监测,提出实施评价,并反映随后年份的计划结果。①

《绿色增长基本法》的颁布是为了通过奠定低碳、绿色增长的基础,以及使用绿色科技和绿色产业作为发展的新动力,从而促进国家经济,追求经济与环境的和谐发展,对提高每一位公民的生活质量做出贡献,并使韩国成为一个在国际社会中履行职责、实现低碳社会的成熟、一流、先进的国家。②

该基本法第6条规定了企业单位的责任。每个企业单位都应当开始在所有生产经营活动中进行绿色管理,减少温室气体排放及污染,并且扩大对研究与开发绿色技术,以及绿色产业的投资和就业,从而完成其对环境的社会及道德义务。每个企业单位都应当积极地参加与配合各项实施的政策。"绿色管理"是指企业通过在生产经营活动中节约和高效使用能源、减少温室气体的排放和环境污染物的发生,从而完成其社会及道德责任所进行的管理。③

韩国政府计划在全国范围内减少30%的温室气体排放量。为实现这个目标,韩国政府已经开始要求机构及地方政府设定减排目标并对他们是否遵守《绿色增长基本法》进行监督。设定了减排目标的部门每年必须向温室气体监察和研究中心报告年减排目标。温室气体监察和研究中心是环境部下设机构,该机构主要帮助降低二氧化碳,促进绿色成长,管理温室气体的全国信息,以及分析、测试减排温室气体的成果。其负责为每个部门及产业制定减排目标并管理统计数据。国家温室气体排放和排放系数会由统计技术委员会的专家确认后完成,国家温室气体执行委员会进行审查,并由国家温室气体统计委员会批准。在国家的排放完成后,温室气体监察和研究中心将会使用该信息来准备及发布《国家监察结果》。2011年,负责管理温室气体统计数据的国家温室气体电子管理系

① Ministry of Environment. ECOREA (2015) Volume 1, 8.

② Article 1, Framework Act on Low Carbon, Green Growth (Act No. 10599, Apr. 14, 2011 as amendedby other acts).

③ Ibid.

统投入运营。[①]

根据该基本法，政府应当建立财政体系，并加强财政手段，采取以下方法来促进低碳与绿色成长：提高对支持绿色经济及绿色产业的财政支持；为支持低碳与绿色增长开发新的金融产品；鼓励私人在建设低碳与绿色增长的基础设施项目上进行投资；强化对绿色管理企业的公众披露系统，以及扩大对采用绿色管理企业的财政支持；建立碳市场并刺激其中的交易。[②]

《温室气体排放量分配及交易法》制定于2012年5月14日并于同年11月15日生效。根据该法第4(1)条，政府对于温室气体排放量的分配及交易采取长期的刺激计划。第一个计划阶段从2015年1月1日至2017年12月31日。据预测，温室气体排放量应当分配给那些在过去三年内平均温室气体排放量超过了特定标准的公司。一旦进行分配，温室气体的排放量可以进行交易，只要交易双方自行向相关管理者注册并报告该项交易即可。[③]

温室气体排放交易计划从2015年开始。根据《温室气体排放量分配及交易法》，基本的研究及建立必要的国家排放许可分配计划都在2013年的指导方针中提出。2014年1月，韩国交易所被指定为排污交易许可机构，此外，韩国还开始建立交换系统。[④]

三、环境影响评估

任何人从事以下业务必须进行环境影响评估[⑤]：

城市开发；

工业园区开发；

能源开发；

港口开发；

道路开发；

水资源开发；

铁路（包括城市轨道交通）开发；

机场开发；

---

① Ministry of Environment, ECOREA(2015) Volume 1, 3.

② Article 28, Framework Act on Low Carbon, Green Growth.

③ Kuem Sub Park, Se Dong Min, Mi Hyun Kim. Environmental Law and Practice in Korea: Overview, Practical Law Q & A, Thomson Reuters, http://us. practicallaw. com / 2-508-8379 (last visited on Feb. 2,2016).

④ Ministry of Environment, ECOREA(2015) Volume 1, 16.

⑤ Article 22. 1, Environment Impact Assessment Act.

地方河道使用与开发；
土地开发与公共水资源回收；
景点开发；
山地开发；
体育设施开发；
废物处理设施安装；
军队设施安装；
石头、沙地、矿产挖掘等。

申请建造开发许可以上任何项目的人必须准备一份环境影响评估报告，报告应当包括对工地附近居民的影响。[①] 该报告必须连同申请一起递交给相关地方政府。地方政府可以向环境部咨询是否授予许可。如果环境部有任何建议，地方政府必须确保这些建议都能恰当地反映在商业计划中。申请者在地方政府的咨询没有结束时不可开始进行建造开发工作。如果违反了任何禁止规定，地方政府必须命令项目部分或全部停止。如果结果显示有必要采取特定措施防止对周边环境的损害，运营者必须将该事实及实施的措施通知环境部及地方政府。当建造开发工作完工后，运营者必须进行完工环境影响评估，并将结果报告给环境部及地方政府。[②]

如果运营者未能完成协议事项，地方政府可以要求其严格遵守，如果对环境有严重破坏，地方政府应当命令运营者停止工作。如果运营者没有执行政府命令，那么政府可以对其处以 200 万韩元的罚款。如果没有遵守政府的暂停运营指令，运营者将会被处以不超过 5 年的监禁或者不超过 500 万韩元的罚款。如果运营者未进行完工环境影响评估，则可能被判处不超过 2 年的监禁或不超过 200 万韩元的罚款。如果运营者没有经过环境影响评估或者向环境部咨询完成前就开始建造开发项目，则有可能被判处不超过 1 年的监禁或不超过 100 万韩元的罚款。[③]

四、环境责任与资产及股份转移

在资产出售时，除以下情况，买家一般不继受并购前阶段的环境责任。(1)购买

① Kuem Sub Park, Se Dong Min, Mi Hyun Kim. Environmental Law and Practice in Korea: Overview, Practical Law Q & A, Thomson Reuters, http://us.practicallaw.com/2-508-8379 (last visited on Feb. 2, 2016).

② Ibid.

③ Ibid.

污染土地设施。如果买家证明其不知道该资产为污染土地，并且是善意且无过失的，那么可以免除他在并购前阶段的责任。(2)对于一定环境设施转让的相关法律，规定行政命令应当是继受的。在股份出售时，公司则继续承受并购前阶段的环境责任。①

出售资产的卖家在以下情况下负有环境责任：如果卖家是污染方，则需要承担环境责任；根据《民法典》第 580 条规定，如果资产已被污染或被认为是有缺陷的；如果资产出售与购买协议中提出了卖家关于环境问题的赔偿协议。

资产出售时，披露环境信息不是法律强制的。然而，如果在资产出售时出现了未披露的实质性的环境问题，那么卖家则构成刑事诈骗犯罪或成为买家不再购买该资产并索赔的理由。

五、环境保险

一般来说，对于环境破坏或责任有两种保险。一种是商业责任保险，这种保险可作为承保环境事故的一个选项，另一种则承保环境事故对第三方造成的伤害或者抵扣成本的特殊保险。一般而言，购买与环境相关的保险并不难，除了那些在最近已经造成了严重的环境问题的公司。普通商业保险是承保环境责任最常用的保险。由于特殊保险的保险费非常昂贵，所以并不常用。②

六、环境税

尽管没有碳排放税，但主要的与环境相关的税种及收费仍包括环境提升费、质量提升费、保护生态环境费、交通能源环境税等。环境提升费是由拥有总数在 160 平方米及以上的建筑或其他设施的业主或占有者，或者柴油交通工具的所有人支付的，他们通过排放大量环境污染物导致环境污染。质量提升费则是由饮用水提取者、进口的饮用水提取者或进口商支付的。生态环境保护费是由上述产业的提取者或运营者按照环境影响评估要求的特定规模比例支付的。而交通能源环境税则由石油制造商(475 韩元每升)和柴油制造商(340 韩元每升)所支付的。③

① Kuem Sub Park, Se Dong Min, Mi Hyun Kim. Environmental Law and Practice in Korea: Overview, Practical Law Q & A, Thomson Reuters, http://us.practicallaw.com/2-508-8379 (last visited on Feb. 2, 2016).

② Ibid.

③ Ibid.

第八章　解决涉外争端的法律

尽管非诉讼的争端解决机制(ADR)的使用数量在近年来稳步增长，但大部分争端都是通过韩国法院的民事诉讼解决的。对于跨境争端而言，仲裁变得越来越受欢迎。此外，法院鼓励通过调解来解决争端。法院鼓励当事人在着手诉讼前尝试通过调解的方式解决争端，但没有权力强迫非诉讼解决机制的使用。当事人可以自由选择用仲裁解决他们的争端，并决定如何采用非诉讼解决机制，以及采用什么法律法规管辖证据材料的接收。当事人可以在保密的基础上通过合同协议进行诉讼而诉讼权利不受侵害。法院将尊重上述协议。仲裁中，管辖证据的法规一般由仲裁进行的地点和有自由裁量权的仲裁庭来决定。不像法院民事诉讼程序，仲裁程序不需要公开进行。因此，仲裁的细节应当是不公开的。①

一、法律与制度框架

主要涉及民事诉讼的法律法规包括《民事诉讼法》《民事执行法》《法院组织法》等。

司法系统是由最高法院、高级法院、地方法院及其分支法院、特殊法院(如家庭法院、专利法院)，以及行政法院组成的。这些法院都被赋予了裁判法律所规定的民事、刑事行政案件，选举诉讼，以及其他司法案件的权力。此外，宪法法院始建于1988年，致力于保护人民的宪法权利，它对重大宪法性案件如弹劾或解散政府做出决定。②

韩国司法系统在三审终审制度的基础上由地方法院、高级法院，以及最高法院组成。其他有特殊作用的法院如专利法院与高级法院同级，而家庭法院、行政法院则与地方法院同级。地方法院和家庭法院可以设立分支法院、市法院，以及办事处；或者如果有必要对他们的任务进行额外支持，则还有其他三个或以上的

① Jin Yeong Chun, Sungjean Seo. Litigation and Enforcement in Korea: Overview, Practical Law GlobalGuide 2015 / 2016, http:// us. practicallaw. com / 8-381-3681 (last visited on Mar. 18, 2016).

② Supreme Court of Korea. Justice System: Overview, http://eng. scourt. go. kr/eng/judiciary/introduction. jsp#0 (last visited on Feb. 5, 2016).

机构。地方法院和家庭法院的分支法院都应当由同一体系的法院设立。①

除了必须由专利法院庭审的纠纷，所有纠纷都应当向具有管辖权的常规民事法院提起。地方法院级别的民事案件列席的法官数量取决于案件标的大小。如果该标的数额在 2000 万韩元以内，这个案件则由单个法官进行审理。如果标的数额大于 2000 万韩元，或者如果不能确定标的数额时，该案则由 3 名法官组成评审团进行审理。在高等法院（上诉法院），所有案子都由 3 名法官组成的评审团进行审理。地方法院或高级法院的分部对于民事、刑事、家庭、少年、行政、专利，以及破产事项负责。如果一审法院的决定被上诉了，那么高级法院则应当进行重新审理程序。对于高级法院的决定，只有关于法律的问题可被上诉至最高法院。首尔高级法院关于知识产权纠纷的决定由专利法院作为一审法院进行审理，并只能由最高法院进行审查。同样的，如果韩国公平贸易委员会作为当事一方，那么案件应当由首尔高级法院作为一审法院进行审理，并且只能由最高法院进行审查。②

二、法庭程序

对于大部分民事诉讼而言，法定追诉期是 10 年。然而，特定的合同争议追诉期相对较短。例如，商业合同纠纷主张适用的追诉期是 5 年。法定追诉期要求追诉期从可以提出主张之日的次日起算（也就是说，应收账款的到期日或者如果没有提前确定应收账款日期，则从产生义务之日起算）。侵权主张必须在侵权行为发生之日起 10 年内或者起诉者发现遭受损失和身份侵权之日起 3 年内（以更早的时间为准）提出。③

韩国司法没有诉前程序。民事程序在原告或代理律师向地方法院、分支法院或市法院呈交诉状时开始。当诉状呈交法院后，法院将诉状复制件送达给被告并要求被告在 30 天内呈交答辩状。④

所有民事案件的审讯都向公众开放，除了法院认为公开审讯会伤害国家利益的案件，相关法院文件如起诉状、证人证词一般都不能公开。而目前所有合法程序的安排和状态已经在最高法院的网站上上线，可以通过案件号码与当事人

① Supreme Court of Korea. Justice System: Overview, http://eng.scourt.go.kr/eng/judiciary/introduction.jsp#0 (last visited on Feb. 5, 2016).

② Jin Yeong Chun, Sungjean Seo. Litigation and Enforcement in Korea: Overview, Practical Law GlobalGuide 2015/2016, http://us.practicallaw.com/8-381-3681(last visited on Mar. 18, 2016).

③ Ibid.

④ Article 256.1, Civil Procedure Act.

名称查询上述信息。[①] 绝大部分最高法院的判决、一些地方法院或初级法院的判决,在最高法院的网站上已经公布。对于民事诉讼,诉讼当事人的名字是编辑过的。[②]

在召开审讯前,法院可以举行一次或更多庭前会议以明确存在争议的问题并审核证据。接下来,法院一般会在4~6周的间隔内举行几个小型庭审,直到能够得到并审查足够的信息来作出判决。如果一个案件持续审理了一段时间,那么对于审讯或庭审则没有集中的初审时间。在庭审结束时,法院宣布其判决。法院对于案件管理有排他性的权威。法院决定程序的安排,包括递交诉讼材料的期限、预备会议的日期、核对证据及证人、法院庭审,以及宣布判决。法院并不受当事人关于程序安排要求的约束。[③]

法院有许多方法来管理所有案件庭审的日期及法院程序安排。例如,如果当事人一方未能遵守法院设定的到期日,法院可以禁止当事人递交指控或申请审阅证据。[④] 如果当事人因为提出新证据而导致延误了判决,法院可以拒绝考虑这些论证。[⑤] 如果一个人在庭审期间不能遵守法庭秩序,首席法官可以禁止其说话。[⑥] 如果任何人扰乱法庭程序,首席法官可以命令拘留此人或对他进行罚款。在庭审最后,法官做出书面判决,并陈述其理由。判决在终局以前都不是强制性的,但是法院可以宣布某一个判决暂时具有强制性。在大型复杂的纠纷中,法院一审从呈交诉状开始到作出判决大概需要6个月到2年的时间。[⑦]

(一)临时救济

法院可以做出临时保护,例如初步扣押令和初步禁令。在上述两种情况中,申请者必须说明有充分理由表明如果法院不采取该临时保护将会造成无法挽回的伤害。这些救济同时对外国法院程序及仲裁适用。

法院可以在现有案件的证据基础上依照其自由裁量权给予初步禁令。尽管非常罕见,但初步禁令可以在紧急案件的当天获得。强制临时禁令是用来防止诉讼当事人在特定环境中的不当行为。《民事执行法》的案例包括下达命令暂停

---

① Article 57, Court Organization Act.

② Jin Yeong Chun, Sungjean Seo. Litigation and Enforcement in Korea: Overview, Practical Law Global Guide 2015/2016, http://us. practicallaw. com / 8-381-3681 (last visited on Mar. 18, 2016).

③ Jin Yeong Chun, Sungjean Seo. Litigation and Enforcement in Korea: Overview, Practical Law Global Guide 2015/2016, http://us. practicallaw. com / 8-381-3681 (last visited on Mar. 18, 2016).

④ Article 147, Civil Procedure Act.

⑤ Ibid., Article 149.

⑥ Ibid., Article 135.

⑦ Jin Yeong Chun, Sungjean Seo. Litigation and Enforcement in Korea: Overview, Practical Law GlobalGuide 2015/2016, http://us. practicallaw. com/8-381-3681(last visited on Mar. 18, 2016).

非法持有财产、房产[①]或要求支付拖欠的工资。[②]

要求下达初步扣押令或禁令的申请者如果在一审中被拒绝，可以在该决定送达后的一周内进行上诉。[③] 如果法院授予了初步扣押令或禁令，扣押令或禁令的相对方可以向该法院提出反对。[④]

(二)上诉

在民事诉讼中，败诉方可以向高级法院上诉。该上诉法院应当考虑一审法院的判决并确定事实，但并不要求对于初级法院关于事实或法律问题的结论作出不同判决。此外，当事人可以在上诉程序中提交新的证据，即使这些证据在一审中没有出现过。上诉的理由可以是反对一审判决也可以因为事实和法律错误而上诉，对于上诉的理由没有限制。上诉必须在判决送达之日起 14 天内提出。一旦失效而没有提出上诉，该判决则成为终局判决并且有法律强制力。[⑤]

对于上诉法院判决不满的一方可以在判决送达之日起两周内上诉至最高法院，最高法院是最后的救济法院。由于最高法院只听取法律事项，除非上诉法院的判决在法律结论上有错误或者上诉程序严重违反法律，一般案件不得上诉至最高法院。[⑥] 法院最终判决包括决定及程序开销的分配。律师费只能在最高法院规定的范围内支付，全额支付律师费通常是不可能的。原则上诉讼费由败诉方承担。[⑦]

三、执行

一旦国内判决做出，胜诉方可以通过要求法院公开拍卖败诉方的财产或资产并进行分配来执行判决。

对于外国判决的执行，当事人必须申请且获得韩国法院的执行判决。[⑧] 根据《民事诉讼法》第 217 条，只有在以下要求完成的情况下，外国法院作出的终局与结论性的判决才应当被承认为合法有效的：

---

① Article 305. 2，Civil Enforcement Act.

② Ibid.，Article 309.

③ Ibid.，Articles 281. 2，310. 15. 2.

④ Ibid.，Article 283.

⑤ Jin Yeong Chun，Sungjean Seo. Litigation and Enforcement in Korea：Overview，Practical Law GlobalGuide 2015/2016，http://us. practicallaw. com/8-381-3681(last visited on Mar. 18，2016).

⑥ Supreme Court of Korea. Civil Case，http://eng. scourt. go. kr/eng/proceedings/civil_case. jsp (lastvisited on Mar. 7，2016).

⑦ Article 98，Civil Procedure Act.

⑧ Article 26，Civil Execution Act.

1.韩国的法律及附属条例或有约束力的国际条约承认该外国法院的管辖权;

2.败诉方已经通过合法方式收到传票或同等文件、日期通知或命令并获得足够的时间来辩护(排除用公告或类似方式送达的案件),或者败诉方在没有被送达文件时已经做出了回应;

3.该判决没有违反韩国的公序良俗与其他社会秩序;

4.存在共同保证。

外国法院的判决是具有强制性的,只要其通过执行判决获得了合法性,则该外国法院的判决就具有强制性。当外国判决是终局且结论性的,符合《民事诉讼法》第217条的要求,不审查该外国判决而直接执行判决是合法的。[①]

四、争端解决机制

在韩国,争端解决机制实践的主要形式是仲裁和调解。在韩国,仲裁的适用近年来大幅提升。涉及韩国公司的国际交易开始越来越多将韩国作为仲裁地。为了适应逐渐增多的把首尔作为国际商业仲裁地的倾向,2013年首尔市政府、首尔律师协会,以及韩国商业仲裁委员会共同开设了首尔国际纠纷解决中心,该中心是一个庭审中心。[②] 仲裁是目前主要的争端解决机制,用来调解大型商业纠纷,而调解则主要用来解决民事纠纷。国内法院鼓励采用调解的方式来解决纠纷。

(一)仲裁

韩国《仲裁法》规定了韩国仲裁的详细程序。它管辖在韩国的所有仲裁事务,而不论当事人的身份、国籍,在韩国法院执行仲裁协议,法院为协助在国外或韩国的仲裁而采取临时措施,以及在韩国执行外国裁决。《仲裁法》在1966年制定并经历了数次修改。最值得一提的是,1999年为采用《联合国国际贸易法委员会国际仲裁示范法》而修改了《仲裁法》,司法部设立了委员会来学习从2006年《仲裁法》的修订到《联合国国际贸易法委员会国际仲裁示范法》中可能修订的部分。[③] 1958年《承认并执行外国仲裁裁决条约》(纽约条约)同样适用于韩

① Hyun-Jeong Kang. Chapter 29: Korea, in Jonathan Cotton (ed.), The Dispute Resolution Review(7th edition), Law Business Research, 2015: 446.

② Kap-You Kim, John P. Bang. Arbitration Procedure and Practice in Korea: Overview, Practical LawGlobal Guide 2015 / 2016.

③ Ibid.

国。[①] 在韩国送达的仲裁裁决与法院最终判决有同样的法律效力。[②]

国际仲裁与裁决的合同条款是有效的，除非在表述当事人意图时出现了瑕疵。关于外国仲裁裁决的执行，仲裁裁决像法院判决一样是具有约束力的，也与外国判决相似，外国仲裁裁决的执行应当由法院批准。法院将审查受《纽约公约》管辖的仲裁裁决，同时法院也将根据《民事诉讼法》规定的外国判决的批准程序对该裁决进行审查。[③]

韩国商业仲裁委员会建立于1970年，该委员会的目标是管理国内和国际仲裁。韩国商业仲裁委员会是韩国唯一的国家商业仲裁机构，具有依据《仲裁法》解决任何种类商业纠纷的法定权力。除了其自有的规范，该委员会还可以根据其他当事人同意的规范管理仲裁程序。[④]

（二）调解

调解主要发生在法庭的开始阶段。目前法院调解领域包括民事和家庭调解。家庭调解是典型的调解，对于特定种类的家庭事务，该调解是强制庭前程序。然而，由于1990年《民事调解法》的制定为民事纠纷提出了全面的调解细则，民事调解开始发展地更系统化，调解的使用也在法庭开始环节中稳步增加。[⑤]

根据个人和企业进行的调解，分为两个主要类型。一个是司法调解，主要由法院操作，代表调停者以及法院联系的主体；另外一个是法庭职权以外的调解，该调解服务是由政府组织提供的，其关联主体或私营企业都有相关法律管辖。[⑥]

司法调解有三类，包括法庭调解、法院附设调解以及与法院有关的调解。法庭调解由调解法官及调解委员会进行，而法院附设调解则由与调解法官具有同样权威的代表调解员在法庭调解中心进行调解。与法院有关的调解则由作为与法院有关的调解主体的外部机构的非代表调解员进行调解。

所有这些调解类型都由1990年《民事调解法》管辖。[⑦] 通过调解达成协议的法律效果与在法庭进行解决的效果是一样的，也就是说其具有与法院终局判

---

① Article 39.1, Arbitration Act.

② Ibid., Article 35.

③ Michael Chang, Sang-Hyung Lee, Seung-Gyu Yang. Chapter 18: Korea, in Julio Cesar Bueno (ed.), The Projects and Construction Review (2nd edition), Law Business Research Ltd., UK, 2012: 232.

④ For more details about the KCAB. refer to the website of the KCAB, http://www.kcab.or.kr.

⑤ Lori Yi. in Raymond HM Leung (ed.), Asia Mediation Handbook, Sweet & Maxwell, HongKong, 2015: 180.

⑥ Ibid.

⑦ Ibid.

决一样的法律效果。允许调解的最长时间是3个月，双方当事人应当支付20%的诉讼邮票费。如果通过调解达成了协议，将会退回当事人一半的费用。①

译者：赵诗韵
香港城市大学法学博士研究生

① Lori Yi. Mediation in Korea：The Development and Challenges，in Wang Guiguo，Yang Fan (eds.)，Mediation in Asia-Pacific：A Practical Guide to Mediation and Its Impact on Legal Systems，Wolters Kluwer，Hong Kong，2013：352.